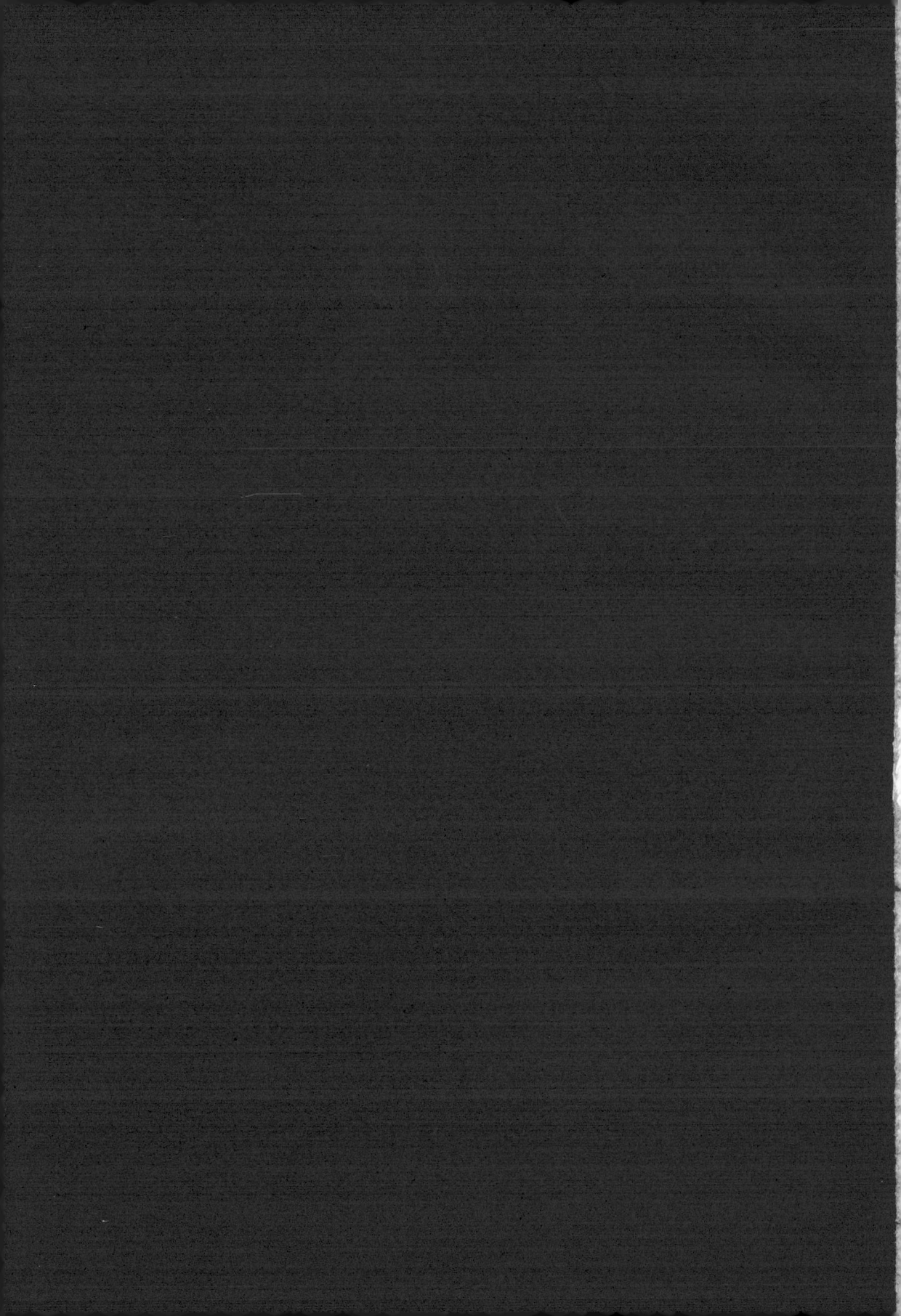

彭德怀元帅

纪学　曾凡华◎著

中国言实出版社

图书在版编目(CIP)数据

彭德怀元帅 / 纪学,曾凡华著 . -- 2 版 . -- 北京:
中国言实出版社,2021.2

ISBN 978-7-5171-3742-9

Ⅰ.①彭… Ⅱ.①纪… ②曾… Ⅲ.①彭德怀
(1898-1974)- 传记 Ⅳ.①K825.2

中国版本图书馆 CIP 数据核字（2021）第 038213 号

出 版 人　王昕朋
责任编辑　王建玲
责任校对　史会美

出版发行　中国言实出版社

　　　　　地　　址：北京市朝阳区北苑路 180 号加利大厦 5 号楼 105 室
　　　　　邮　　编：100101
　　　　　编辑部：北京市海淀区花园路 6 号院 B 座 6 层
　　　　　邮　　编：100088
　　　　　电　　话：64924853（总编室）　64924716（发行部）
　　　　　网　　址：www.zgyscbs.cn
　　　　　E-mail：zgyscbs@263.net

经　　销　新华书店
印　　刷　北京中科印刷有限公司
版　　次　2021 年 3 月第 2 版　　2021 年 3 月第 1 次印刷
规　　格　710 毫米 ×1000 毫米　1/16　16.5 印张
字　　数　261 千字
定　　价　78.00 元　　ISBN 978-7-5171-3742-9

纪学，本名吴纪学，1941年生，江苏邳州人。中国作家协会会员。曾任《解放军报》文化部主任、长征出版社副总编辑。出版诗集《东欧·东欧》《险途之光》《生命体验》《纪学短诗选》（中英文对照）等7部，散文集、特写集《红纱巾下比基尼》《留住时间》《爱的悟语》等6部，长篇报告文学《朱德和康克清》《马上刀下》等5部，长篇小说《不是浪漫》等。有诗译成英文，有诗和报告文学在全军、全国获奖，享受政府特殊津贴。

曾凡华，1947年出生，湖南溆浦人，毕业于中国人民大学。《解放军报》文化部原主任。中国作家协会会员。著有诗集、散文集、长篇报告文学、长篇小说多部，作品获全国1990—1991年优秀报告文学奖、第三届中国人民解放军文艺奖、第十七届中国电视金鹰奖、中宣部"五个一工程"奖、第二十一届中国电视金鹰奖、中华优秀出版物奖、中国抗日战争胜利60周年胜利之歌征文特等奖。

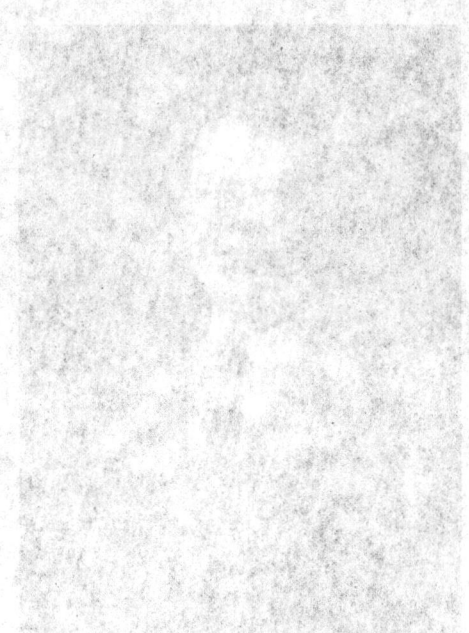

目录

第1章

——

小时候

1. 童年情结

童年，作为心灵的伊甸园，它的混沌初开和稍纵即逝本该给人留下温馨与美丽，可彭德怀的童年却不堪回首。对于他来说，童年已不是一般意义上人类个体生存史上的鸿蒙期，而是他人格形成至关重要的定因。

彭德怀出生的那年正是晚清发生激烈动荡的 1898 年，是所谓多事之秋。这一年，康有为等一批具有资产阶级改良主义思想的知识分子掀起了维新变法的狂澜。旧历九月初十，即"遍插茱萸"的重阳节次日，彭德怀降临人间。其时，参与变法的"戊戌六君子"谭嗣同等已人头落地，血洒京都菜市口。此后经年，变法的余波所及使得中国社会上上下下都人心思动、人心思变。这一点，少年的彭德怀也从他的私塾先生肖云樵身上强烈地感受到了。

肖云樵是彭的姨父，在邻村行医开私塾，见多识广，是四乡里有名的文化人。逢到集日，别人进城买东买西，肖云樵只是跑邮政公所，买几张报纸来读。他十分欣赏《时事新报》主笔梁启超的文章，常向私塾的学子讲解梁文。应该说，这对彭德怀早年思想的形成不无影响，以致在多年以后的 1942 年，他针对当时党内一些强迫命令作风抬头而发表的关于"民主精神就是自由、平等、博爱的精神"的谈话，引起了毛泽东的批评。可以说，这是他们两人之间思想、性格冲突之发端。

彭德怀祖籍湖南湘乡，中国近代史上的许多名人都出自于此。同时，湘乡也是毛泽东母亲故里所在。少年毛泽东常去外婆家走动，他的湘潭韶山故居离湘乡外婆家也不过一箭之地。

湘乡也是湘军巨魁曾国藩的发迹地。曾国藩在此招募乡勇、改革兵制，用儒家三纲五常的礼教、尊卑上下的封建等级、同乡共井的乡土观念，把湘军从头到脚武装起来，并且用儒学指挥作战，成为当时镇压太平天国农民起义军的一支最凶狠的军队。

追溯起来，彭德怀后来参加的湘军，其兵制传统和作战风格或多或少仍留有当年湘军的影子。其实，湘军在攻打天京（今南京）前后已日渐分化。许多士兵都加入了反清革命的哥老会，及至天京攻陷后被遣散还乡，不到三年，就在湘乡造起反来。他们以湖南为根据地，迅速向长江流域发展，到光绪十七年（1891年），哥老会便把长江上下游3000里连为一线，义旗举处，一呼百应，直至辛亥革命，与同盟会一道，推翻了清朝。

湘军的这些典故，相信肖云樵是给彭德怀讲过的。

在彭德怀的人生长河中，另一个对他影响甚深的人是他的伯祖父——一位叫彭五十老倌的前太平军老兵。彭德怀后来回忆说："伯祖父经常给我讲太平天国故事。所以，我当时便产生了打富济贫、消灭财主和为穷人寻找出路的思想。于是，在1916年我便由担土工投入了湘军当兵。"

毛泽东也是在湘军里当过兵的，不过为时甚短，仅半年左右。而彭德怀却在湘军中整整干了11年，从士兵干到团长，最后率团起义，走上革命的征途。

当兵之前，彭德怀在洞庭湖西林围一带当挑堤工。他是在家乡聚众"闹粜"犯事，为逃避官府捉拿而来做苦力的。

彭德怀家乡乌石寨在湘潭县境内，是他的六世祖彭忠遂在清雍正年间贩茶叶路经此地，觉得这儿风水好而开发出来的。其原籍老屋却在涟水之滨。《水经注》载："涟水出连道县西，资水之别。水昭陵县界，南迳连道县，县故城在湘乡县西一百六十里。控引众流，合成一溪。东入衡阳湘乡县，历石鱼山，下多玄石，山高八十余丈，广十里。石色黑而理若云母，开发一重，辄有鱼形，鳞鳍首尾，宛若刻画，长数寸，鱼形备足，烧之作鱼膏腥，因以名之。涟水又迳湘乡县，南临涟水，本属零陵，长沙定王子昌邑。涟水又屈迳其县东而入湘南县也。东北过湘南县南，又东北至临湘县西南，东入于湘。"

　　到了彭德怀祖父这一代，曾一度繁盛的"彭家围子"只剩下茅寮数间、薄地数亩，穷困潦倒了。家境的贫寒使幼年的彭德怀饱受饥寒之苦。为此，他要过饭，放过牛，当过煤窑工。一年正月初二，生性刚烈的彭德怀不愿再沿门乞讨、受气求食。年过七十的祖母只好带着他的两个弟弟顶着风雪外出讨饭。黄昏归来，祖母将讨得的一袋饭倒进汤锅里，要长孙也一起来吃，可犟性子的彭德怀就是不吃。祖母急了，哭着说："讨回来的饭，你又不吃，有吃大家活，没有吃的就死在一起吧！"

　　这一情景，彭德怀直至暮年也不敢忘怀。他在自传里写道："每一回忆至此，我就流泪，就伤心，今天还是这样。"

　　从这里，我们似可窥探到彭德怀性格特征的某些雏形。他的疾恶如仇，他的桀骜不驯，他的为了求索真理"虽九死其犹未悔"的精神支柱，都可从他内心深处郁结不化的"童年情结"里寻出基因。

　　10岁那年，彭德怀到富农刘六十家牧牛。大小两头水牯，胃口大得很。俗话说"牛肚马肠"，每天除了上山啃青，夜里还要吃草。碰到农忙卖力气，牛吃得更多。小小年纪的彭德怀每天天没亮就得起来赶牛上山。到了山里，牛吃草，他得为牛割夜草，有时割到太阳下山还割不够。

1898年10月24日，彭德怀出生在这里（湖南省湘潭县石潭乡乌石寨彭家围子）。

3

　　放牛的日子是彭德怀从童年步入少年，对人生有了自己最初认识的日子。虽说是涉世不深，但静静的山野、茵茵的草地给少年彭德怀稚嫩的思考提供了环境，使他萌生了"打富济贫、消灭财主为穷人找出路的思想"。

　　到十三四岁时，他觉得自己不能再整天跟着牛屁股转，便去附近的煤窑拉"孔明车"。这用竹筒制作、类似水车样的"机械"，靠人像牛一般拉着，抽煤窑里的积水。每天拉十二三个小时。

　　"早先放牛，现在做牛！"彭德怀说。

　　几年下来，他的背也压弯了，以致到后来，他的背总有点驼。

　　此后，他又离开煤窑去外面打短工、推脚车——那是一种号称"鸡公车"的独轮车，适于在田间小道和狭窄山径载运物资；因是木头轮子，走起来"吱吱呀呀"叫唤，老远都能听见。一趟活下来，彭德怀的肩胛都被背带勒出血来。

　　苦苦做事，却不得温饱。而地主富商却囤积居奇，为富不仁。彭德怀参与闹粜被团总丁六胡子告发，只好逃到洞庭湖边当挑堤工。

　　挑堤是一种切切实实卖苦力的活计。一担淤泥上肩，压得腿肚子发颤。一天下来，彭德怀累得连腰都直不起来。只是到雨雪天气，才能猫在窝棚里歇上一阵。逢到这种日子，彭德怀常常端坐窗前，望着浩瀚的洞庭湖发呆。眼前，这"水天一色，风月无边"的洞庭给了他片刻的慰藉与安宁，荡涤了他内心的积郁，只是一回到现实里，其悲悯之心便难以自持。号称"米粮仓"的洞庭湖区贫富悬殊之大，无隔宿粮的赤贫者之多，让人触目惊心。堤工局那些董事靠剥削堤工发财致富，堤工局下设的包头也都是吸血鬼，除了抽取工人的收入，还让工人送礼，甚至利用赌博掏工人的腰包。

　　那天，又是包头坐庄，照例是小出大进。堤工王雨生腰圆膀粗，极富正义感，平时从不参赌，只是有点贪杯。这天到小酒馆喝了半壶老酒，见几个堤工输个精光，哭丧着脸要走，他站起拦住，说："诸位别走，等我帮你们赢回来。"众堤工半信半疑停住步，看王雨生和包头赌。

　　王雨生早就对包头欺诈堤工深恶痛绝，还听堤工们讲包头在赌钱时搞小动作，决心要整治包头一回。

　　他用一年的工钱与包头赌。他先是小赢，继而连输几局，最后把刚领到的一年工钱输个精光。

　　包头正要收盘子，王雨生叫声"且慢"，只见他卷起裤腿，从怀里掏出一把杀猪刀，生生地从大腿上割下一块肉，押到骰子上。

"你这是干什么？"包头大惊失色。

王雨生说："钱没有了，还有身上的肉，我用我这条命抵众工友输掉的钱，开盘吧！"

包头见王雨生握着刀，只得依了他。

盖碗揭开，王雨生赢了。

王雨生抓住包头的手，要其割肉相赔。

包头吓得面如死灰。

这时，彭德怀走过来，对包头说："你若不想割肉，就把雨生和众工友的工钱还回去！"

堤工们齐声附和。

包头知众怒难犯，只好退了钱。

彭德怀得到启发：团结有力量。

2. 莺飞草长时

1916年暮春三月，正是江南草长、群莺乱飞的时节，彭德怀从军，在湘军第2师当二等兵。

这是生存的选择。

这一年，他还不满18岁。

彭德怀这时个子虽不十分高却很结实，他那极富个性的嘴唇总是抿得紧紧的，走起路来颈项稍微有些前倾，那是少年时打柴挑土留给他的印记。总之，他的形体和他的内心十分统一。他的这种表里如一所形成的风格气质，造就了后来他在人民心目中"平民元帅"的形象。

在湘军里，彭德怀一无贵族身份，二无社会背景，从一个士兵当到团长，完全是靠他的忠勇善战和正直无私的人格力量一步步走上来的。然而，他也深谙旧军队的积习与弊病，知道这支军队带给老百姓的是日益加剧的痛苦和灾难。因此，他暗中与志同道合者组织救贫会，"以救国救民为宗旨，不做坏事；不贪污腐化，不扰民"。这实际上是彭德怀民主革命思想的最初体现。

他初任连长时，为应酬地方商绅去了一家酒楼。在那个"雾失楼台，月迷津渡"的夏夜，他以自己的正直良知和微薄之力将一个女子救出火坑。

他是在夜宴中得知这女子的身世的。

女子叫张素娥，艺名月月红，是双喜堂酒楼的当红歌伎。

那晚，月月红的一曲《孔雀胆》唱得满脸泪痕。

彭德怀料定这女子必是有感于自己的身世才伤心垂泪。事后一问，她果然是因家中遇难而沦落风尘。

"你小小年纪，何不早日择个人家跳出火坑？"彭德怀问。

那女子卷起袖子，露出胳膊上累累伤痕，哭道："几次想逃出这地方，被抓回来打个半死。"

彭德怀决心替她赎身。

他先是拿出了自己多年的积蓄，又给营部文书黄公略和救贫会员李灿写信，请他们解囊相助。

待凑齐一笔款子，彭德怀便拉上救贫会员王绍南去双喜堂赎人。

听说两个"丘八"来赎人，老鸨说："400块大洋才能走人！"

彭德怀知是讹诈，让老鸨"拿押契来看"。

"她可是我们费尽心思才调教出来的，没这个数，不放人！"

彭德怀将一袋子银圆往桌上一搁，厉声说："放人！"

老鸨一看这两个兵有点霸蛮，只好放人。

彭德怀给了月月红一些路费，让她回老家谋生。

从此，彭德怀再也不去参加当地商绅的宴请，并时时告诫自己："不要腐化，不要忘记贫苦人民的生活。"

也许是这件事对他刺激太大，在延安时期甚至新中国成立后，他对舞会之类的活动仍不感兴趣，甚至对中南海组织的舞会也发过一些议论。这似乎不应归因于他性格的狷介和古板，而应从更深的层面分析他的人格精神和思想脉络。

1921年秋，救贫会的一次行动使彭德怀一度脱离湘军，过了一段逃亡的日子。

其时，部队驻南县注滋口。小镇濒临洞庭，物产丰富。夏去秋来，芦花飘雪，景色倒也十分美丽。只是老百姓被名目繁多的苛捐杂税和高利贷弄得愁肠百结。

那天，彭德怀同往常一样，得了闲便去附近的庄户人家坐坐。见户主姜子清眉宇紧锁，似有满腹心事，便问："有么子伤心事？"

问得姜子清眼泪双流。

原来，姜子清多年来苦苦淤积起来的几亩稻田苇地被地主欧盛钦霸占了。

"地有地契，田有田证，他凭什么强占别人家的田地？"彭德怀一听就火了。

"他哥哥是省督军赵恒惕的高级参议。他说我那片淤积地是他早就圈过了的……"

"你不晓得去评理打官司？"

"他是本地的税务局长兼堤工局长，有钱有势，我奈何不了他！即使把官司打到省里，他还有当高级参议的哥哥为他撑腰呢！"

话说到这儿，彭德怀也噎住了。自家祖上就因为与富户打官司，也弄得家徒四壁、贫困潦倒。

想想，彭德怀说："你把贫困户联合起来，组织救贫会。人多势众，就能把欧盛钦打倒！"

"口齐心不齐，说起欧盛钦人人恨之入骨，真要做起来个个都怕他。"

"你也怕吗？"

"我不怕，我恨不能亲手'做'了他，只是身单力薄，斗不过他。"

彭德怀说："今晚我给你派几个兵来，你带路去把那恶霸除了！"

姜子清喜不自禁："这太好了，只是怕连累了你们。"

"去时都化装，事后不向任何人泄露！"

是夜月黑风高，彭德怀派来三个救贫会员，在姜子清引领下摸进欧家大院，把欧盛钦绑到苇子地里毙掉了。

次日，欧府院墙上贴了一张匿名布告，布告上罗列了欧盛钦欺民霸市、滥增百货税收、为害乡里的累累罪行。

转眼几个月过去，时令已经入冬，彭德怀所在团队移驻长沙附近的潞口畲。

潞口畲一侧有条捞刀河，相传是三国时蜀国大将关羽捞刀之处。小河曲曲弯弯，水流清澈。虽值冬日，岸草仍带几分绿意。一些水禽嬉戏其间，招得路人频频引颈。

彭德怀这天正在河边与一打鱼佬儿"扯白"，远远看见河堤上走来几个带枪的人，便预感到有什么事。他反身回到驻地等着。果然是来找他的，但露面的只有团部特务排长一人。

"徐排长是来找我的吧?"彭德怀见面就问。

徐排长一惊,笑称是袁团长有请。

两人一前一后默默地走了一袋烟工夫,就有几个士兵从堤坎下跳上来将彭德怀缚了。

彭德怀也不反抗,似有意束手就擒。

徐排长讪讪地说:"看来你是知道来捉你的原委的。袁团长也是奉赵督军之命,不得已而为之。"

彭德怀说:"我从来做事就敢做敢当,替穷苦人除了一害,我就是吃官司也值得。"

彭德怀历数欧盛钦罪行劣迹。捉拿他的几位官兵听了,皆曰该杀。其中一操沅江口音的士兵给他出主意,让他到督军署后否认此事,对方没有证据,无法给人定罪。

过捞刀河时,搭乘的正好是那位打鱼佬儿的船。打鱼佬故意将船划得很慢,还贴着芦苇密匝的边儿走,好让彭寻机逃脱。士兵们明知此意,也不声张。

船到江心,牵他的士兵悄悄将捆他的绳子解松了,并重重地在彭德怀的背上按了两下,示意他跳水逃走。

彭德怀便对徐排长说:"我大衣口袋里还有几十块光洋,你们拿去花吧,不要冤了那些狱卒。"

徐排长说:"你既然这样说了,我们暂且替你收着,若是得了救,便如数还你;万一遇害,就用来替你办后事。"

说着,徐过来抄钱。彭德怀趁势迎头一撞,将他撞落水去,自己则纵身跃入水中,游进芦苇荡。

几个士兵冲着天上胡乱放了几枪,也不搜寻,便匆匆赶回长沙销差去了。

彭德怀上得岸来,天已断黑。远处寥寥几点寒星将冬夜的村野点缀得分外苍凉。此刻,饥肠辘辘的彭德怀只听得江水呜咽、犬声凄厉,不由得茫然四顾,仰天长叹:天下之大,难道就没有我彭德怀的立足之地?

几十年后,彭德怀在忆及这一英雄末路、恸问苍穹的往事时,仍有无限感慨。

命运似乎注定了彭德怀要在饱经磨难之后才能卓然于世。他一生的坎坷可谓不计其数，但捞刀河的遇难脱险却一直铭刻在心，久久拂之不去……

那天夜里，彭德怀像一只迷途的羔羊在旷野里漫无目标地游荡。他希望能在这茫茫暗夜里出现一支引路的火把，将他带向一个光明的所在。他在自述中曾谈及当时这一感受。

> 我出生于人类历史飞跃的时代，而落后于这个伟大时代。到1921年，中国共产党诞生了，我还没有接触马克思主义，不懂得社会发展的科学规律，不懂得用阶级观点分析问题，不懂得革命是组织人民群众自觉的行动。我在当兵时是一种打抱不平的英雄主义思想，杀欧盛钦是这种思想的突出表现。救贫会章程的四条原则，是当兵六年的思想总结，是非常幼稚可笑的，也是非常惭愧的，对消灭财主和消灭封建剥削制度的关系是模糊的。我在当时还不懂得地租、高利贷和资本剥削在性质上的相同和区别……像海洋上的孤舟，隔离了与国际、国内革命思想的联系，没有接受马克思列宁主义，还是抱着孙中山的旧三民主义。

同时，他也在自述里谈到："十月革命对我有刺激。"

3. 第一次婚姻

这一段颠沛流离的日子加深了彭德怀对社会的了解，对人生的感悟。相对于军营那封闭的环境，他觉得这一时期在思想上的收获是很大的。他先是拜访了那位参加过辛亥革命的老班长郭得云，与他商量发展救贫会的事；然后与黄公略、李灿等几位好友讨论救贫会的章程，决定还是在军队中求发展。大年初二那天，彭德怀随驮盐的马班去了革命气氛较浓烈的广东，在许崇智成立的独立营当连长。营长鲁广厚虽与彭德怀是旧友，但满口江湖话，旧军人的习气甚浓。彭德怀觉得他不是同路人，对其敬而远之。2月下旬的一天，他又从广州起程，途经厦门、上海、汉口，在汉口搭了一辆煤车，辗转回到长沙。

也许是对这种漂泊无定的生活产生了厌倦之情，或许是他在寻寻觅觅中思想上产生了一种迷惘，彭德怀决心回到故乡待一段日子。是想在相对平静的田园生活中梳理一下纷乱的思绪，还是想在离城不远的乡下静观时局的变化、蓄势以待发？彭德怀没有在他留下的文字材料里谈及当时的动机。

彭德怀回到故乡乌石寨，乡邻正在泡稻谷种、排红薯种。家里多病的父亲和年逾八旬的老祖母见他归来，自然是喜不自胜。

父亲和五叔问他有何打算。

他说："不外出了，准备在家种地。"

众亲人都说好，便立即商量开荒种红薯，解决秋后吃饭的问题。

在这料峭春寒之夜，一家人围着火塘，闻着柞木柴苋烧出的清香，听彭德怀讲自己的经历，讲山外的故事。

父亲告诉他，表兄周云和因参与驱逐汤督军被捕遭枪杀，妻子小产，母亲气死，只剩五舅孤零零一个人住在九坛冲大山里。

彭德怀说明天就进山看五舅。

父亲让他顺便挑回些红薯种。

彭德怀进山在五舅家住了一夜，了解到表兄是为了反对袁世凯同伙汤芗铭，机关破获被捕遇难的。他对五舅说："只要穷苦人都抱成团，像表哥那样干，就总会有出头的日子。"

第二天临走，彭德怀给老人留了些钱，挑了一担薯种，回到了乌石寨。

这一年，彭德怀已经 24 岁，在祖母的催促下，与邻村楠木冲的刘家姑娘细妹成了亲。细妹也是苦出身，长得眉清目秀，令人怜爱。彭德怀也喜欢这个单纯而文静的姑娘，给她取了大名刘坤模，对她呵护有加，得空就教她认字，后来还送她上私塾、进女子职业学校就读。彭德怀觉得自己终归是行伍中人，免不了带兵打仗，万一有个三长两短，她学点文化知识，也能自立。

然而历史给他们酿就的却是一杯苦酒。

彭德怀以后举起义旗，投身革命，行踪自然是飘忽不定；刘坤模几番寻觅，未能团聚，最后在万般无奈的困窘中做他人妇。多年后两人在延安相见时，彭得知刘已与别人有了女儿，不忍将其拆散，劝她回到女儿身边。对此，彭德怀说："共产党可以共产，但不能共妻！"

现存有关资料表明，彭德怀第一次婚姻虽以悲剧为终结，但他在故乡与细妹相聚的那段短暂的日子却是甜蜜而和谐的。

第2章
——
"终于等到这一天"：平江起义

4. 闹饷

时光如白驹过隙，一眨眼就临近了端阳节。驻在湘潭的老部队一位军需来信告诉彭德怀，袁团长得知他回了家，有意让他帮忙办工厂。彭德怀推说"不内行，还是回家种地"而谢绝了。

到了7月初，好友黄公略、李灿等先后来信，相约彭德怀同去投考湖南陆军讲武堂。说是团长袁植、团副周磐的意思，而且已替他办理了一切入校手续，还在团部替他安置了一少尉候差，以解决日常费用。

彭德怀见团里长官对自己在注滋口的事并不深究，救贫会员也热心相劝，便有些动心。但又担心自己的文化底子太薄，考试关难过。

正犹豫中，救贫会员张荣生专门到乌石寨劝彭德怀："要实行灭财主和洋人，还是要搞军队。"

彭德怀答应："去试试！"

这一试，居然就通过了。

近一年的讲武堂学习生活，对彭德怀整个军事生涯影响极大。在这里，他较为系统地学习了战术、地形、筑城、兵器等军事学专业知识，受到了较为正规的军事操典和条令的训练。

在讲武堂学习期间，长沙发生了一起日本军舰水兵枪杀中国人事件，工人、学生、市民纷纷走上街头，游行示威。彭德怀悄悄换身便服，加入到学生的游行队伍中，一起喊口号："打倒列强！""废除不平等条约！"

这次行动是彭德怀朴素爱国主义思想的自然流露，说明他的眼界渐渐放开了，跳出了救贫会初期那种打富济贫的农民式的狭隘。

1923年8月，彭德怀从讲武堂毕业回到湘潭，在第2师第3旅第6团1营1连任连长。此时的师长鲁涤平在权衡利弊之后，打算脱离赵恒惕，投向孙中山。在姜畲会议上，鲁见第6团团长袁植态度暧昧，恐他有变，便派伏兵在袁回返的路上将其杀掉。团副周磐担心鲁"收拾"第6团，一时没了主意。彭德怀建议他将部队先行移至地势较好的西北郊龙神桥，然后派人去师部探看动静再做打算。

周磐按计行事，让彭德怀去见鲁涤平。

彭德怀来到师部，得知鲁派了两团人马去"弹压"第6团，已扑空而回。而师部这里却在隆重祭奠袁植，鲁涤平还亲撰挽联，以示痛悼之情。

彭德怀知道这是玩的"猫哭老鼠"的把戏，见了鲁，也只言明第6团仍一如既往服从师部，别无异心。鲁自然是好生安抚，令第6团立即开赴广东。

回到营地，天已拂晓。彭德怀将情况向周磐报告之后，周难下决断，问计于彭。袁植对彭有知遇之恩，彭反感鲁涤平对部下使阴毒手段，便建议周磐率部开往湘乡、永丰一带，屯兵以观大势而后定。于是，第6团未赴粤投奔孙中山，仍游离于广东革命形势之外。由此可见，彭德怀此时的心态仍不能彻底脱

图为1923年，25岁的彭德怀在湖南陆军讲武堂学习时的照片。

开个人恩怨的羁绊，错过了靠近旧民主主义革命的一次机会。这是他个人早期农民思想的局限。

次年 4 月，彭德怀代理营长。越明年，第 6 团开赴湘西北慈利一带，协助湘军第 1 师收复澧县、石门等县城。其时，湘省统治阶级内部矛盾剧烈，但在反苏、反共、防赤化上却是一致的。彭德怀决心发动一次闹饷，压压他们的气焰。

数年前，彭德怀曾作为湘军士兵代表参加过一次大闹饷。那一次，近 10 万士兵在士兵代表的指挥下向长沙进发，声势之大足让统治者心悸。经过近些年救贫会的工作，士兵的觉悟有了提高，成功的希望很大。

为了组织好这次闹饷，救贫会作了充分的研究，并拟定了口号："发清欠饷，打倒克扣军饷的军阀！"救贫会员还派人分头去 2、3 营活动，启发士兵，引导他们反抗。他们组织了连、营各级士兵代表会。彭德怀还做营、连军官的工作，让他们给予暗中支持，至少也要保持中立。

闹饷一起，团长周磐即召集营、连军官相商，他怀疑此次闹饷是过激党操纵。

彭德怀说："士兵要求发饷并非过激，如果要求发欠饷也是过激党的话，士兵就会觉得过激党好，都会拥护过激党。"

2、3 营营长也说了几句公道话。

周磐一看这样，调子也降下来。彭德怀以避免导致闹成全省大兵变为由，建议周速下训令，承认士兵要求发欠饷是合理的，并将各师待遇不一及士兵的反映呈报省署，使其酌发欠饷。

周磐照办之后，赵恒惕回电：同意补发两个月欠饷。

救贫会发动的这次闹饷取得了胜利，使士兵认识到团结斗争的力量。由此，彭德怀也体悟到"旧军队中只要有人领导，同士兵的切身利益联系起来，组织斗争，取得胜利是可能的"，"这对我以后组织士兵会，实行士兵自治有积极指导意义"。

5. 共产主义 ABC

1926 年 5 月间，国民革命军自粤北伐进入湘境，彭德怀已正式任 1 营营长。这时，赵恒惕已下台，叶开鑫主湘。国民革命军前锋已抵安仁县境，湘军内部一片恐慌。彭德怀心里暗暗高兴。全营官兵因对北伐有较正确的认识，皆倾心以待。部队到了永丰，彭向大家说明叶军必败，北伐军必胜的道理，并向周磐言明利害，陈述心迹，提出尽早与国民革命军联络。不久，北伐第 8 军进入长沙，湘军第 2 师遂投入北伐军怀抱，改编为第 8 军第 1 师，周磐任师长，原第 6 团改为第 1 团，彭德怀仍任 1 营营长。经过短期整训，即行北伐。

入秋，部队协同北伐军叶挺独立团攻打武昌南门。第 1 团团长借故请假离队，彭德怀代团长职，得机会接触叶挺，对其英勇善战、屡建奇功甚为敬慕。

武昌城依蛇山而临干湖，城墙坚厚，高达数丈，易守难攻。两团人马几次强攻而不得破，还牺牲了王绍南等几个救贫会员。彭德怀到青山，与叶挺商讨攻城之法。

叶挺说："强攻不易取胜，只有久困和挖坑道，准备爆破制敌。"

彭德怀表示赞同，按此方略与叶团协力攻城。

10 月初，寒露已降。武昌城内的敌人终因弹尽粮绝而投降。彭德怀回忆说："我们进城时，见阵亡敌军堆积如山，臭味冲天……"

攻城期间，彭德怀还结识了共产党人段德昌。

段德昌是南县九都山人，早年加入共产党，先后在黄埔军校和国民党政治讲习班学习，文武兼备，有勇有谋。那时段德昌在第 1 师政治部任秘书长，彭德怀一经接触即引为知己。谈话中才知早在三年前那次长沙反帝大游行时，两人就在同一个队伍里，只是互不相识，失之交臂。

段德昌后被"左"倾机会主义者错杀，彭德怀深为痛惜。几十年后，在忆及他们最初的交往时，彭依旧一往情深："段对我的思想帮助是很大的。他经常送给我一些进步刊物，特别是《共产主义 ABC》，阅读后印象较深。他多次给我介绍了共产主义社会的远景和苏联的无产阶级革命。段的这些革命思想，对于我的思想是起了促进作用的，而又通过我向秘密的士兵组织进行教育……"

彭德怀对他与段德昌在湖北当阳玉泉山那次促膝夜谈更是刻骨铭心。其时，正值武昌守敌投降，第1师奉命经孝感向当阳前进。抵达当阳城时，据报吴佩孚残部由宜昌经玉泉山向南逃窜。师长周磐派彭德怀率部进占玉泉山截敌，段要求随其前往，遂有了这一次永世难忘的彻夜长谈。

当时玉泉山古木蓊郁、山寺肃然。他俩在关帝庙铺稻草席地而卧，畅谈人生、理想。

段指着殿前关羽塑像问彭："你对这位关老爷有何感想？"

彭答："关羽乃封建统治者的工具，现在还被统治者利用，不足效仿，也没有意思。"

"你以为怎样才有意思？"

"为工农谋利益才有意思。"

接着他们又议及国民革命的终极目的，彭觉得仍是孙中山的"耕者有其田"。而段讲的却更深一层，即变生产资料私有制为公有制，实现共产主义。

彭德怀至死也没有忘记，在谈到共产主义伟大理想时，段德昌那殉道者一般执着、热切的目光。

翌日一早，彭德怀率部离开玉泉山，经应城、皂市渡汉水，于12月下旬抵达宜昌，在风景秀丽的江城迎来了1927年元旦。

新年伊始，彭德怀即召集救贫会员开会。会上，彭的发言给大家以全新的印象，这得力于段在玉泉山谈话对他的启迪。会议决定将救贫会改为士兵委员会，并修改了会章，争取公开活动，还通过了一个进行政治教育的口号：吃农民的饭，穿工人的衣，吃饭穿衣是工人农民的，我们要为工人农民服务。部队每日早晚点名、吃饭站队时，都要先喊这口号。

彭认为"这次制定的章程和口号，很明显是接受了共产党的统一战线纲领和军队中政治工作制度"。

6. 入党

这次会议之后，救贫会发起人之一的黄公略突然来见彭，说他已辞去连长职务，欲去黄埔高级班学习。

"你一走，3团便失去了进步骨干，反动团长刘济仁会更加嚣张。"彭担心道。

黄公略说："我去意已定，还是支持我吧！"

彭只好让军需长给黄一笔费用，为其辞行。

黄公略的辞走使彭德怀如失手足。10年来两人同心同德、患难与共，这一别，不知后会何期。

元月下旬，第1师随何键的第35军回防湘西北。何键从保定军校毕业后，先在湘军赵恒惕手下当见习，后投靠唐生智，步步擢升。北伐军克复武昌，何键所在第8军第2师扩编为第35军，何亦升为该军军长。因其幕僚多为地主，故对湘西北的农民革命十分仇视。3月的一天，何部戴斗垣旅杀死慈利江垭区农民协会常务委员，群众在戴旅司令部前面举行追悼大会，以示抗议。彭德怀率1营全体官兵参加了这次大会并在大会上讲了话。

何键得知此事之后，即让第1师师长周磐注意彭德怀。后何键搞愚兵政策，举行"佛法"大会，让一和尚为所有官兵受戒，唯彭德怀的1营抵制未去参加，这又使何陡增疑心。何对周说，彭某恐怕是共产党。周说不是。何感到让彭带兵不放心，要周给彭弄个二等厘金局干干。周说彭不搞钱。何只好作罢。

两个月后，第1师突然奉命开岳州，到达后不几日，何键即暗中支持许克祥在长沙发动"马日事变"。一时间，革命者血流成河。其时，夏斗寅叛军向武汉进逼，与叶挺部激战于贺胜桥。川军杨森则沿长江左岸进占白石矶，何键也控制岳州，与夏逆南北策应，形势十分严峻。

彭德怀向周磐建议，北进配合叶挺部攻夏逆，周说没有命令，不好擅自行动；彭又建议周迅速向长沙进军，平复许克祥叛乱，恢复革命秩序，周复借口没有命令，不能前往。这两件事使彭德怀破灭了对周的幻想。

9月入秋，周磐正式任命彭德怀为第1团团长。其时，第1师脱离了何键的控制，改编为国民革命军独立第5师，归鲁涤平指挥。

对于军阀间的这种你争我夺，彭德怀早已反感至极。趁周磐去长沙之际，他召集李灿、张荣生、李力等救贫会员，商量"将来究竟走哪条路"。

几个人一致认为，"只有走共产党那条路，才能完成国民革命"。

他们分析师长周磐的思想动向，认定他只会在政治上一步步走向反动，决心与之分道扬镳。

一天黄昏，中共南（南县）、华（华容县）、安（安乡县）特委的代表张匡找到彭德怀，带来段德昌因搞暴动负伤到了南县的消息。彭德怀主动要求将段转移到可靠的地方，请本团军医为其治伤，同时还表达了自己要求加入共产党的愿望。

　　不久，张匡即转告他，段德昌同意介绍他入党，特委也讨论通过，已上报省委。此间，为支持共产党在湖区和湘鄂西组织暴动，彭德怀设法从部队弄了一批枪支弹药，还为段德昌去湘鄂西筹措了路费。

　　又一个细雨如烟的黄昏，在一间幽暗的小屋里，张匡代表特委为彭德怀举行入党仪式。屋子的墙上挂着马克思、恩格斯的画像，还有一条"全世界无产者联合起来，为共产主义社会而奋斗"的标语。彭德怀宣誓要为中国革命和世界革命、为共产主义事业奋斗终生，牺牲一切甚至生命！

　　1928 年初春，黄公略从黄埔毕业回到第 1 团。他是因彭德怀的建议而回来主持随营学校的。几个老救贫会员聚在一起格外亲切，自然是无话不谈。当谈至办学宗旨里关于"打倒新军阀"这一条时，黄公略突然问："新军阀指谁？"

　　"蒋介石！"彭德怀脱口而出。

　　黄公略故作惊讶："蒋校长怎么成了新军阀了？"

　　彭一听口气，认定黄公略已为蒋收买，把脸拉下来："看来，你现在成了蒋的忠实学生了！"

　　"什么忠实学生，是忠实走狗！"火暴性子的张荣生不容黄解释，顺手操一条毛巾，往黄公略嘴上一封，再一勒，黄公略的脸顿成猪肝色。

　　"勒死他！"李力也吼道。

　　黄公略本意只想试探一下，没料到弄假成真，闹成大误会，若再不解释，就有被弄死的可能，于是忙指指自己的皮鞋后跟。

　　邓萍将黄的鞋后跟撬开，把里面的蜡丸剥开，见到了一纸广东省委的介绍信。

　　大家这才恍然大悟，忙将黄公略放开。

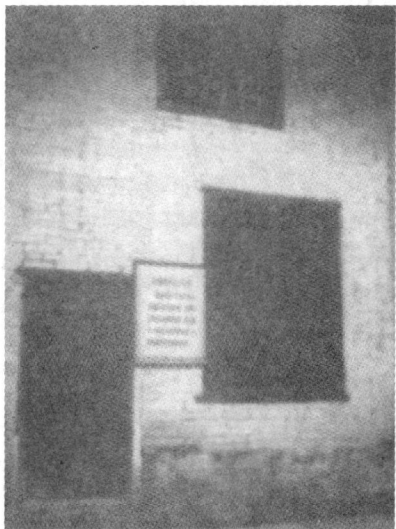

图为彭德怀当团长时住过的房子，这也是他与北伐军中的共产党员秘密会晤的地方的旧址。（刘双岭　摄）

"公略，你这是干什么？开这样大的玩笑！"彭德怀责怪地说。

黄公略急忙解释："你现在当了团长，谁知你是真革命还是反革命。"

彭说："我们相交已不是一天两天了，你还不明我的心迹？"

黄公略笑笑说："你莫怪我多心，现在是大浪淘沙，在广东我见得多了，一些当初把革命叫得震天响的人，暴动失败后，却成了反革命。"

误会冰释，战友们兴奋无比。在团部门外柳荫如盖的大堤上，黄公略给彭德怀介绍了广州暴动的情况。在谈到暴动失败后，反动派杀人如麻，一片白色恐怖的惨状时，黄公略指着湖边正在晾鱼的渔民，说："珠江堤畔，革命者的尸体，就像晾鱼一样，四处横陈……"

"看来，搞武装起义没有根据地不行！"彭沉沉地说。

黄公略："好哇，石穿，这一年你水平提高得蛮快！"

"石穿"是彭德怀的号，取水滴石穿之意，是那年从故乡出来，在路上遇雨，进一石洞见雨水穿石有感而取的。

彭说他这一年看了几本书，有点收获。

黄公略问："最近在看什么书？"

彭说他在看《水浒传》。

黄公略："我觉得你像'水浒'中的一条好汉。"

彭问像谁。

黄公略说像李逵。

这次长谈之后，两人还有诗相和。

黄公略以"欣谈时局喜春风，柳絮飞舞庆重逢"的诗句，表达了两人相聚的喜悦之情，彭德怀在诗中表明了对毛泽东的仰慕："惟有润之工农军，跃上井冈旗帜新……"其时，毛泽东已领导秋收起义，在井冈山建立了红色革命根据地。对此，彭德怀显然是心仪已久。

午间，彭德怀与黄公略带来的黄埔校友黄纯一、贺国中欢聚一堂。这两位都是共产党员，他们的到来增强了第1团共产党的力量，为以后的武装起义打下了基础。

7. "蒋干盗书"

随营学校开办以后，秘密士兵会得到发展。到了 5 月，彭德怀又成功地策动了一次士兵大闹饷。这次闹饷实际上是对第 1 团革命力量的一次检阅，也是此后不久发动的平江起义之前奏。

平江地处湘鄂赣三省要冲，古时称罗子国，后汉分置汉昌县，三国时改名吴昌，唐五代时才叫平江，清属湖南岳州府，民国初归湖南湘江道。自古以来，这里"民风强悍、揭竿而起者众"。历代统治者多在此屯以重兵，以防民变。"马日事变"后，平江农民奋起反抗，声势浩大，曾先后两次"扑城"，使那些地主老财们吓破了胆，纷纷上书省长鲁涤平，请其派重兵"弹压"。彭德怀所在的独立第 5 师就是按鲁的指令赴平江"清乡"的。

5 月的平江已是热浪灼人。彭德怀一到这里，便感受到空气里弥漫着一股血腥味。牢狱里关满了囚犯，月池塘刑场天天杀人，城头悬挂的首级叮满了苍蝇……

作为一个疾恶如仇又体恤民情的革命者，彭德怀为自己现时的身份和使命而尴尬。为不过早暴露自己，他表面上还得听命于不与为谋的上司，还得应酬他恨之入骨的土豪劣绅，甚至还要装模作样地去"清乡"，内心的矛盾和痛苦可以想知。

"你们去'清乡'，要'刀不血刃'。"彭德怀向下属交代。

李灿等深领其意，每回"搜山"先鸣枪报信，离山时又故意丢下一些子弹，让红军游击队明了心迹。

一天下着雨，卫兵带来一个农民打扮的人到彭德怀住处，掀开斗笠，彭才发现来人是在 2 连当过兵的毛宗武，也是当年闹饷的积极分子。

"好久没见了，家里都好吗？"彭德怀热情相待。

"乡下共产党闹事，我出来住几天。你这里方便吗？"毛宗武试探着深浅。

彭德怀曾听到过关于他在乡下"闹共产"的风声，但不敢贸然接话，便说："只要你不嫌弃，我这里你愿住多久都可以。"

毛宗武进一步试探："不会连累你吧？"

彭德怀笑笑："还用我写担保书吗？"

毛宗武似明白了几分，也报之一笑。

午饭后，彭德怀故意将上头发下的那份"清剿"计划压在桌上的一本书下，对毛宗武说："我要出去有点事，晚上才能回来，你就在这里休息吧。"

彭一走，毛宗武就看到了压在书下面的那份"清剿"计划，当即就抄了起来。

待到傍晚彭德怀回来，毛宗武已收拾停当，说是住不习惯，要赶回乡下去。

彭德怀见那份"计划"已被动过，就笑着说："你把清乡计划抄好了，急着送回去吧？"

毛宗武一惊，装着听不懂："什么清乡计划？我没得看见。"

彭德怀把那份"计划"抽出来一抖，笑道："你可知'蒋干盗书'的故事？"

毛宗武答："'三国'里有，尽人皆知。"

彭敛住笑："实话对你说，我今日有意让你当一回蒋干呢！"

毛宗武松了口气，笑道："石穿兄扮的周瑜也蛮像那么回事呢！我在思村见到你们2营一不清乡，二不扰民，还把子弹用油纸包好放在树下等我们捡，就猜想你是自己人。县委派我来以老友的名义找你，是想打听一下究竟。"

彭德怀叫来张荣生，吩咐道："快去弄套军装来，给这位同志换上，将他送出城去！"

毛宗武说："抄的这份计划，我已改过许多，别人拿到手里也看不懂。你放心！"

临走，彭交代毛转告县委，须距2营15里外，不要太近；注意避开黄金洞，那里是第3团的合击点，这个团的团长最反动。

8. 党内批评

对彭团的行动，土豪们似有觉察。在一次宴会上，清乡委员会主任张胖子先是恭维了一番周磐，然后话里有话地说："有人说平江现已无匪，其实，只要认起真来，平江遍地是匪。出城五里，随便捉一个来杀了，必是匪无疑！"

彭德怀笑道："依张先生的话，将城五里外一圈统统血洗一遍，那田由谁种？地由谁耕？张先生没了税收又将如何生存？"

张忙解释说："彭团座误会了，鄙人只是打个比方而已。"

"就我所知，你们民团清乡队所到之处宰猪牵牛、乱抓乱杀，比土匪有过之而无不及，难道非要将平江几十万乡亲统统'清'了个光才罢休吗？"

说罢，彭德怀将酒杯一搁，甩袖而去。

周磐打圆场："彭团长多喝了几杯，诸位不必计较。"

宴会自然是不欢而散。彭德怀罢宴怒斥张胖子的事传开，令土豪们胆战，老百姓解气。但在党的会议上，张荣生批评彭意气用事，一旦暴露将影响起义大局。彭德怀觉得张言之有理，接受了这来自党内的第一次批评。

七月流火，传令排长张荣生这天陪团长彭德怀赶夜路去思村2营，见流星飞动，直入羽林星座，便说："从星象看，将有兵戈大起。"

彭德怀笑道："我不信这些，再说，连年来军阀纷争，哪天不是兵戈相见？"

"我也是姑妄言之，大概是近来时局动荡，心中产生的预感吧。"张荣生长在殷富之家，早年跟人学过星象占卜，此时见西方天空又一颗流星划过，色赤而有角，继而由赤转黑，应四夷有兵，兵败将亡之象，就又有了"联想"，正要开口，见团长已勒马沉思，便不再吱声。

"看样子，反动派已有警觉，我们要早点起事为好。"彭德怀突然发话，让张荣生有些猝不及防，但听得出这是团长深思熟虑的想法。

"目前起义的条件尚未成熟，不到万不得已，还是等一段时间为好。"张荣生与团长单独相处时，总以党内同志相待，说话直来直去，从不顾及上下。彭德怀也喜欢这种氛围，从不以长官的口气出言；而在人前，张荣生对团长则言必称"是"，唯命是从。

"你刚才不是说将有兵戈大起吗？"彭回过头来。

"那只是虚妄之言，当不得真的。"张荣生笑道。

彭德怀一踢马刺，说了句"我也有种预感呢"，便策马小跑起来。

张荣生催马跟上，将路边稻田里夜宿的禾鸡惊得"扑棱棱"直飞。

翌日是个大晴天，红火日头将思村那片苦楝树晒得卷了叶儿。彭德怀集合2营官兵讲话。当讲到将来迟早要走红军游击队的道路时，队伍里一阵兴奋。

午间吃饭时，营长陈鹏飞的一位亲戚从长沙来，说昨日长沙破获了一起共产党案，从捉的人身上搜出一张通行证，是随营学校校长黄公略亲笔写的。

众人一听都紧张起来。陈鹏飞与黄公略是讲武堂同学，平时私交也不错，为人也义气，听说黄公略出了事，急得直冒汗："这如何是好？"

彭德怀比他更急：黄公略一暴露，牵涉第1团整个党组织和武装起义的计划。

"上头怎么知道那通行证一定是公略所为？"彭德怀故作镇定问报信者。

来人说是周磐师长认出了黄公略的笔迹。

彭德怀心想周磐果然下手了，知事情已无法挽救，只能采取断然措施，赶在周磐下手前发动起义。

陈鹏飞说："团长，你快想法救救公略。"

彭不好马上向他和盘托出自己的想法，便反问他有什么好办法。

"放他逃走，或让他躲起来。"陈说。

彭德怀站起身，说："我现在就回团部，了解一下长沙的情况后，再告诉你吧！"

陈鹏飞送彭走出大门，一路上还急切地向彭表示，只要能救公略，一切都听彭团长的。

9. 发动

回到平江城日已偏西，彭德怀绕到电报局，将发给他和师部的两封密电都取出来，到团部译出。一封是周磐的马弁小陈拍给他的。小陈对彭的为人十分敬佩，彭平时也待他不错，故暗暗支持彭的革命活动。他电告彭：南华安共产党特委已被破获，特委负责人在长沙被捕，供出黄公略等是共产党，周磐也认出是黄的笔迹，让副师长立即逮捕黄公略、黄纯一、贺国中。另一封电报是周磐直接拍给李副师长的，让他逮捕黄公略等。

事不容迟，必须马上召开党的会议，做出决策。彭德怀让张荣生立即通知党员同志，下午7时到县立医院黄纯一病室开会——黄纯一肺病复发住院，大家可以看望病号作掩护。

张荣生刚走，邓萍来了，告诉彭："省委特派员滕代远同志来了，已安置在李灿附近住下。"

彭喜出望外，说来得正好。接着便将电报拿给邓看。邓看后抹了把汗，说："真险，要不是提前知道了，将被一网打尽！"

下午吃晚饭时，彭德怀心里有事，只匆匆扒了几口米饭便放下筷子。汗爬水流地赶到医院黄纯一的病房，见邓萍、李力、李灿、张荣生以及滕代远都到了，彭德怀与滕寒暄了几句，便提出了武装起义的问题。

李灿觉得起义时机尚未成熟，认为如能拖到年底再举义旗要从容些。

"公略他们怎么办？"彭问。

"让他们逃走，万不得已时你也可避开。"李灿说。

张荣生也有点犹豫，担心 2 营和特务营士兵难发动。

黄纯一说："3 营近来工作有很大发展，士兵愤恨国民党和地方反动派，情绪天天上涨。清乡委员会白天不敢杀人，夜里杀人，士兵就自动组织巡逻加以阻止。大家甚至抱怨团长为什么不出面领着大家杀掉这些王八蛋。其实 2 营也不是铁板一块，只是特务营难办些。有几个积极分子可发展入党，9 连有班长李聚奎。"

大家谈完意见，都望着彭德怀。

彭德怀说："起义势在必行，不能再犹豫了，犹豫就会失败！"

见滕代远冲他点了点头，彭又说："起义以闹饷的方式发动，能团结更多的官兵参加。"

大家觉得这一方式可行，丢掉了犹豫，一致赞成马上起义。

彭德怀分析起义形势，认为 1 营是基本力量。2 营六至七成可靠。3 营只有二成至多三成可靠。刘济仁的 3 团最反动，但战斗力弱，不足为虑；2 团估计暂时会中立。平江周围只有浏阳有张辉瓒一个团，醴陵有陈光中部，长沙约有三个团，岳阳、湘阴均无正规军，茶陵、安仁、攸县等驻军正在部署进攻井冈山，对起义无大的影响。他说："今晚就召集秘密士兵会员，做好准备，说明要闹饷。现在欠饷比南县那时更厉害，士兵的情绪很大。闹饷是发动起义的主要手段，由秘密到公开，争取营、连、排长参加或同情，也可以说是团长同意这样干。只有通过闹饷，才可冲破师特务营这个堡垒，团结全团绝大多数人，也才能有效地防御 2、3 团可能的进攻。"

会议决定于 7 月 22 日下午 1 时乘午睡时起义。会议还做了具体分工：李力负责组织机枪连、特务连的力量，派出代表向师特务营串通闹饷；李灿、张荣生负责领导 1 营并串通 2 营闹饷，组织士兵委员会，争取营长和连长参加或同情，张荣生并组织团本部和 2 团、3 团留守处人员闹饷。李光当晚送信嘉义镇 3 团 3 营黄公略，嘱咐 22 日下午 1 时起义，只能略迟，不能提前，以闹饷为手段派人送信岳州贺国中，告诉上述情况，要他立即带随营学校开来平江，只说是师部命令。滕代远负责政治工作，联系地方党准备成立红色政权。邓萍协助起草起义的标语、口号、传单、布告等。彭德怀负责率部消灭反动民团、清乡队、警察、县署，打开监狱释放被关押的人，同时解决师部。

彭德怀交代说："挨户团由李灿商同1营长雷振辉去解决；黄纯一发动9连并尽可能争取全营参加，解决县警备队，放出狱中的人，看管师司令部，逮捕反动机关人员；团特务连和机枪连在起义时监视师特务营。要求一切准备工作在20日前完成，做出的具体计划送我进行必要的调整。20日午，各项准备工作汇报一次。"

经过一天多的发动，起义准备工作基本就绪。1营和机枪连、特务连的士兵会顺利恢复，官兵们情绪很高，闹饷已铺开。只是2营还没有消息，送信的李光尚未回来。

20日中午，团党委会听取汇报后提出：起义后官兵平等，军官均由士兵委员会选举。用最彻底的民主方式打破自曾国藩建湘军以来沿袭已久的旧式军队"兵随将转，兵为将所有"的制度，清洗反动军官，以便改造旧军队。由士兵委员会准备军官应选名单和清洗的军官名单，拟在21日团党委会上讨论通过。

会后，继续为起义做准备。

这天半夜时分，彭德怀刚躺上床，电话铃突然响起，他拿起话筒，是第3团团长刘济仁打来的，语气里似含着怒气。

"彭大团长，你推荐的好友黄公略以闹饷为名，杀死了11连连长——我的侄子，在嘉义镇商会弄了一笔钱，把队伍拉向南山跑了。这事，你恐怕也脱不了干系！"

彭德怀不冷不热地答道："是呀！责任以后再说，问题是现在怎么办？小半年不发饷，等闹饷波及全师，就难以收拾了！"

刘济仁一听也吓住了，他经历过闹饷的事，知道非同小可，因此电话里的语气也没那么蛮横了。

刚放下电话，铃声又响起。这回是第2团团长张超打来的，说3团3营长率部闹饷叛变了。从张超的口气看，若以闹饷为手段发动起义，他是不会来进攻的。

听到这边打电话，张荣生进来问情况。彭将黄公略率部提前起义的事说了，张没好气地说："黄石麻子怎么搞的？这么性急！"黄公略原名汉魂，后改名黄石，号公略。因出天花大病一场，脸上落下了麻子，朋友们有时便喊他"黄石麻子"。

彭德怀说："事已至此，埋怨也无用。大家赶快商量一下，以士兵会名义，写信给 2、3 团各营、连、班长，就说五个月不发饷，还让清乡剿杀农民；现在 1 团已经闹起来了，要求发清欠饷，不发不下乡，还要一起干共产党。将信油印后寄到 2、3 团和留守处。"

彭即安排人带上工具，到城西五里以外，把通往长沙的电话线统统破坏掉，并在电线杆贴上"共产党万岁"的标语。

天将破晓，滕代远、李灿、黄纯一等到齐后，又开了党委会，将黄公略已起义及两个团长打电话的情况研究之后，决定还是按原计划不变，加紧策动第 2、3 团的闹饷工作，并迅速给这两个团在城里的留守处递送闹饷传单。

会上还讨论了起义后军队的名称番号、干部配备，决定改称工农红军，番号为红 5 军，原第 1 团所属之 1、2、3 营扩编为第 1、4、7 团。实行党代表制，军官由士兵委员会选举。当即又研究了连、营士兵委员会拟就的要扣押的军官名单和替代人员名单。确定 22 日上午 10 时，由彭德怀出面召集军官会议，扣留一批反动军官，然后到东门外天岳书院 1 营大操场宣布起义。

10. 平江起义

7 月 22 日 11 时，日头已经当顶，平江城东门外的天岳书院操场上人头攒动，集合在这里的 800 多人每个人脖子上都系了条红飘带，这是起义者的标志；而阳光沐浴的每一张年轻的脸都涂写着兴奋和激动。从这一刻起，他们摆脱了旧式湘军的阴影，走进了工农红军的序列。

这一刻，彭德怀那张年轻的脸也微微涨红了。多少年来，他梦寐以求的这一天终于来到了。

在他留下的文字资料中，对此刻的心理没有记载。

但有后人回忆，就是在那个土台子上，彭德怀高声宣布："我们再不为军阀卖命了，我们起义了！"

起义是军心所向，也是民心所向。正因如此，他们在向平江城进发时，不发一枪，没伤一人，便端掉了城里的民团、警备队和师直属队。起义军打开监狱，解救出前中共平江县委书记等人，还开仓放粮，告示安民。

看到平江街头的群众来来往往、喜笑颜开，彭德怀感到革命才是人民的节日。他对正在街头刷标语的邓萍说："真有点像革命来潮的气象！"

的确，平江起义在中国革命的低潮期发动，是对反动逆流的一种遏制，是继南昌起义、秋收起义、广州起义之后，对反革命势力的重重一击。

7月23日，贺国中率随营学校100多名起义学员赶至平江；黄公略也率第3团3营到达平江城北郊。

7月24日，士兵委员会选举彭德怀为红5军军长，邓萍为参谋长，滕代远为党代表；李灿、黄公略、黄纯一分别为第1团、第4团、第7团党代表。

7月25日，鲁涤平调集约九个团的兵力直逼平江。彭德怀决定利用平江群山环抱、峡涧纵横的地形，给敌以痛击。

特务连、机枪连于城西构筑工事，诱敌进攻；第1团从正面出击；第4、7团南北夹击，歼敌后再撤出平江城。

7月29日，鲁涤平调来八个团形成对平江城半月形的包围。其一部压向平江以东的长寿街，企图堵住起义军东面的退路，其一部沿公路向平江城西关进攻。

图为平江起义的中心地点：平江县东门外的天岳书院旧址。 　（刘双岭　摄）

第1团与进攻西关之敌接火后，彭德怀指挥第7团由敌侧后向南突击，打乱了敌人的部署，将敌逼至公路南侧。然而，黄公略与陈鹏飞带领的第4团迟迟不见动静，未能形成南北夹击之势。战至黄昏，第7团团长黄纯一中弹牺牲。敌后续部队接着猛攻西门，起义军渐感不支。为保存实力，彭德怀只得命令第

1、7 团退出战斗，转至东乡龙门镇集结。过了两天，黄公略率第 4 团前来会合。原来，他们按红 5 军军委与平江县委联席会议"向平南发展，与浏阳联络"的指示行动，分散了兵力，也受到不小的损失。

彭德怀与黄公略总结了这次作战的经验教训，挥师跳出省界，向江西修水转移。他们先克修水，再下睦津，运用"盘旋战术"同敌人兜圈子，主动退出修水后又进占铜鼓县城。为摆脱"会剿"之敌，彭德怀率红 5 军掉头向西北折回平江东乡黄金洞镇。最后，按中共湖南省委的指示，向浏阳、万载、井冈山边界进发，欲"打通湘东与赣西朱毛取得联络"，"造成罗霄山脉整个的割据，促成湘鄂赣粤四省的总暴动"。

在几个月的转战中，红 5 军伤亡很大，张荣生、李力等骨干先后牺牲，陈鹏飞因忍受不了革命的艰苦而离队，李玉华叛变逃跑，雷振辉企图叛变而被击毙……彭德怀经历了革命初期一波三折、波诡云谲的考验，也经历了个人情感上的大起大落的磨炼，他抱定革命信念，说："就是剩我彭德怀一个人，爬山越岭也要走到底！"

第 3 章

——

跃上井冈旗帜新

11. 会师

1928 年 11 月，彭德怀率领的红 5 军转战千里，历尽艰辛，在江西莲花城北九都与前来迎接他的红 4 军一部会合。

原来，毛泽东获知红 5 军南进奔向井冈山的消息，当即派何长工率王佐部队前来接应。两军会合之后，即经三湾、古城到达宁冈县城，朱德已在此迎候多时。这位也是从旧营垒里杀出来的长相忠厚、为人温和的长者，一见面就使彭德怀有一种亲切感。在后来几十年的交往中，他俩总是相敬如宾，很少发生冲突。

在井冈山的中心茨坪，彭德怀见到了仰慕已久的毛泽东。身材修长的毛泽东给他的第一印象是深刻的。从毛泽东的谈吐中，他感觉到这个带些书生气的老乡不仅学识渊博，而且眼光高远，意志坚定。毛泽东对中国现时革命的独到见解，对工农武装割据存在和发展的透彻分析，对红军战略战术问题的深刻阐述，使彭德怀心悦诚服。彭德怀永远也忘不了见面时毛泽东说的那句话："你也走到我们这条路上来了，今后我们要在一起战斗了！"

会师大会是在宁冈新城西门外开的。会上发生了一个小插曲——当毛泽东、朱德、彭德怀、滕代远等一干人走上匆匆搭就的简易主席台时，台子塌了下去。有人议论：一会师就塌台，不吉利！朱德说："这是迷信。台子塌了，搭起来再开会。我们无产阶级的台子是永远也垮不了的！"

朱德这番充满乐观主义的话深深铭刻于彭德怀的心内，以致在漫长的革命战争岁月里，每念及此，彭德怀都会激动不已。

井冈山的日子是清苦而充实的，因为有了根据地就有了家，就有了依托。尽管敌人两次对井冈山实施"会剿"，但均被英勇的红军所粉碎。彭德怀在井冈山初期的革命斗争中，领会了毛泽东的战略战术思想。

1929 年的元旦随着霏霏雨雪降临到井冈山。

这天，毛泽东正和彭德怀商议如何解决红 4 军冬衣的问题，地下交通员送来了中央的密信。信的内容是中共第六次全国代表大会决议，是用密写药水写在白衬衣上的。与此同时，也传来了国民党当局准备对井冈山发动第三次"会剿"的消息。

当务之急是传达党的六大决议和部署第三次反"会剿"。

几天之后，红 4 军前委召集了扩大的联席会议，红 5 军军委常委参加了会议。

联席会议开了三天，传达讨论了六大的决议之后，又集中精力研究如何粉碎国民党第三次"会剿"的问题。

毛泽东发言时讲了"围魏救赵"的故事，启发与会者思考。最后决定由红 4 军向敌人后方赣南进军以解井冈山之围，同时也可解决部队的冬衣和给养问题；红 5 军与王佐的第 32 团则留守井冈山。

彭德怀深知守山的艰难。红 5 军初到井冈，地形与环境还不太熟悉，而"会剿"之敌数十倍于己，且装备精良。

元月 13 日，前委在下庄再次开会，研究守山问题。会上，彭德怀提出，让红 4 军的何长工留下来共同守山。他曾参与改造王佐、袁文才部队，熟悉地形，了解情况。

毛泽东、朱德都表示赞同。让何长工担任第 32 团党代表，并兼任中共宁冈中心县委书记，带领第 32 团的一个营，组织指挥山下六个县的赤卫军，广泛开展游击战，配合红 5 军守山。

为了给守山的部队准备粮草，朱德、彭德怀也加入到挑粮的队伍。从产粮区平坝宁冈往山里的茅坪、茨坪挑粮，路途遥远且一路上坡。朱德年长些，大家要抢他的扁担，他干脆在扁担上刻上"朱德"二字，别人就不好拿了。而彭德怀除了挑粮之外，还摸清了下山的几条通道，察看了山上的大小坳口，绘了一幅地形图，标示出山川、道路、村舍。

能否守住井冈山，五大哨口是关键。

彭德怀布兵：

黄洋界哨口由红5军李灿的第1大队加上红4军第32团徐彦刚的一个连担任防守任务；

八面山哨口，令彭保才率红5军第10大队和大小五井赤卫队共200多人防守；

桐木岭哨口，有贺国中、郭炳生的红5军第8大队及宁冈赤卫大队守卫；

双马石哨口和荆竹山一线，则让黄龙率红5军第12大队和酃县、遂川赤卫队防守；

朱砂冲哨口，由王佐的第32团2连镇守。

派的都是精兵强将，只可惜兵力少了些，弹药少了些。

大雪初霁，500里井冈一片白茫茫。彭德怀踏雪出巡，来到第1人队防地，见大队长李灿走路有点不自在的样子，便问他怎么了。

李灿说："被雪地里的竹茬子扎了一下。"

彭德怀蹲下身子，要看李灿的伤脚。对这位爱将，他更多一分关爱。

"不碍事，挨一下扎，学得一点御敌的招术。"

"什么招术？"彭德怀知道李灿爱动脑子，忙问。

李灿指指山那边的竹林子说："你去一看便知。"

彭德怀跟李灿走到竹林边一看，只见战士们正在砍竹子、削竹签、埋竹钉。

"原来你们是要摆竹签阵呀！"彭德怀喜上眉梢。他想起在家乡赶山打猎时，逮野物的土坑里埋的竹尖用桐油泡过，便给大家出主意说："井冈山不缺桐油，弄些来将竹签泡一泡，更加锋利无比！"

众人都说"好主意"，照着一试，果然灵验。

彭德怀将第一大队的"竹签战法"向全军介绍推广。

于是，在五大哨口的前沿阵地都加上了一道宽2里、长20多里的"竹签防线"。

12. 守山

1 月 26 日，湘赣两省组织的"会剿"军两万多人兵分三路，同时向桐木岭、黄洋界、八面山发起进攻。

为报彭德怀打长沙那一箭之仇，何键专门纠集了一支千余人的敢死队，扬言要"踏平井冈山，活捉彭德怀"。

打头阵的敢死队员的确凶得很，嗷嗷叫着，一窝蜂往上冲。

守山的红军子弹少得可怜，机枪多打点射，步枪也是放一枪是一枪。

敌敢死队眼看就要接近前沿，突然哇啦哇啦叫着退下来，原来是碰上了红军埋设的"土地雷"——竹签阵。

何键调来炮兵，总算炸飞了一些竹尖桩，可炮火一过，红军又用竹签将炸缺的地方补上。

战斗持续了四天四夜。

敌军见硬攻不行，打起了别的主意。他们在当地用重金收买了一个痞子带路，从一条鲜为人知的小道插到黄洋界的右侧，终于偷袭得手，突破了五大哨口中最高的黄洋界哨口。

在茨坪坐镇指挥的彭德怀得知黄洋界哨口失守的消息，率红军学校的学员和身边的勤杂人员赶到黄洋界，试图收复失陷的哨口，但几经冲杀，皆无功而返。

不久，八面山、白泥湖也相继失守。

面对十几倍于己的强敌，若再原地坚守，将全军覆没。彭德怀决定按湘赣边特委扩大会议精神，收拢队伍突围，去赣南寻找红 4 军主力。

下山的路均为敌人堵住，彭德怀率领这支经连日苦战、疲惫不堪的队伍另辟蹊径，从林莽峭壁中开出一条通道，突出敌人的第一道包围圈。

在烂草田，红军再度与敌遭遇。一方是兵强马壮，以逸待劳；一方是血战经日，饥寒交迫。但狭路相逢勇者胜，英勇的红军只一个冲锋就将敌人击溃。何键设置的第二道包围圈被拉开一道口子，敌只好把消灭红军的希望放在大汾圩这道关口上。

图为井冈山五大哨口之一的八面山，彭德怀登临哨口指挥作战时的旧址。

"过了大汾圩，我们就有办法了！"彭德怀鼓动说。

被"置于死地"的红军战士们为杀出一条生路如猛虎下山，直扑敌阵。

敌一个营另加一个民团布了一个三角口袋阵，只等红军入内。

彭德怀叫来贺国中，说："是死是活此刻见分晓。你在前面领头，我在后头压阵，冲不出去，就死在这里！"

贺国中朝战士大吼："不怕死的，跟我冲啊！"

缺口很快被打开，彭德怀指挥一挺机枪架在缺口上，以猛烈的火力压住敌人，掩护部队通过。

何键的最后一道包围圈被突破。

13. 寻找主力

突出大汾，彭德怀命令清点一下人数，才知道只剩下不足 500 人。

彭德怀带着这支不足 500 人的队伍，越过上犹、崇义的大山，从南康上游渡过章水，于旧历除夕之夜占领了新城附近的一个村庄。

村子很大，有数百户人家，几家财主正杀猪蒸酒、大摆筵席度除夕，听说红军过了河，闻风而逃。

红军自突围以来，已转战 20 多天，一直未得休整，见了老财们备下现成的酒饭，自是当仁不让，饱餐一顿之后，倒下来便睡。

彭德怀心里有事，觉着此地离河岸仅两里多地，离粤赣公路也不过三四十里，渡口镇子上一个电话，敌军大队人马午夜前即可抵达。

"还是尽快离开此地为好。"彭德怀与干部们商量。

"连日作战，大伙儿实在走不动了。"几个干部几乎异口同声。

"哪怕走出五里地也好。"彭德怀总有些担心。

"让战士们休息一下，明天拂晓再走吧！"连平时对军事行动很少干预的党代表滕代远也表示不必马上走。

彭德怀不便执意坚持，以拂众意，便交代哨兵加强警戒，自己也不敢睡，去各连巡视了一遍，见战士们都睡得很死，有的哨兵也熬不住，迷糊了过去。

一更时分，彭德怀听见爆竹声中杂有子弹的尖啸，心想果不其然有敌人来袭，急喊醒号兵吹紧急集合号。

枪声稠密起来，部队自然有点慌乱。彭德怀令部队朝信丰方向移动，贺国中自告奋勇断后掩护。

走出10余里地，贺国中追上来，气喘吁吁地说："李光带的那部分队伍不知去向，是不是派人找一找？"

彭德怀说："上哪儿找去？当务之急是让眼前的部队脱出险境。"

于是，部队又急行军10多里。天亮时清点人数，只剩下不足300人枪。

这时，尖兵来报："前面山上发现不明番号的阻击部队！"

彭德怀举起望远镜观察，只见对面山上的部队稀稀落落一线儿排开，知道只是一帮民团的乌合之众，便令部队攻击，只一个冲锋就把他们打垮了。

红5军这支疲惫的部队东经重石镇，转向会昌、兴国，于2月上旬抵达雩都的桥头。

那天，部队正在莲塘一带休整，一位货郎模样的男子前来声称要找彭德怀。

彭德怀觉得蹊跷，用暗语一对话，才知道是该地地下党支部联络员。彭喜出望外，当即向其了解情况，并通过联络员与赣南第2、4团取得了联系。

经过短暂的休整，部队又恢复了旺盛的士气。从地下党组织那里得知赣军刘士毅旅前来进攻的情报之后，彭德怀决定避开刘旅主力，突袭雩都城。

雩都城的防务由一个营加上几个民团负责，压根儿就没料到红军会在半夜里突然攻城。

彭德怀率领红军星夜兼程，长途奔袭180里，到达雩都城外，迅速发起攻击。

一时间，军号骤起，喊杀声铺天盖地，守敌从梦中惊起，弄不清红军究竟有多少，胡乱放上几枪便落荒而逃。

彭德怀带头冲锋，率先登城。为此，在战后总结时，受到大家的批评，认为他这是拼命主义。

这一仗，红军消灭刘士毅旅一个营、靖卫团和县警备队全部共六七百人，缴获300多支步枪和两挺轻机枪。红军不仅不杀俘虏，还给予优待，为其伤员治伤，发遣散费。群众都称红军是"天兵"，是仁义之师，许多俘虏还自愿加入了红军的队伍。

雩都一仗打出了气势，也打出了红军的威风。这是自井冈山突围以来打的一场以少胜多、以弱胜强的漂亮仗，其意义自然是不同寻常。

刘士毅损兵折将，哪肯罢休，急率主力回师雩都。

彭德怀已料到敌人会来这一手，下令部队于午后撤离雩都，渡河去小密扎营。待彭德怀乘最后一船渡到对岸，刘士毅先头部队已进入雩都，他们隔河放枪示威，不敢过河追击。党代表滕代远为了分析敌情，在邮局寻找报纸时枪走火而负重伤，不便再随队行动，只得与20多名重伤员留在小密养伤。

赣南的2月末已经十分暖和，棉衣是穿不住了，于是红5军又一鼓作气，攻下安远城，为部队缝制了夏衣。彭德怀从缴获的县署文件中得知，红4军在汀州消灭了敌人一个旅，便决定向东北方向挺进，与之会合。

14. 再会师

赣南的春天晴雨多变，红5军利用蒋桂战争爆发所造成的敌人的暂时空虚南北转战，游刃有余，装备得到补充，人员得到发展，于3月下旬经会昌抵达瑞金。

瑞金处于贡水上游，唐制瑞金监，五代南唐改设县。相传建制时掘地得金，故名"瑞金"。境内林木葱郁，物产丰富，加之四周群山连绵，也算个战略要地。彭德怀初到此地便产生了兴趣，觉得加以开辟可作为依托。几天之后，毛泽东、朱德率红4军从长汀回师赣南，抵达瑞金，两支红军主力终于再次会师。

毛泽东一身风尘，头发显得更长了。他握着彭德怀的手，询问分别后的情况。

彭德怀汇报了守卫井冈山、突围后转战赣南的经历。谈到牺牲的同志，彭很动感情。

毛泽东说："当初要你们守井冈山，有些考虑不周，让你们吃苦了。"

彭德怀："当时少数同志认为5军应迅速北返，扩大湘、鄂、赣边苏区根据地，不愿留守井冈山，但大多数同志还是顾大局的，也准备做出必要的牺牲。"

过了两天，彭德怀路过红4军军部，毛泽东叫住他，给他看了中央的2月来信。信中要求红军化大为小，散入乡下搞土地革命，没有给边境武装割据以应有的重视，甚至要朱德、毛泽东"脱离部队，速来中央"。

彭德怀感到事关重大，有必要向中央反映自己的意见。于是他与毛泽东交换意见之后，给中央写信，报告了红5军平江起义后转战湘鄂赣，无根据地作依托的教训，分析了守卫井冈山失利的原因。认为"在反革命高潮时不宜分兵，分兵则气虚胆小"，易为敌所各个击破。"这种严重时期，只有领导者下决心与群众同辛苦、同生死，集中力量作盘旋式的游击，才能渡过难关，万万不能搞藏匿躲避政策。"

彭德怀的信引起了中央的重视，毛泽东、朱德留了下来。

红4军在瑞金住了两天，即转赴雩都。红5军也一路同行。那天走到半路上，响起了开饭号，彭德怀从腰间解下用洗脸毛巾包的一个冷饭团子，就着冷水吃起来。这时，有人向蹲在一边也在吃冷饭团子的毛泽东报告说："前面的农民发生械斗！"

"为么事？"毛泽东问。

"4军的同志将打土豪得来的谷物分给群众，有人阻拦，两个宗族的人就闹起来了。"

"派人去处理了么？"朱德也停止啃饭团子，问。

"司令部去了个首长，把阻拦分谷的人毙了两个。"

"怎么能随便杀人？"毛泽东站起来，"赶快派人制止这种行为，要严厉处分乱杀人者！"

彭德怀觉得毛泽东政策观念强，处事通情达理。这也是毛泽东直接给他的第二次印象。

4月8日，红4军前委扩大会在雩都召开，会议决定红4军主力在赣南短距离分散，进一步扩大开辟活动区。前委根据彭德怀建议，同意红5军返回井冈山，扩大罗霄山脉中段根据地，配合红4军建立湘赣闽粤大片苏区。

回师途中，红5军路过小密。其时已至初夏，田里禾苗青青，荞麦泛红。战士们都穿上了新置的夏装，戴上了荷叶帽。他们迎回了在此养伤的滕代远等人，邓萍也要求归队。彭德怀在欢迎会上说干革命困难重重，但困难到极端的时候就是转变的开始，只要再坚持一下，就胜利了。井冈山被攻破时，是我们极困难的时候，只三个多月就转变了。当时我们退却，敌人追击；我们打下雩都，取得胜利，敌即由进攻转而变为退却，我们由退却转而成为进攻。这说明，任何时候，我们都要团结，要坚持，要坚决；不要动摇，不要松懈，不要涣散。

5月2日，红5军回到阔别数月的根据地井冈山。尽管井冈山的群众惨遭敌多次摧残，仍找出窖藏多年的米酒，杀猪宰羊，犒劳红军。彭德怀也从红军有限的经费中拨出2000银圆救济群众。彭按毛泽东来信中的指示，将王佐部队改编为红5军第5纵队，李灿任司令员，王佐为副司令员，何长工任政治委员，参谋长与政治部主任分别由徐彦刚、游雪程担任。第4纵队则由贺国中任司令员，张纯清任政治委员。不日即打下酃县、桂东以及广东的重要商埠城口、南雄，缴获了不少枪支弹药和物资，筹款3万余元。

15. 轻敌

经过补充和整训，红5军兵强马壮，遂决定向安福、永新挺进。

炎炎盛夏，行军的速度依然很快。

中午时分，部队行至寅坡桥附近，担任前卫的第5纵队司令员李灿发令："原地小憩。"

部队就近择树阴乘凉。有些渴极了的战士便趴在小溪的沟沿边饮清冽的山泉。突听得"叭勾"一声，接着便是炒豆般的机枪声。

"对面山头上发现敌人！"李灿一边向彭德怀报告，一边赶紧集合部队。

彭德怀迅速判断敌情，说："看来，敌人是有备而来，马上组织部队，拿下制高点！"

李灿应命率队向前面的山头发起冲锋。

队伍刚冲到山腰，李灿即挂了花。这时，走在后面的第4纵队也陷入敌人的火力网。第4纵队司令员贺国中挥起驳壳枪，高喊："冲啊！"刚冲出几步，便被敌人的机枪子弹击倒，鲜血染红了他身边的那片蒿草。

听说两个纵队司令员一死一伤，彭德怀怒火填膺，率队冲杀过去，很快就将敌人击溃。红军一口气冲到安福城下，见城墙高而坚固，且环有护城河。红军没有云梯，又无攻城的火炮，只得顺原路向寅坡桥撤退，没料到敌人在寅坡桥附近设下埋伏，三个方向的机枪形成交叉火力，将红军压在低洼地里。

军参谋长刘之志正组织火力实施反击，中弹牺牲。彭德怀亲自指挥突围。经过两个多小时的拼死冲杀，最后黄云桥大队冲入敌阵，打开一道缺口，部队才突出重围。

这一仗虽给敌人以重创，但红军损失惨重，共伤亡300余人。11个大队长牺牲了五个，还有四个负了伤。军参谋长牺牲，两个纵队司令员一死一伤……

彭德怀心里异常难过。前一段连连打胜仗，红5军在发展根据地中取得了一些成绩，于是产生了轻敌思想，直接导致了这次作战的失败。

红5军集结部队经永新开到宁冈整顿。邓萍重任军参谋长，郭炳生继贺国中任第4纵队司令员。除了发动群众参加红军之外，还将教导队培训的骨干补充到红5军，号召地方的优秀干部参加红5军的建设。红5军再一次得到了恢复和发展。

那些日子，彭德怀寝食不安，每每合眼，总有贺国中入梦。作为得力助手，贺国中智勇双全，很会打仗。他善于治军，严于律己，深受士兵爱戴。他的死让彭德怀有一种断臂之痛，以致多年之后，彭碰到一位相貌与贺国中酷似者，便想以他为模特为贺画一幅遗像留作纪念。

转眼又进入8月间，山里的杨梅已红得发紫，休整了一月有余的红5军官兵对山里这特有的野果产生了"感情"。彭德怀平时不爱吃零食，见战士们吃得高兴，偶尔也抓几粒尝尝，被酸得直打愣怔。那天正吃杨梅，有人来报，说敌军调集四个旅的兵力，向永新、宁冈、莲花边界的苏区中心区实施夹击，意将红5军扼死在三县边界地区。

"湘赣边特委的意见是去茶陵、遂川一带打游击，这样硬拼硬，得打一场恶仗方可站住脚跟。"邓萍有些犹豫。

彭德怀说："返湘鄂赣与湖南省委接上关系，同平浏地区坚持斗争的黄公略所率第2纵队会合，对今后的斗争有利。"

红5军党委会决定红5军通过莲花返湘与湖南省委取得联络，并与平浏地区的部队会合。

16. 王、袁之死

8月8日，彭德怀率红5军从永新出发北上，从敌人的接合部穿越而过，进至莲花县城东的潞口砂设下埋伏。待敌主力进占莲花县城时，彭挥师猛袭其后尾，全歼敌辎重营，斩获甚丰。继而又北进攻取宜春、分宜和万载，将敌逼至吉安，遂得永新、莲花。至此，湘赣边根据地连同宁冈在内有了三个完整的县。

到9月下旬，蒋桂两系军阀矛盾加剧，双方布兵列阵，大有一触即发之势。红5军抓住有利时机，发展队伍，扩大苏区，并按中共湘鄂赣特委扩大会议精神，将原红5军第1、3纵队和黄公略率领的第2纵队扩编为五个纵队，彭德怀任军长兼军委书记，黄公略任副军长，滕代远为党代表兼政治部主任，邓萍为参谋长。各纵队在当地积极开展游击战争，建立苏维埃政权，根据地在短期内得到较大的发展。

年底，根据中共赣南特委和湘赣边特委的提议，江西红军独立第2、3、4、5团和苏区部分赤卫队编为工农红军第6军，黄公略任军长。彭德怀给予大力支持，不仅派干部支援，还派一个训练大队充实红6军建制。

红5军在天河过了大年，春寒依旧。那天，天已断黑，彭德怀正在屋内的火塘边同人谈话，警卫员突然带进两个气喘吁吁的人。

彭抬头一看，见是湘赣边特委书记朱昌偕和特委秘书长陈正人，忙招呼他们坐下。

朱昌偕环顾室内，欲言又止。

彭德怀说："都是自己人，放心吧。"

朱昌偕这才气咻咻地告诉他王佐、袁文才要"叛变"的消息。

彭德怀心头一震："这消息可确实？"

"在特委联席会上，他们突然发难，王佐甚至掏出了驳壳枪，要挟与会者同意把地方武装全部交给他们指挥。看那架势，如不同意，与会者都将被他们扣押！"

彭德怀一时难下决断。从毛泽东上井冈山收编王佐、袁文才伊始，党内就一直存在分歧。一些人抓住袁、王的绿林出身不放，认为他俩"匪"性难改，主张予以剿除。毛泽东坚持对袁、王采取教育、改造的方针，效果是明显的。在贯彻党的"六大"决议时，又有人提出要处置袁、王，为毛泽东所抵制，认为"六大"文件中有关处理"土匪问题"的"左"的规定不利于根据地的发展和稳定。红4军离开井冈山向赣南、闽西进发以后，湘赣边特委书记邓乾元等人在袁、王问题上的"左"倾思想有所发展，甚至认为袁、王是"危害边界的第一个势力"，将他俩看作是"心腹之患"。此外，再加上土、客籍的矛盾，朱昌偕等认为袁文才擅自决定招降茶陵靖卫团长罗克绍是与敌勾结、另有图谋，想将袁、王的部队调入永新城内设法解决掉，没料到袁、王反过来要求统一指挥地方武装，遂使得问题变得更为复杂。

"去年五六月间，王佐带特务营和5军共同行动打酃县、桂东等地时，表现还不坏，怎么突然就变成这样呢？"彭德怀心存犹疑。

"这都是袁文才从红4军逃回以后挑拨起来的。"朱昌偕说。

原来，红4军前委在讨论"六大"决议时，因顾忌袁文才在场，有意将其中有关"争取土匪群众，孤立其首领"的一段删去未传达。袁文才从红4军政治部看到了原件，心里顿生疑云，便擅自脱离红4军。回到井冈山，袁向王讲述缘由，并说"我们怎样忠心，他们也是不会信任的"。对此，王佐本来就没完全消除戒备。那次打南雄，彭德怀独自去王佐处，谈到王与袁的关系，王总是避开此话题，环顾左右而言他。及至军部传令兵来接军长，警卫喊了声口令，王佐也十分紧张地掏出了枪。彭德怀知道他有怀疑，坐着未动，笑着说："这里没有敌人嘛！"回头问传令兵来干吗，传令兵说是党代表怕夜黑路上有狼，才派他来接的。王这才消除疑虑。这次袁文才将文件的事一说，王佐自然戒心更重。

事到如今，如何处置才好？彭德怀与特委商量，决定派第4纵队党代表刘宗义率其中一部迅速向永新县城移动，守住浮桥。待天明再和袁、王谈判，弄清情况后再行决定。

于是，第4纵队一部连夜行动，刚接近浮桥边，即为对方察觉，王率部冲上浮桥，乱中被挤落水淹死，袁则在住处被朱昌偕领人击毙。至此，袁、王所部瓦解，有的逃回井冈山，有的编入红6军，有的加入自卫团，后改为湘赣边区独立团，受特委直接领导。

事后，彭德怀在总结处理"永新事件"的教训时，承担了自己"轻听轻信"的责任。

17. 先打岳阳

1930年的春天，是红5军发展的全盛时期。国民党新军阀混战在客观上减轻了边区的压力。

3月初，彭德怀率第3、4纵队攻克安福城，接着又占领新余、分宜、宜春。

4月中，红5军连克万载、铜鼓，直捣浏阳东门市、文家市，歼敌200余。一时间，红军兵强马壮，苏区也连成了一片。

5月6日，在农民赤卫队的配合下，红5军攻克平江。在战前动员会上，奉命来红5军任职的黄克诚见到了彭德怀。

黄克诚出自湖南永兴一贫苦人家，毕业于衡阳省立第三师范，1925年加入共产党，北伐时任团政治指导员，后参加湘南暴动。在井冈山时，他没有机会与彭德怀照面，这次交谈可谓一见如故。

彭德怀很看重黄克诚，也许是觉得他文化程度高，又有多方面的工作经历，能弥补自己的不足。自此，他们的友谊延续数十载，至死不渝。

走在平江城内青石板铺成的街道上，彭德怀感慨良多。他向黄克诚谈起自己两年前在此起义的心境，谈起当初撤离平江城时的纷乱思绪，他说他当时考虑的就是四个字——义无反顾。

"如今重返旧地，却已物是人非。当时的起义骨干许多都在这两年的转战中牺牲了，而我们的队伍却壮大了，成熟了，经验也丰富了。"彭德怀望着飞檐高翘的北门楼——当年突围时黄纯一就是在这里牺牲的。

黄克诚说："革命，从某种意义上讲就是这样，简单说也是四个字——前仆后继！"

回到驻地，彭德怀决定接受第一次平江失利的教训，令第1纵队暂留平、浏、万地区坚持游击战争，经营根据地；主力则于5月8日撤出平江，小部进击岳阳、通城，造成声势，大部转向东北，一举拿下修水，威慑武宁。后在大冶、阳新边境击溃了川军郭汝栋五个团，攻下大冶，直捣鄂城、黄石港，威逼武昌城。

鄂中的 6 月已是炎热难当。那天，彭德怀在大冶三溪口安排军务，警卫员领进一个头戴藤帽、身着香云纱短衫的人。走近一看，才知是何长工。何是从上海参加苏区代表会后化装绕道找到这里的。

"你这个'长工'，何时跑去经商了？"彭德怀打趣道。

何长工揭掉藤帽，抹了把汗，笑着说："一路做'买卖'，险些被国民党捉去，连老本都差点丢光了！"

次日，另一位代表滕代远也匆匆赶回。

于是，在大冶、阳新两县边界的刘仁八召开了红 5 军军委扩大会议。两位代表传达了中央会议精神，认为目前全国革命高潮已经到来，应组织全国暴动。红 5 军扩编成红 3 军团，辖第 5、8、16 军，8 月前要扩大至 5 万人，拟成立第三方面军。要求红 3 军团进攻武昌，配合第二、四方面军夺取汉阳、汉口；红 1 军团夺取南昌、九江。

夺取中心城市，迎接革命高潮，是大多数与会者梦寐以求的，自然予以响应。然而，经历了这两年革命风雨磨砺的彭德怀头脑不再轻易发热。他觉得目前红 5 军尚不足 8000 人，两月内要扩至 5 万，无异于天方夜谭；攻打武昌的时机亦未成熟。武昌城防坚固，守军达五个团，长江里还有帝国主义的炮舰助威，且 6 月之后正值长江汛期，南湖水满，沿江只一条江堤可达城下，攻城谈何容易。一年前中央曾要求分散红军，一年后来个 180 度大转弯，要攻打大城市，实让人难以理解。

当时，彭德怀对党内存在的"左"倾的立三路线并没有很深的认识，只是从打武昌这个具体行动中感到中央在军事上采取的是一种不切实际的冒险主义。然而中央的指示又不容违背，他考虑再三，提出先打守敌较弱的岳阳，视情势发展再做攻打武昌的准备。

会议同意了彭德怀提出的作战方案，决定成立红 3 军团，辖红 5 军、红 8 军，彭德怀任总指挥，滕代远任政治委员，邓萍任参谋长，袁国平任政治部主任，并成立了红 3 军团前委，彭任书记。

6 月天里的行军作战是艰难的，红 3 军团沿粤汉铁路北段前进，先后掠取通山、崇阳、蒲圻等地，同时以一部攻取金牛、鄂城，摆出攻打武昌的架势。蒋介石急忙将岳阳的两个师调回武昌。彭德怀见蒋已中计，即挥师直取岳阳。

拂晓时分，红军几个小分队悄悄从北门搭人梯登上城楼，用机枪控制住敌营；同时，彭德怀又密令突击队潜入火车厢内，突到城里，岳阳遂为红军占领。

此役缴获甚多，特别是那几门野炮和山炮令彭德怀分外喜欢。当时，长江口外的外国兵舰为反动派张目，不时向岸上开炮。彭德怀将几门缴获的山、野炮隐蔽地布置在岳阳楼一侧的高地，待外国兵舰迫近时，彭德怀和另一个学过炮兵业务的团长武亭亲自操炮，向江面上的敌舰还击。敌舰中弹，掉头就跑。

赶跑了外国军舰，彭德怀登上岳阳楼，用望远镜追踪敌舰遁去的影子，不由得心事浩渺。眼下的岳阳楼因年久失修，已岌岌可危，有一处檐角也为外国兵舰的炮火削去。楼内的匾额多为烟火熏得面目全非，然范仲淹《岳阳楼记》中的"先天下之忧而忧，后天下之乐而乐"的句子他还是记得的。

目前，尚无资料证明彭德怀以后重登过岳阳楼。这仅有的一次也是在军事目的的驱动下登临的。也就在此后的第三天，从城陵矶那片葱绿的芦苇荡里驶出两条小船。小船来自鄂西，是红2军团段德昌派来的联络人员。彭德怀见到他们格外亲热，关切地询问洪湖根据地的情况。临走，彭德怀还送给他们一些弹药和食盐。

18. 攻长沙（一）

占领岳阳五日，红军声威四震。

岳州虽好，终不是久留之地。彭德怀决定再次折回平江。

红军不费吹灰之力即占平江，在平江进行了短期的休整。因红8军军长李灿去上海治伤被捕牺牲，遂令何长工代军长，邓乾元任政治委员。红5军仍由彭德怀、滕代远兼任军长、政治委员。

在平江召开的联席会议上，做出了攻打长沙的决定。

军阀何键先发制人，令第15师师长危宿钟率两个旅向平江进击。

彭德怀在城外南北两侧布下了口袋阵，但危宿钟令部队进到平江城郊15里处即停下扎营，后续部队分梯次摆在晋坑、金井、春华山一线，前后策应，稳扎稳打。

面对敌人的"长蛇阵"，彭德怀说："打蛇打七寸，我们先打危宿钟的第二梯队，让他们首尾难顾，然后再'斩头去尾'，一举全歼！"

23日拂晓，红军主力在离瓮江五里处从两翼向敌夹击，先钳住"七寸"，然后急取金井之敌，将其击溃。24日再攻春华山，歼敌大部。25日，彭德怀令红8军迂回敌后，断其后路，将敌逼至一狭窄地段，从首尾两端发起猛攻，歼敌一个团，俘其团长。次日，红军攻取金井，打开了长沙之门户。随后一鼓作气，攻向长沙城。彭德怀率红5军突破敌一层又一层防御阵地，占领朗黎，向敌主阵地七里港、乌梅岭冲击。何长工率红8军迂回敌侧后，组织了一支敢死队，由第3纵队司令员侯中英指挥，乘百余艘小船突过浏阳河，猛攻敌侧背。红军一边开火，一边发动政治攻势，向敌喊话，守敌招架不住，一部投降，一部溃逃入城。红军也趁机换上敌军的服装，随溃兵涌入城内。彭德怀见城内枪声骤起，知有内应，遂指挥部队猛打，终于摧毁城东敌阵，于凌晨占领长沙全城。

得知何键趁乱只身逃往河西，彭德怀连喊："可惜可惜！"许多年后，提及此事，仍感叹："没有活捉这贼，此恨犹存！"

彭德怀令红8军驻城内，他率红5军两个师向易家湾追击。在昭山下，彭找到了当年救过他的罗六十老倌。

"老人家，还记得那年秋天，你在湘江摆渡救过的那个穷人么？"

老人此时已年逾古稀，摇摇头，说："摆渡送人过河，寻常小事，记不得那么多了。"

彭德怀说："可记得那个把汗衫脱了丢在船上的蛮子？"

一提汗衫，老倌记起来了："就是你呀！"

彭德怀军务在身，不便久留，与罗六十老倌聊了几句家常，临别送给他一点粮食、衣物，便转身走了。直到走时，罗六十老倌也不知这位报恩者就是打下长沙城的红军总指挥彭德怀。

红3军团攻陷湖南省会长沙，扩大了共产党的政治影响，鼓舞了红军的士气，打击了反动派的凶焰，"对全国革命运动所产生的反响是非常大的"。

丢了省会，何键"退湘西待罪"。据守武汉的何应钦亦感"唇亡齿寒"，一面调集兵力加强武汉防务，一面组织策划反攻长沙、围歼红军。

8月4日，敌以数万之众在外国舰炮的掩护下渡过湘江，从南北两面夹击据守长沙的红军。

鏖战竟日，敌军尸横遍野，红军伤亡亦重。彭德怀自知敌众我寡，不可恋战，下令撤离长沙城。5日晚，红3军团各部和工农群众相继退出长沙，向浏阳一带转移。

19. 攻长沙（二）

部队退至浏阳，天已断黑，先期抵达的红8军部队正要宿营，接到军团首长命令：前进30里后再宿营。

代军长何长工与政治委员邓乾元觉得部队已十分疲乏，希望能就地宿营。

"找他们说说去！"邓乾元心里有点窝火。

何长工说："你去吧，就说让部队休息至拂晓再走。"

邓乾元急匆匆赶到军团部，见到彭德怀、滕代远、袁国平等军团首长，便说明来意。

8月，红3军团在长寿街附近整训，红1军团派人来联络，说毛泽东、朱德在南昌近郊从报纸上得知红3军团占领长沙的消息，决定与红3军团会师，部队已向万载挺进。

彭德怀喜出望外，忙派袁国平前去当面汇报，请示会师事宜。

没几天工夫，袁即从第1军团赶回，带来了毛泽东的一封亲笔信。朱、毛决定两个军团在浏阳永和市会师，并根据中央指示，准备成立方面军。其时，第1军团在文家市又打了个漂亮仗，歼灭戴斗垣一个旅。

会师的消息是鼓舞人心的，与红1军团分手一年多，指战员都盼望能早日相聚。

8月23日，毛泽东、朱德率红1军团抵达永和市，与彭德怀率领的红3军团会师。两支红军主力合而为一，人数达3万之众。

8月24日，红1、3军团前敌委员会召开联席会议，决定按中央指示，将两军团合编为第一方面军，并成立了总前委，由毛泽东任总前委书记兼方面军总政治委员，朱德为方面军总司令。彭德怀、滕代远分别任方面军副总司令和副总政治委员。从此，红一方面军成为第二次国内革命战争时期的一支强大的革命武装力量。红一方面军根据中央意图，决定再次攻打长沙。

对第二次打长沙，彭德怀心存疑虑，却又不便明言，怕与中央精神相抵触。按说，红3军团转战数月，人困马乏，亟须休整；守城敌军的实力也远远超过了上次，兵力达四个整旅，且构筑了多层野战工事，因此，彭德怀主张既然要打，就得行动迅速，乘敌立足未稳即发起攻击，或许有取胜的可能。

8月28日，方面军在浏阳下达向长沙近郊推进的命令。红军分三路向长沙进发。次日，各路红军即对长沙形成包围态势。

然而，何键有了上次丢长沙的教训，十分小心。他命士兵躲在工事里，没有命令不许开枪。

9月2日，红军发起总攻。

红8军第6师突破当面之敌阵地后，正欲向城内发展战果，方面军预备队忽然越过自己的阵地，向第6师前沿射击，一时引起混乱。天亮前，第6师无奈又退到原阵地。乱中，第4师与第6师暂时失去联系，行动也稍迟缓了些。

9月3日，何键派兵分三路向红军出击，一路进至湘江畔，遭红1军猛击，死伤逾千，被俘者达2000余人；中路和左翼也被红8军击溃。自此，何键紧闭城门再也不出城了。

9月10日，方面军总部再次下达总攻击令，因无重炮，屡攻不下。当晚，大雨如瓢泼，彭德怀指挥红3军团向二合牌、杨家山一带敌阵地连连发起猛攻，皆未得手。

临时指挥所设在山后的一个茅寮里，漏雨将彭德怀的脊背淋得透湿。眼看阵地久攻不下，伤亡增加，他心急如焚。

雨中，一副担架从他身边路过，见伤员双手焦黑，彭德怀问："怎么弄的？"

"敌人的电网烧的。"抬担架的战士答道。

彭德怀："不是让你们搭木板吗？"

"雨水一淋，木板也传电。"战士说。

彭德怀背着手在茅寮里来回兜圈子。突然，他抬起头，对参谋长邓萍说："你赶紧让人设法征集一批牛！"

"黄牛？水牛？"邓萍不明其意。

"黄牛水牛都要！还要搞几桶煤油来。"

滕代远似估摸出一点意思："是要摆火牛阵吧？"

彭德怀抹了一把脸上的雨水，说："与其让战士们去冲电网，不如用牛试试！"

邓萍很快就征集来百十头牯子牛。彭德怀让人在每头牛的尾巴上扎上煤油把，一声令下，将火点着，驱牯子牛朝城下冲去。

百十头牯牛嗷嗷叫着，拖着火把，直奔敌阵而去，气势颇为壮观。

然而，火牛一触电网，多受惊回奔，也有冲过去的，却寥寥无几，难成阵势。有些回奔的火牛反而撞倒了红军战士。

此计不成，只得作罢。彭德怀想起打岳阳时缴获的那几门野炮，当时因部队机动无法带走，给炸毁了。若留到今天，就能派上大用场了。眼下倒有两门山炮，对攻城虽有帮助，但毕竟口径太小，威力不大。

自此之后，部队只要缴获了大炮，彭都想方设法予以保留。只是到了长征时，为了轻装，连剩下的两门山炮也扔在川贵边一条江里了。

长沙城久攻不下，时间已达月余。中央在立三路线主导下，仍不愿放弃打大城市的意图。

毛泽东、朱德对此早有异议，彭德怀也觉得这样打城得不偿失。9月12日晚，方面军总部做出将红军撤至萍乡、醴陵、株洲一线待命的决定。

9月13日，总前委在株洲开会，总结围攻长沙的经验教训，决定回师江西宜春地区，在湘江、赣江之间机动作战，并以红1军团攻取吉安，红3军团布置于袁水以北，威胁南昌，阻击援敌，在湘赣边界反复作战，相机歼灭敌军。

这次撤围长沙之举，是反对立三"左"倾冒险主义领导迈出的第一步，是毛泽东、朱德、彭德怀在其一生事业中所采取的最重大的步骤之一，这一步骤扭转了一次严重的危机。

20. "密信"

9月底的一天，中央长江局的代表周以粟来到宜春，要求方面军继续回师打长沙。毛泽东连夜做周的工作，给他分析形势，向他言明利害。说服了周以粟之后，在新余罗坊召开了总前委和江西省行动委员会联席会议。在会上，毛泽东提出了"诱敌深入"的作战方针，主张红军主力东渡赣江，把敌人引诱到根据地而歼之。红3军团部分人却想将战场放在峡江一带，红1、3军团分别摆在赣江东、西两岸，分兵击敌。

两种意见一时难分高下。

彭德怀支持了毛泽东的意见，他说："目前，蒋介石已腾出手来，调集大军对付我们，而我们1、3军团夹江而阵，兵力分散，显然对粉碎蒋介石的进攻不利。有些同志担心3军团过江之后丢掉苏区。其实，湘鄂赣边区可扩大16军；

鄂东南可在五个小团的基础上成立 9 军；湘鄂赣边区还有独立师可以扩充。只要经营得当，根据地是可以坚持并得以发展的。"

但仍有人提出，"1、3 军团夹江而阵，既可集中消灭敌大部队，也可以团为单位分散进行游击战，这对将来夺取湘鄂赣三省政权有利。"

彭德怀说："有意见可以保留，过河东再讨论。1、3 军团不能分家，谁也不许妨碍军事行动！"

彭德怀的表态举足轻重，支持毛泽东的意见占了上风。

翌日，红 3 军团渡过赣江，扎营东山坝，与红 1 军团相距几十里，遥相呼应。其时，蒋介石调集的几路大军已分路进入苏区边境。

大雁过尽，转眼又是立冬。这天，彭德怀查哨回来已近半夜。他脱衣刚要入睡，警卫员带进一个人。彭定睛一看，是红 3 军团前委秘书长周高潮。

"有事吗？"彭问。

周待警卫走开，从怀里掏出一封标有"密"字的信，递给彭。

彭德怀乍一看字迹，认出是毛泽东写的，抬头写的是"古柏同志"。

"信是写给古柏的，给我干什么？"

"你看看上面写的就明白了。"周说。

彭仔细看过，不由暗暗吃惊。信上说：形势有变，计划要赶紧实施。要在审讯"AB 团"时，逼其招出彭德怀系骨干分子，然后将彭捕杀云云，落款是"毛泽东"三个字。

近来，中央苏区正在清肃"AB 团"，来势很凶，抓的人不少，涉及面太大，把一些好同志也当作"AB 团"，酿成了"富田事变"。这封信用意险恶，不像是毛泽东所为，但笔迹又像是毛泽东的。

"送信的人呢？"彭德怀问。

周高潮到门口看了看，回来说："已经走了。"

这么重要的信，随便派个人送到就走，也太轻率了。彭德怀又反复看了几遍信，发现毛的这封信与以往有所不同，以往毛泽东写文电、写信，落款日期时间都是用汉字，这封信却用阿拉伯字，恐怕其中有诈。可以断定，这封信是伪造的，目的是想分裂红 1、3 军团，让红军互相残杀。

天亮以后，彭德怀通知召开前委扩大会。在会上，他讲了这封信的事，并谈了自己的看法，与会者都一致赞同，并决定把红 3 军团的宣言和那封假信派一个班送给总前委毛泽东和总司令朱德……

次日，彭德怀率红3军团开到小布，亲自到15里外的黄陂请毛泽东来军团干部会上讲话，让军团的干部熟悉了解毛泽东。

不久查明，此信果然是"富田事变"的头子丛永中所为，他平日学毛体字，虽说学得比较像，但最终还是露出了马脚。

21.反"围剿"的日子

蒋介石从情报中获知，红军内部出了问题，当即令10万"围剿"军分为八个纵队"长驱直入"，对朱、毛红军"分进合击"。

12月29日，前敌总指挥张辉瓒率第18师开进永丰县龙冈红军预设的"口袋"内。翌日，晨雾散去，红军发起猛攻。彭德怀率红3军团包围龙冈之上固、下固，并断敌后路。张师拼命抵抗亦无济于事，最终全军覆灭，张辉瓒本人被活捉。第一次"围剿"遂告失败。

1931年3月，蒋介石又调集20万人马实施第二次"围剿"，由何应钦挂帅，采用"齐头并进，步步为营，稳扎稳打"的堡垒战术，连营700里，节节推进至富田、广昌、建宁一线。

4月，山地已一片葱绿，红军从龙冈移至东固，离敌人占领的兴国仅60余里。

如何打破蒋介石的第二次"围剿"，毛泽东颇费思量。在龙冈讨论作战方略时，已决定先打从富田向东固进攻的这一路敌军。为把握歼敌的时机和位置，毛泽东特意邀彭德怀一道去东固与富田之间的山上看地形。

这天天气晴和，毛泽东和彭德怀一行登至山腰，被路边那一蓬蓬刺梅所吸引。

"你吃过这东西吗？"毛泽东问彭德怀。

彭德怀顺手摘了一串红得发紫的刺梅果，往嘴里送了一颗，说："小时候放牛，吃得嘴里起泡。甜着呢！"

毛泽东也摘了一串，津津有味地吃起来："我也放过牛，吃起这东西来也是不要命，吃得拉出的屎都是紫的。"

众人笑过之后，彭德怀说："有人对我们把部队拉到东固不理解，说是钻牛角。"

毛泽东："担心我们钻进牛角里出不来。其实，我们地形熟悉，机动灵活，而敌人才真的是钻进去出不来。今天请你来，就是来解决战术问题。"

上到山顶，彭德怀目测了几个山头的距离和高度，提出让红1军团第3、4军在离东固约15里处实施阻击，红3军团则绕至敌右侧背，向敌猛攻。

"这是个背水阵，有无危险？"毛泽东有点担心。

彭德怀："无危险，敌人意识不到我军敢侧水侧敌发起进攻。"

毛泽东高兴地说："你这步险棋下得倒也稳当！"

回到驻地，毛泽东将情况告诉给刚来苏区的任弼时、王稼祥等，得到他们的一致赞同。

彭德怀也与黄公略讨论了作战方略，黄公略亦表示可行。于是，红军在东固一带构筑工事，严阵以待。

何应钦在日本学过军事，打仗老谋深算。他知道这一带地形复杂，有意按兵不动，以观红军动静。

蒋介石另有主意，他想在动武之前先唱一出"文戏"。

黎川的5月已很有些夏日的气象，城南潘家大窨子屋却阴凉如秋。红3军团指挥部就设在这里。

这天，哨兵带来了两个不速之客，彭德怀认识其中那个年长些的，叫黄梅庄，是黄公略的同父异母大哥；另一个也是黄公略同乡，原在家"种阳春"，后来跟黄公略的堂叔到省城当差。

"是梅庄兄，是来看公略的吧！"彭德怀早从报纸上得知，蒋介石委任黄公略的堂叔黄汉湘为湘鄂赣三省"剿匪"总指挥部视察专员，专事策反黄公略等红军将领，并放出风声说"黄、彭已有意投诚"。彭德怀对此早有提防。黄梅庄一来，便知其用意，也不便戳穿，表面上还得热情相待。

"公略离家多时，家母思念心切，让我来看看他。"黄梅庄说得在情在理。

"先住下吧，公略有军务在外，不日即回。"彭德怀热情地招呼他们住下，令人准备酒饭为他们接风。

几杯烧酒下肚，黄梅庄嘴有些把握不住，渐渐往外吐真话，最后将蒋介石、黄汉湘写给黄公略的劝降信也掏了出来，让彭德怀过目。

"只要你们有心过去，你做司令，公略做军长，荣华富贵就享用不尽了！"

彭德怀打着哈哈，扶黄梅庄进客房歇息。

敌人的行径使彭德怀很气愤。自投身革命那一天起，他就义无反顾，与旧营垒势不两立，对革命从无异心。反动派频频使用造谣、诱降等手段谋算他，他认为这是对他人格的极大侮辱。他决定处决前来策反的黄梅庄，替自己也替黄公略表白心迹，断了反动派再来劝降的念头。

黄梅庄死到临头仍对劝降彭、黄存一丝幻想："我是为你们着想，才远道前来劝你们。"

彭德怀："你甘心替蒋介石、黄汉湘当奴才，来分裂我们红军。我今天要杀你的头！"

黄梅庄倒也见过些世面，沉下脸说："两军对阵，尚不斩来使，你为何要杀我？"

"你明来探亲，暗为策反，与汉奸无异，该杀！"彭德怀说完，就令人将黄梅庄绑去砍了，让同来的年轻人捧了其头回去报信。

黄公略在南丰得知这一情况，回复说，自己与大哥一刀两断，应大义灭亲。

蒋介石劝降不成，遂令何应钦"早取攻势，剿灭赤匪"。何统领20万大军在山里"静待"月余，已急不可耐，有了蒋的指令，当即命第28师"不顾一切，奋勇前进，如期攻下东固，树各路之先声"。

5月28日，公秉藩率部向东固地区发起进攻。

黄昏，红军利用缴获的电台截获敌一明码电报，得知敌人的进攻路线，毛泽东对彭德怀说："那就请君入瓮！"彭德怀即令红军进入预伏阵地。

次日上午，公秉藩坐着轿子，在警卫的簇拥下，大摇大摆地向东固进发。

他做梦也没想到，毛泽东和彭德怀早已布下"口袋"，等其入内。

上午10时许，担任阻击的红1军团部队突然向敌发起冲击；彭德怀则率领隐蔽于江树头担负断敌后路的红3军团从后背向敌猛攻。

上官云相的第74师、公秉藩的第28师被红军包围在富田与东固之间的中洞，副师长王庆尤等数千人被俘，余敌向富田东北之水南溃退。

红军乘胜猛追，在白沙截住逃敌又一阵猛击，歼其一个旅。

5月21日，红军继续攻打中村之敌，战至23日，终将敌一个整旅收拾掉，俘敌旅长以下3000人。

5月25日，彭德怀指挥红3军团向南丰开进，主力于山街待命，派一个师为先遣队赶往南丰，相机占领该城。

5 月 31 日，彭德怀挥师直取建宁。他以一个师迂回至建宁城正面，主力则出敌不意从城后发起进攻，至傍晚时分，红军突入城内，歼敌三个团，缴获大量枪支弹药、粮草布匹，取得第二次反"围剿"最后一战的胜利。

第4章

——

长征路上

22. 冲突端倪

蒋介石将第二次"围剿"的失败归咎于杂牌军作战不力，便亲自到了南昌，部署第三次"围剿"，并自任"剿共"军总司令，决意要"剿灭"红军。

这次，蒋让心腹爱将陈诚出马，并令嫡系罗卓英、蒋鼎文、卫立煌等部一齐上阵，总兵力达30万，于7月初由南昌、南丰、吉安几地齐头并进，企图压迫红军于赣江一带歼之。

彭德怀率部绕道闽西到瑞金，经兴国至老营盘，试图从富田突破敌之弱点，未能成功，便改从良村攻黄陂。两战共歼敌三个师。敌回攻黄陂，红军从间隙中转回兴国境，休整半月，乘敌撤退时敲掉蒋鼎文一个旅，又在东固、白水一带歼敌一个师，胜利结束了第三次反"围剿"。

此役，蒋介石夫人宋美龄到前线"从军"——为争取美援，她与纽约的报纸订了合同，为其写"从军记"专栏文章。也就在上官云相的部队挨打时，在部队活动的宋美龄被炮弹的气浪冲倒，小腿上被弹片划伤，鲜血直流。

在取得东固以南的方石岭战斗胜利之后，红3军军长黄公略在指挥部队转移时遭敌机空袭负重伤，抬到医院抢救无效牺牲。

黄公略之死对彭德怀是巨大的打击。风雨同舟、安危与共的挚友遽然而去，他无法接受这个现实。征途漫漫，举步维艰，短短的两三年里，当初一同起义的骨干已所剩无几。

第三次反"围剿"胜利后，以博古为首的临时中央对形势作了完全错误的估计，开始在苏区推行军事冒险主义，提出要集中红军主力夺取中心城市，争取革命在一省与数省首先胜利。这直接受中央六届四中全会之后以王明为代表的"左"倾教条主义的影响。

1931年初春，红军打赣州失利。入秋之后，红3军团回师宁都，途中发生了第2师师长郭炳生叛逃事件。郭炳生是彭德怀老友、救贫会员郭得云的遗孤，为培养他，彭德怀耗去不少心血，而他终因受不了红军艰苦战斗生活的磨砺而投敌。这对彭在心理上的打击太大了。好在第2师政治委员彭雪枫及时追回了一个团，否则损失就更大。许多年之后，此事留下的阴影仍驱之不散，每每提及，彭德怀都有一种揭鳞般的痛楚，他说：忠于革命不是一句空话，要用流血牺牲、长期苦斗、时时刻刻鞭策自己为代价。侄子投奔延安，他见面就说："若对革命有二心，我就毙了你；我若反革命，你也可毙了我！"

开始第四次反"围剿"。彭德怀指挥红3军团先攻南丰，然后与红1军团共同侧击东进援敌，消灭其两个师，接着又消灭宜黄敌一个师，活捉该师师长陈时骥，歼敌近3万人。

此间，发生了第19路军的"福建事变"。为利用这一形势，打破蒋介石正在筹划的第五次"围剿"，彭德怀发了一封电报给总政治委员转当时的中央领导人博古，建议集中红1、3军团和红7、9军团向闽浙赣边区进军，威胁沪、宁、杭，支援第19路军的"反蒋抗日"。彭的建议被博古讥为"冒险主义"。彭奉命率红3军团向江西转移。

失去红军主力的配合，"福建事变"终告失败。蒋介石趁机发动蓄谋已久的第五次"围剿"。

博古依靠洋顾问李德指挥军事。当黎川失守时，他们公开审判守城的独立团团长。彭德怀对这一简单的惩办主义表示反感："为什么要审判他？若这样干，该审判的人多着呢！"

此后不久，李德又强令红3军团放弃被围之敌，转向黎川、南城之间的硝石。硝石处于敌堡垒群之中心，红军陷入其境，完全失去机动，险遭围歼。

彭德怀速电反对上述作战方略，幸得复电，允其撤回海口。

及至 9、10 月间团村战斗中，在"寸土不让"的方针指导下，红军打得更苦。再次攻南丰城时，彭德怀名为指挥，而实际上李德他们已层层做了部署，连迫击炮放置的地点都定死了。

就这样，红 1、3 军团被分散摆放在一条线上，无层次配备，也无突击重点，打了一整天，战斗毫无进展。

彭德怀知道这样平分兵力有被敌反突破之危险，却无法更改部署，急得大汗淋漓。傍晚，敌人向红 9 军团反攻，其两个师绕至红 3 军团指挥部侧后发起进攻。彭德怀幸好手里还控制着一个新兵团，令其阻击侧攻之敌，迟滞敌发展。否则，红 1 军团一旦被截断在隘路口内出不来，后果不堪设想。

此役虽说是集中了兵力，但不是在运动中寻歼敌人，而是打硬碰硬的攻坚，其结果是可想而知的。

23. 广昌城下争执

广昌的暮春天气已有些闷热，油菜花早已开过，结起的荚正在走向饱满。

得知敌集结重兵要攻广昌，方面军前方司令部撤回瑞金。另组的临时司令部实际上由博古、李德负责。

那天下午，刚下过一场小雨，李德、博古一身泥泞亲临一线指挥坚守广昌。

"永久工事构筑得如何了？"李德扔下雨披，关切地询问布防情况。

彭德怀报告说："按指令已派一个团构筑了部分半永久性工事。"

"广昌没有城墙，一定要有比较坚固的野战工事。"博古对德国顾问李德几乎言听计从。

"就算是比较坚固的野战工事，也经不住敌军飞机大炮的轰击。"彭德怀直言相告。

博古有些不高兴："你是不是低估了我们红军的力量？"

彭德怀面色严峻："应该说，我对自己的部队是了解的。如果非要固守广昌，少则两天，多则三天，3 军团 1.2 万人将毁灭于此。"

李德不禁心头一震："你的意思是……"

"采取机动防御，派一个加强连进占工事，吸引敌军进攻；我主力则控制于城西南 10 里之山地，隐蔽集结，待敌进攻我守备阵地时，突袭敌外侧一点，灭敌之一部，削其锐气，再图他进！"彭德怀说着，从文件筒里掏出早已拟就的作战计划和绘好的火力配备图，递给李德。

李德和博古虽仍坚持固守的方案，但还是吸收了彭的部分意见。

彭德怀刚刚部署完兵力，进攻广昌的敌七个师、一个炮兵旅便发起了冲击。他们先用大炮猛轰，然后在飞机的配合下向前推进；进一两里地便停下来构筑碉堡、工事，配备好火力，再向前推进一两里。这种步步为营的堡垒战术也是蒋介石请来的德国顾问冯·塞克特出的点子。

图为长征时期的彭德怀。

李德指令修筑的所谓永久性野战工事在很短的时间里即被敌人的重型火炮和轰炸机夷为平地。

战斗进行得十分惨烈。彭德怀指挥部队突击数次均未成功，伤亡很重，守在"永久野战工事"里的那个营全部壮烈牺牲。

彭德怀眼看部队这样拼下去将拼个精光，便向博古、李德请示：放弃固守广昌计划，尽快撤出战斗。

李德允予撤退。

黄昏，损失惨重的红 3 军团撤出战场，退至头陂圩集结。

枪声尚未完全停歇，博古便来电话，请彭德怀过去谈谈。

临时司令部里略显凌乱，李德和博古正指挥几个战士在收拾东西，见彭德怀来了，忙请他坐。

"我们明天要去瑞金，请你来商讨下一步的作战问题。"博古说。

这时，李德双手叉腰站在窗前，高大得有点笨拙的身躯几乎遮住了整个窗

子。他开口又是他那一套，如何短促突击，如何组织火力……

彭德怀对洋顾问这一套早存反感，日间的战斗又打得憋气，便打断他的话，说："根本就没有子弹，谈何组织火力？敌人碉堡密布，如何短促突击？"

不容李德回嘴，彭德怀一股脑儿地将憋在心里的话倾泻而出。他历数第四次反"围剿"之后没打过一次好仗的事实，指出他们不集中主力、一味和敌人拼实力的战略上的错误。

"你们坐在瑞金指挥第二次打南丰，几乎造成1军团全军覆没。你们连迫击炮的位置都标到地图的曲线上了，却不知这一带的十万分之一地图与实际相差太多。如不是部队高度自觉，1、3军团早被你们断送掉了。这次广昌战斗更是如此，差点把老本丢光了，真是'崽卖爷田心不痛'！"

李德的翻译伍修权担心彭的话过于刺激李德，便在翻译时略去了一些。

彭德怀看出了伍的心事，便让同来的红3军团政治委员杨尚昆直译一遍。

杨照直翻译，李德听后大发雷霆，骂彭德怀"封建"，说彭对被撤去革命军事委员会副主席一职不满。

彭德怀说："我彭德怀还不至于像你那么下流无耻！"

"你要对你骂人的话负责！"李德气呼呼地从窗口那边走过来，指着彭的鼻子说。

彭德怀拍着随身带的那个包，说："实话对你讲，我连这套旧军衣都带来了，准备跟你去瑞金，审判、杀头、开除党籍，随你便！"

在场的其他人见彭德怀犟脾气来了，忙将他劝了回去。

奇怪的是，喜欢搞"无情打击"的"百分之百布尔什维克"们这一次未给彭德怀任何处分，只是到瑞金之后，仍批他"右"倾。他们利用高虎垴打的一个小胜仗，指定彭写一篇文章，将里面写的"这是特殊情况下取得的胜利，而不能证明'短促突击'是适合的"等文字改为相反的意思，也未取得彭的同意就发表了。

彭德怀见了刊登的文章后十分生气，想再找他们论理，又被人劝住。他朦朦胧胧地意识到，这一切怪事似都与四中全会贯彻下来的方针有关。与王明这位"理论家"比较，他认为注重实际的毛泽东的主张更切合中国国情，更切合红军实际。因此，他对这位带几分书生气又保留着几分农民质朴的同乡产生了由衷的敬佩之情。至于那位洋顾问，他的评价是："只会图上作业的'准军事家'。"

高虎垴战斗的胜利并没改变红军所处的不利形势。8月7日，敌人先以三个团的兵力在飞机、大炮的掩护下，向红军据守的鹅形阵地发动猛烈攻势，红军以多次反冲锋将敌击退。

战至下午，红军鹅形阵地的火力支撑点为敌炮火所毁，机枪子弹亦供应不上，增援部队也上不来，阵地终被攻陷。其时，敌汤恩伯纵队也控制了中沙以南高地的有利地形，调来德式山炮，轰塌了高虎垴上的红军工事。红4师一个团向敌侧击未奏效，只得掩护高虎垴守军南撤，退至万年亭。

两路敌军合力穷追，步步进逼。8月14日，敌突破万年亭阵地。28日又变换战法攻占驿前。至此，李德的"短促突击"已不起作用，又无预备队可供使用；敌人连破三道封锁线，将红军逼往小松。

与此同时，蒋介石派重兵压迫中央革命根据地中心区兴国、宁都、长江、会昌，使包围圈日益缩小，红军处于被动挨打的地位。那些日子，彭德怀火气特别大，总想骂人。他从未感到这么窝囊过，仗越打越不顺。他知道这是"拒敌于国门之外"指导思想在作祟，但又无法摆脱这一阴影的遮蔽。

持续一年之久的第五次反"围剿"由于"左"倾冒险主义领导者战略战术上的错误指导，尽管当时的客观形势和主观力量比前几次反"围剿"时要好得多，但最后却招致失败，迫使红一方面军不得不退出中央革命根据地，突围西征，实行战略大转移。

10月初的一天，转战中的彭德怀突然接到中央革命军事委员会命令：立即率红3军团到雩都富社地区集结。

中旬，部队开始行动。红1、9军团为左翼，红3、8军团为右翼，红5军团为后卫，掩护军委总部和直属队组成的中央纵队向南突围，实施大迁徙。

24. 别雩都

深秋的雩都河面浮起了一层淡淡的雾霭。河岸上的乌桕树叶也被秋霜染红了。那些啄食乌桕籽的鸦雀们在枝头叽叽喳喳地戏闹着，不去理会人们的感伤。

红3军团集中在雩都城外。临出发时，彭德怀拉军团政治委员去路边一个小饭铺喝了几杯闷酒，他顾盼着根据地萧杀的秋景，叹了口气。

他一生中是极少叹气的，个性的刚强使他宁可迎难而上，也不愿向命运屈服、低头。在多年的征战中，他尝过失去根据地依托的滋味，此刻的离别自然难以用言语形容。

彭德怀叹了口气。

这是他一生中很少有的几次叹气中的一次。

这是望日的第二天，红3军团乘雾渡过雩都河新扎的浮桥。在渡口，彭德怀看到担架队蹒跚的步履，心底莫名地掠过一丝忧虑：担架上这些负伤、生病的团长、政委在漫漫不可知的征途中能坚持多久？

为保存干部，他下令不惜代价将生病、负伤的团以上干部用担架抬上随军行动，尽管他知道这会拖累部队的行动。看到庞大的中央纵队那些抬着印刷机、挑着行李的人群，他觉得该舍弃坛坛罐罐，但对于自己的干部，他却视之如珍宝，一个也不愿舍弃。

蒋介石察知红军动向后，设置了数道封锁线拦阻。

10月21日，彭德怀指挥红3军团突破粤军设置在信丰、安远间的第一道封锁线，经九渡水，过大庚河，占领新城，分左右两个纵队入湘。

左右两纵队于11月上旬逼近汝城，形成夹攻之势。

为开辟通道，保障主力过境，彭德怀派出军团炮兵连，将山炮置于城南制高点，打了几炮，均未击中目标。彭亲自执炮，一炮就将敌堡垒炸毁，打开了通道。继而又从左路突破湘军在汝城、思村间设置的第二道封锁线。

红3军团进至宜章、郴州间，彭德怀向中央建议：考虑到红军经湘桂边之西延山脉，与桂军作战不利，似可让红3军团迅速向湘潭、宁乡、益阳挺进，威胁长沙，在运动中逮住战机歼敌一部，迫使蒋介石改变部署以阻击、牵制敌人；中央率部进占溆浦、辰溪、沅陵一带，创造根据地，打破敌人的进攻。

彭德怀的建议如石沉大海，中央未予作复。红3军团按原计划深入湘桂边两省交界大山中，游走七天。桂军则凭借地利、人熟等优势，频频予以袭击，使红军苦不堪言。

11月26日，彭德怀率红3军团渡过灌江，进逼灌阳。为防敌以湘江为屏障，从两翼夹击红军，必须赶在敌前面抢占湘江渡河点，突破第四道封锁线。红3军团以第4师为前锋，抢占界首渡河点，第5师主力也进到新圩以南，监视灌阳之敌；第6师及军团部随后跟进。红1军团沿石头圩、蒋家岭、文市向全州以南挺进；第2师已涉过湘江，进至脚山铺、鲁班桥一带，阻击全州之敌。

此时，中央红军如抓住桂系军队放弃防守阵地之有利时机跨越湘江，长征史上那场惨烈的湘江之战也许就会免去。可惜的是，"左"倾冒险主义领导人舍不下那些笨重的辎重，行动十分迟缓，百十里路程就走了四天，错过了时机，使敌人有时间得以集结。

桂军三个师从左翼压过来；

刘建绪四个师从右翼压过来；

周浑元、李云杰等部咬住红军，紧随其后；

吴奇伟率四个师也从北面穷追不舍……

25. 第一次参加中央会议

红3军团的临时指挥部设在界首渡口不远处的一座祠堂里。情况危急，第4师阵地受到数倍于己的强敌的攻击。第10团团长沈述清在组织反击作战时中弹牺牲。彭德怀令杜中美接任。杜赶到第10团，向3营交代完任务，欲去2营阵地，刚爬上山头，就被一梭子弹击中倒地，再也没能起来。

"报告军团长，总司令有命令！"参谋大声喊着，声音才未被周围的枪声盖住。

"念！"

"3军团应集中兵力保持界首地区，并将邓家塘至路江圩的通道控制在自己手里。"

彭下令："堵住敌人！"

红3军团经过浴血奋战，顶住了敌人无数次的冲锋，掩护中央纵队渡过湘江，突破了敌人第四道封锁线。为此，红军付出了沉重的代价，人数从8.6万减至3万余……第6师一个团为阻击敌人而来不及渡江，大部壮烈牺牲。

湘江之战的惨败使彭德怀对李德、博古不存一丝幻想。因此，当黎平会议的决议传到红3军团时，他当即向师、团干部作了传达。

黎平会议肯定了毛泽东关于向敌人薄弱的贵州进军的主张，否定了"左"倾冒险主义领导人坚持去湘西与红2、6军团会合的意见。

于是，中央红军分为两路纵队向乌江挺进。途中，彭德怀收到军委主席朱德的电报。朱要求红3军团迅速渡过乌江，控制茶山关、镇南关，阻敌北进，掩护、协助中央纵队攻取遵义。

1935 年 1 月 3 日，彭德怀令第 5 师侦察小分队从岩坑三个渡江点下水，偷袭敌防御阵地。

1 月 4 日，红 3 军团主力渡过清水河，第 4、6 师分别在茶山关和桃子台或架浮桥或乘竹筏木筏渡过乌江，军团部则由茶山关附近渡江，进驻遵义南之尚稽场。

在红 3 军团的掩护下，中央红军渡过乌江之后分几路向北挺进。

1 月 7 日，红军前卫部队化装成敌军，骗开遵义城南门，智取了遵义城。

红军将追兵甩在了乌江东、南面，赢得了宝贵的休整时间。

1 月 15 日，中共中央政治局扩大会议在遵义枇杷桥柏公馆二楼会客室里召开。作为红军将领，彭德怀从懒板凳军团司令部赶到遵义，参加了这次会议。

彭德怀到会时，博古的正报告、周恩来的副报告以及洛甫（张闻天）反对博古报告的报告已经做完，毛泽东正在发言。毛浓重的湘潭口音对他没有丝毫的语言障碍。他听得十分认真。

"'三人团'在指挥红军第五次反'围剿'时，犯了军事路线的错误。"毛泽东提纲挈领，一下就点到了问题的要害。他接着将军事路线错误归纳了三个表现阶段："第一阶段是进攻中的冒险主义，第二阶段是防御中的保守主义，第三阶段则为退却中的逃跑主义……"

彭德怀觉得毛的发言有根有据很有说服力，批评李德"纸上谈兵"瞎指挥也恰如其分。他是第一次参加中央的会议，还有点拘束，不好随便"放炮"，但他还是将广昌战斗后对李德、博古批评的话说了一遍，说他们"崽卖爷田"。

王稼祥、洛甫、朱德、聂荣臻等也相继发言，对毛泽东的发言表示同意和支持。

这次会议，彭德怀没参加到底就因红 3 军团第 6 师遭敌进攻而赶回前线指挥战事去了。后来才知道，会上改选了军委领导，确立了毛泽东为首的军事领导核心。

26. 被误解

遵义会议期间，蒋介石调集数十万兵力，从四面向遵义包抄过来。毛泽东等决定放弃遵义，北渡长江，与红四方面军会合，在川西北建立根据地。

1 月 19 日，红军撤出遵义城，向习水、赤水转进。当各路敌人追至云、贵、川三省交界处，红军从间道插回桐梓。彭德怀率红 3 军团向南转进，在娄山关与贵州军阀王家烈部约五个团遭遇。击溃王部后，红军猛追至遵义城下。当晚实施强攻，敌弃城而逃，红军再次占领遵义。

翌日，飞到贵阳指挥战事的蒋介石令吴奇伟部向遵义反扑。红 3 军团沿城南门外至西门外高地抗击敌人；红 1 军团隐蔽集结于城东南，等敌军全面展开向红 3 军团攻击时从敌侧后突击。战斗从上午打到下午，两个军团合力歼敌一个师。这是退出中央苏区之后头一次连打两个胜仗；遵义会议改换新的领导后旗开得胜。

然而，在攻打遵义老城时，红 3 军团参谋长邓萍中弹牺牲。他是在做完攻城部署之后，与团政治委员张爱萍、团参谋长蓝国清一起在前沿观察敌情时，被突然而至的枪弹击中头部，歪倒在张爱萍的右臂上牺牲的。此役，第 11 团参谋长亦阵亡。彭德怀为此给军委写信，反映"各团部及军团参谋处一空如洗"的状况，请军委派遣军团参谋长和其他指挥人员予以充实。军委当即派叶剑英来红 3 军团任参谋长，不久又由肖劲光接任。

自第五次"围剿"以来，处处被动挨打的红军突然在遵义连胜两仗，使蒋介石百思不得其解。他飞到重庆，亲自"督剿"，调集中央军、黔军、川军于遵义西北地区，以图将红军压迫于遵义、鸭溪狭窄地域内一举聚歼。

毛泽东令红军先顶了一下中央军和黔军，在对峙中突然调头北上，经茅台三渡赤水，重入川南，摆出北渡长江的架势。蒋介石为确保江南后院，急调重兵阻截。红军又迅速回师东进，返回黔境。几天后经二郎滩、九溪口、太平渡四渡赤水，之后又转而南下，将追敌远远甩在赤水两岸。这就是历史上有名的"四渡赤水"之战。

这以后，红军从容南渡，跨越乌江，以一部向贵阳佯动，给人与红 2、6 军团会合的错觉，主力实际上在贵阳北面通过息烽、扎佐，甩开敌人朝东南方向机动。

4 月 17 日，军委接受了彭德怀、杨尚昆的建议，令中央红军跨过北盘江，突入云南，连下数城，直逼昆明。敌慌作一团，纷纷来援，红军则虚晃一枪，跳出重围，向西北疾进，于 5 月 9 日全部渡过金沙江。

红军渡过金沙江，总算是摆脱了敌人的围追堵截。可是，部队频频转战，

图为1933年，在中央苏区福建省建宁县时红军将领的合影（左起叶剑英、杨尚昆、彭德怀、刘伯坚、张纯清、李克农、周恩来、滕代远、袁国平）。

做大踏步地运动回旋，很是疲惫。一些人不适应这种机动灵活的战术，思想上产生了埋怨情绪。为此，红1军团长林彪给军委写信，认为毛泽东这样指挥红军作战不行，提议让彭德怀来指挥军事。

5月12日，中央政治局在会理城外召开扩大会议，对林彪进行了批评。毛泽东认为信是彭德怀"鼓动起来的"，彭德怀因为夹在中间，不便过多解释，承担了责任，仅声明林彪这封信事先他并不知道。直至庐山会议，毛泽东重提此事，林彪出面予以澄清才算作罢。

27. 北上与南进

5月15日，彭德怀奉命撤去会理之围，率部继续北进，突破川军在天全河的设防，相继进占天全、宝兴、芦花等地，来到夹金山下。

常年飘雪的夹金山因海拔高而空气稀薄，这对一路征战、几乎弹尽粮绝的红军来说无异于是一道鬼门关。

"要尽量减少非战斗减员、做好过雪山的准备。"彭德怀向干部们作了交代后，发现军团教导队队长孙毅没有干粮袋子，便叫住他："孙胡子，你的粮袋子呢？"

孙毅说："放在那边呢！"

"让我看看！"彭德怀跟在孙毅身后，要看个究竟。

孙毅走到一个战士面前，使眼色，想用战士的粮袋把军团长糊弄过去，可已被彭德怀看出了破绽。

"你这个孙胡子，别跟我要把戏了。你想空着肚子过雪山吗？"

"我的粮袋在行军中弄丢了。"孙毅只得从实招来。

彭德怀拿出自己的干粮袋，倒出一半送给孙毅。

孙毅哪里肯要，说："我能想办法凑合，你自己留着吧！"

彭德怀说："叫花子讨米，还要见面分一半，何况我们。"

孙毅就是靠着这半袋干粮爬过了雪山。

山高雪厚，空气缺氧。彭德怀和大家一样步履蹒跚，面色苍白。他见警通班班长邱荣辉晕倒了，忙叫人牵来驮文件的骡子，让邱骑骡子走。邱死活不肯骑骡子走，彭德怀只好叫他抓住骡子尾巴，翻过了雪山。

自然界的严酷有时甚于血火纷飞的苦斗。许多人永远留在了夹金山皑皑白雪之中。

6月18日，中央红军翻越夹金山，到达懋功，与红四方面军会师。

是继续北上还是西进、南下？毛泽东与张国焘意见不一。

红3军团抵达芦花之后，彭德怀率第11团到了亦念。

那天，部队正在筹粮，张国焘的秘书长黄超来见彭德怀，送来了几斤干牛肉和一点大米。

"张主席听说这里给养困难，让我代表他前来慰问。"黄超说着还递上一包光洋，有二三百元的样子。

黄超问起会理会议的情况，彭德怀心里顿生怀疑，有了几分警惕。

"仗没打好，有点右倾情绪，这也没有什么……"彭德怀轻描淡写说了几句，便将话题岔开。

黄超又绕回来，说："张主席很了解你呢！"

彭德怀笑笑："我们连面都没见过。"

黄超谈起"欲北伐必先南征"的战略。

"那是孔明为巩固蜀国后方的权宜之计，眼下红军无后方可言。"彭德怀说。

黄超仍以北边马家军厉害，红军不宜与之苦战为由，主张南下川康。

彭德怀终于明白，黄是为张国焘来当说客的，想在一方面军打开缺口，寻找同盟。

6月26日，中共中央政治局在两河口开会，决定主力北进，建立川陕甘苏区根据地，否定了向川康发展的主张。张国焘表示接受会议决定。

北进时，红3军团走在右翼纵队的最后面，红1军团为前卫，中间是红四方面军之第4、30、9军和前敌总指挥部。种种迹象表明，张国焘有野心。为防变故，彭每天都去前敌指挥部，并派第11团隐蔽在毛泽东住处不远，以备万一。

那天吃过午饭，彭德怀来到前敌总指挥部，发现红四方面军负责人之一陈昌浩上午还在谈北进，此刻又变了腔调，觉得有些异常，即将情况告知毛泽东。

"我们坚持北上，张国焘执意南进，且1军团已先走了两天，张国焘如果要解散3军团怎么办？"彭德怀谈出了心中的隐忧。

毛泽东表情严肃，在屋子里来回踱步。

"为防不测，避免红军打红军，可否扣押人质？"彭德怀问毛泽东。

毛泽东摆手，说："不可。"

"如果他们扣留我们怎么办？"

"那就只好跟他们一起南进，相信他们总会觉悟的。"毛的回答充满自信。

毛泽东来到红3军团司令部，给红1军团林、聂发报，让部队在俄界等着红3军团前去会合。

从俄界继续西进，打下腊子口天险，通过哈达铺藏族地区。这一段路虽非草地，却比过草地还难。在过川西北草地时，彭德怀下令杀了军团所有的骡马，将肉分给各部队，救活了许多红军战士，使他们走出了草地。而在这一段路上，还是有不少体弱的战士走着走着就倒地而死……

1935年9月12日，中共中央在川甘边的俄界召开政治局扩大会议，决定将红一方面军和军委纵队整编为中国工农红军陕甘支队，彭德怀任支队司令员，毛泽东兼政治委员。

陕甘支队由哈达铺东进，战胜了马家军骑兵的阻击，越过六盘山，到达吴起镇。在此又打垮了敌人五个骑兵团的追踪。就在这时，毛泽东诗赠彭德怀，赞扬他卓越的军事才能和无畏的战斗精神：

山高路远坑深，

大军纵横驰奔；

谁敢横刀立马，

唯我彭大将军。

第 5 章
——

百团大战

28. 等待

在吴起镇，彭德怀被苏维埃中央政府任命为西北革命军事委员会副主席，并兼任红军第一方面军司令员，协助毛泽东、周恩来指挥了直罗镇战役。接着，以总司令名义指挥抗日先锋军东征，渡过黄河，进入山西；随后，又以司令员兼政治委员的身份，指挥红军西方野战军西征，夺取曲子镇、洪德城等地。西安事变后，彭德怀率部到达陕西三原县北部的云阳镇。此时，已是 1937 年7 月。

7 月的早晨，太阳还没有升起，空气中弥漫着丝丝缕缕乳白色的薄雾；田野上，谷子、豆子和玉米长得茂盛，一片绿油油的。小鸟叽叽喳喳地飞过，轻捷而又匆忙。早起的农民们正在田间劳作，有的松土，有的浇水，有的除草，一片宁静的和平景象。

彭德怀住在云阳镇后北街的毛家大院里，这里也是红军前敌总指挥部。尽管他昨夜睡得很迟，仍是天不亮就起来了。他在院里急速地走着，这是他焦急心情的外露。

7 月 8 日晚上，就在这个院子里，他和总政治委员任弼时、政治部主任杨尚昆正在分析"西安事变"后的政治和军事形势，收音机里突然传来南京中央社广播的消息：日本军队7日晚10时在卢沟桥演习，演习后称有日兵一名失踪，无理要求进入宛平城搜检。8日，日军更无理要求我方撤退卢沟桥宛平驻军。我第29军已举兵抗击，誓与城共存亡。

"这是又一次柳条湖事件。"任弼时拿下衔在嘴里的烟斗说。

彭德怀说："日本人要灭亡全中国，这是他们发出的信号！"

从那天开始，彭德怀更加密切注视共产党和国民党的谈判。他知道周恩来去南京，飞上海，上庐山，可就是没有结果。日军步步扩展，国家和民族的命运危在旦夕，真是令人焦急。

图为长征到达陕北后的彭德怀。

半个月后，国共决定合作。

彭德怀站在巨大的军用地图前，两手背在身后，沉思着。

7月8日，中共中央已发表宣言："全中国的同胞们！平津危急！华北危急！中华民族危急！只有全民族实行抗战，才是我们的出路！我们要求立刻给进攻的日军以坚决的反攻，并立刻准备应付新的大事变。"

这幅地图，他研究得很细，上面的城镇、乡村、山脉与河流已经印在他的脑海里。那是北平、天津，那是石家庄、太原，那是五台山、太行山，那是平型关、雁门关……

他走近地图，略略弯下身子，顺手拿起一个放大镜，沿着黄河慢慢划动，最后停在了陕西省的韩城。这是他和左权一起调查选定的红军奔赴抗日前线过黄河的地点。

匆匆吃过早饭，彭德怀召开团以上干部会。会场就在总部院子里。他和人们打着招呼，问着部队的军事训练和干部战士的思想情况，也和几个人握了握手，然后说会议开始了，接着就讲话。

"我今天要讲的，是我们和国民党将达成协议，红军要改编的意义和今后的工作。根据我们党和国民党达成的统一战线协议，苏维埃政府将改名为中华民国特区政府，红军将改名为国民革命军，接受南京中央政府与军事委员会的指导。这样做的意义是什么呢？就是为了抗日，为了把日本帝国主义早日赶出中国。这是一个历史性的转变，我们的思想要适应这一转变。"

会上，有人问："这仗怎么打？"彭德怀说："听中央的。"其实，关于这个问题，彭这些天来也一直在思索。

一个月之后的 8 月 22 日，彭德怀走进陕西省洛川县冯家村西北角一所私塾的土窑洞，这是中共中央政治局扩大会议的会场。

张闻天主持会议并讲了中共中央关于目前形势的分析和党的任务，周恩来报告了与国民党政府谈判的情况。

晚上继续开会。昏黄的油灯光照着围桌而坐的与会者——博古、朱德、任弼时、关向应、凯丰、张国焘及彭德怀、刘伯承、贺龙、张浩、林彪、聂荣臻、罗荣桓、张文彬、肖劲光、林伯渠、徐向前等。

毛泽东讲话。他吸着劣质纸烟，吐出的烟雾和其他人吐出的融在一起，窑洞里充满了浓烈的烟味。他先讲了共产党面临的形势和任务，然后才讲到军事问题。他说："红军的作战地区在晋察冀之交，受阎锡山节制，红军的基本任务应当是：（1）创建根据地；（2）钳制和相机消灭敌人；（3）配合友军作战（主要是战略配合）；（4）保存与扩大红军；（5）争取民族革命战争领导权。"他接着讲红军的作战方针，说："红军出征以后要进行独立自主的山地游击战……包括在有利条件下消灭敌人兵团与在平原发展游击战争……但着重于山地。"他分析中日双方战争的特点，说明游击战争最能发挥红军的优势，是最有效打击敌人的战略战术，也最有利于发动群众。

彭德怀始终凝神地听着、思考着。就在白天，传来了蒋介石以国民政府军事委员会委员长名义发布的命令，委任朱德为国民革命军第八路军总指挥，他为副总指挥。就要率军到前线去了，怎样用几万红军在华北广阔的战场打开局面，完成毛泽东提出的任务，他感到肩头沉甸甸的。

对毛泽东的思路，彭德怀是了解的。8 月 1 日那天，他就读到了毛泽东和张闻天发给周恩来、博古、林伯渠的电报，上面说："在整个战略方针下执行独立自主的分散作战的游击战争，而不是阵地战，也不是集中作战，因此不能在战役战术上受束缚。只有如此才能发挥红军特长，给日寇以相当打击。"8 月 5 日，毛泽东在给朱德、周恩来、博古、林伯渠和彭德怀以及任弼时的电报中，又说："红军担负以独立自主的游击运动战，钳制敌人大部分，消灭敌人一部的任务。"现在又讲到游击战，彭德怀从心里是赞成的。但是，对游击战和运动战哪个是主哪个是次，他并没有分清楚。

夜深了，讨论还在进行。毛泽东的目光不时投向彭德怀。彭德怀已是副总指挥，马上就要领兵奔赴前线，他的理解、他的态度是十分重要的。

彭德怀似乎也意识到了这一点，发言说："红军出去，基本上是打胜仗，树立声威，开展统一战线。只有这样，才能提高党与红军的地位，也可以使资产阶级增加抗战的决心。"关于作战方针，他说："我基本上同意毛泽东同志的报告。在战术上要很谨慎，在胜利把握较多的时候，集中优势于敌人的力量来袭击敌人，用广泛地开展武装农民来掩护游击战争。"

当任弼时提出"独立自主的山地运动、游击战"时，彭德怀说："一般说，运动战的可能减少了一些，但发动群众、麻痹敌人、调动敌人是可能的，游击战和运动战是密不可分的。"

会后毛泽东找彭德怀单独交谈，说："同日本侵略军作战不能局限于同国民党军作战的那套老办法，硬打硬拼是不行的。我们的子弹和武器供应都很困难，打了这一仗，打不了下一仗。蒋介石这个人还对我们存有戒心，日本帝国主义的力量又暂处于优势地位，因此，我们必须开展独立自主的山地游击战争，准备坚持持久抗战。"

彭德怀十分敬重毛泽东。在江西，他把毛泽东当作兄长，自己是小弟弟；现在他认为毛泽东是老师和领袖，他是学生和部下。面对毛泽东，他是心里想什么就讲什么，所以他还是说："打什么仗是根据实际情况而定的，我还是觉得红军的游击战和运动战有着不可分割的关系。"

29. 出师第一仗

彭德怀奔赴前线后，毛泽东在 10 天内连续发给彭两封电报，反复强调："在和国民党谈判中，应着重解释我军独立自主的山地游击战争这个基本原则"；红军则要"坚持依傍山地与不打硬仗的原则";"目前情况与过去国内战争根本不同,不能回想过去的味道,还要在当前照样做"。

而置身前线的彭德怀对运动战和游击战这两个概念是放在一起考虑的。他心里想的是怎样打胜仗。

八路军总部进驻山西省五台县的南茹村。朱德和彭德怀走进一栋民房里,墙上已经挂好的军用地图显得特别醒目。

"总司令,你要不要先去歇一会儿?"彭德怀劝朱德说。

朱德说:"我在这里坐一会儿。"

彭德怀没有再说什么,他的目光又投向了地图。其实,他闭上眼睛都能说得出地图上的"情况"。日军第5师团侵占阳原、蔚县、广灵后,又以第21旅团第21联队西进占了浑源县城,以两个大队兵力南下进占灵丘县城,向平型关逼近。第9旅团主力由蔚县南下占领涞源。关东察哈尔派遣兵团也以两个旅团兵力由大同、怀仁向南推进,协同第5师团向国民党军队内长城防线进攻。

四天前,彭德怀和徐向前跟随周恩来到达雁门关下太和岭第二战区前线司令部所在地,阎锡山和盘托出他筹划好的方案:以第6集团军三个军、第7集团军四个军分别部署于平型关、茹越口、雁门关一带,凭借长城一线山地有利地形和既设阵地阻止日军进攻,保卫腹地;并要求说:"请八路军先头部队迅速挺进至晋东北,协同坚守长城防线。"

周恩来说:"我们同意阎长官的作战计划。八路军将发挥自己的特长,用运动战与游击战相结合的方法配合友军围歼日军。我们的彭副总司令今天也来了,他将和朱德总司令一起实施指挥。"

彭德怀始终注意阎锡山的每一个表情、每一句话,并急速地思考着。他说:"请友军坚持平型关的正面,八路军第115师出五台、灵丘、蔚县地区,隐蔽集结于敌前进道路的侧面,从敌侧后夹击进攻平型关之敌;八路军第120师则位于晋西北地区,待机侧击进攻雁门关之敌。"

此时的彭德怀想的就是如何打好出师后的第一仗,他的心已处在战前的亢奋之中……

左权走进来,看到彭德怀面对着地图,就压低声音对朱德说:"总司令,总部机关已安顿好，对群众也进行了发动和组织，防止奸细混进来。"

朱德点点头，问道："部队行动怎么样？"

"按照 21 日前方军分会上彭总的部署，林彪和聂荣臻已到达上寨村，并开了干部会议。"

彭德怀转过身，面向朱德说："总司令，我看可以下达命令了，让林彪选择地形，进入伏击状态，相机出动。"

朱德和彭德怀下达了行动命令，左权去布置电台发报。

彭德怀："这可是出师以来的第一仗，一定得打出个样子来！"

朱德："我看问题不大，现在要考虑的是打了平型关这一仗以后怎么办？"

彭德怀："9 月 12 日，毛泽东同志来过电报，让红军要'坚持依傍山地与不打硬仗的原则'。"

朱德："他讲得对，在洛川会议上他就是这么说的。"

彭德怀："不过他在洛川会议总结时也说了，基本的是独立自主的山地游击战，但不放松有利条件下的运动战。"

又过了一天，平型关传来消息：第 115 师在 25 日凌晨向正在开进的日军坂垣师团第 21 联队一部及辎重部队发起突袭，歼灭日军 1000 余人，缴获大批军械物资。

彭德怀看过电报，说："我们付出的牺牲太大了，伤亡 600 余人！"

朱德也有同感地点点头，说："今天一天，毛泽东同志又连来三电，要整个华北工作应以游击战争为唯一方向。一切工作，例如兵运、统一战线等，应环绕于游击战争。在保定及晋北决战中要发挥战略上的作用，并要求我们提出华北作战的战略意见。我们要很快和弼时、左权、小平同志商量下一步的意见，尽早电告毛泽东同志。"

三天以后，朱德、彭德怀根据在五台山的实地考察，向张闻天、毛泽东、周恩来发出电报："河北涞源、山西灵丘、广灵地区山脉很大，地形比晋西北好，人口不少，粮食不缺。可在上述地区连浑源、繁峙、五台、盂县、河北阜平一带创建根据地，与晋西北相呼应。这无论对现在和长远来说，都是上策。"

电报发出之后，彭德怀和朱德发出命令，要第 120、115 师主力位于日军由平型关、雁门关攻取太原两翼侧外，另以四个游击支队挺进日军后方，一部分深入察南、冀西活动，广泛开展游击战争，破坏交通线路，袭击日军运输队。

10 月的晋北天气已经转冷，阵阵秋风吹落了早黄的树叶，山坡上沟底里的花草已开始枯黄凋谢。尤其是傍晚，凉凉的风吹在脸上身上，寒意浓浓。

彭德怀从忻口返回八路军总部南茹村。在忻口，他陪同周恩来见了卫立煌，商谈关于忻口布防和八路军的配合问题。

忻口在太原以北，位于忻县、崞县、定襄三县之交，东靠五台山，西倚云中山，滹沱河从两山之间穿流而过，同蒲铁路和一条公路沿河宛转其间，确实是兵家必争之地。日军突破内长城防线，猛攻崞县，直逼忻口。阎锡山为了扭转败局，解救处于危境的太原，决定利用忻口要隘与日军决战。他把部队编为右、中、左及预备队等四个集团军，以卫立煌为中路集团指挥，以 50 个团固守中央阵地；朱德为右集团指挥，其部队除八路军外，还有中央军的第 73、101 师及新编第 2 师；左集团军则为杨爱源指挥；总预备队指挥是傅作义。

进入山西武乡县时的朱德总司令和彭德怀副总司令。

回到南茹村，彭德怀当夜就向朱德介绍了和卫立煌商量的情况，以及周恩来分别时的交代："我看忻口就是打胜了，也只能迟滞敌人，太原是难以保住的。你们要认真研究和执行主席前天的电报所示。"

这一夜，彭德怀睡得很晚，可第二天早晨，他照例起得很早。天色微明时分，他就走到院子里，伸展双臂，活动腰腿，深深地呼吸着新鲜的空气。

空中传来飞机引擎声。一架飞机从西北方向飞过来，速度并不快。这日军的飞机就是昨天卫立煌所说的清晨来侦察的吧？彭德怀问身旁的作战参谋："机场在什么地方？狗娘养的这么早就到了！"

"是从北平飞来的吧。"参谋说。

如果真是这样，这飞机怎么来得如此快呢？这么远的距离，油料够吗？按这样的航速，若从北平来，就得半夜起飞。

彭德怀说："这附近肯定有飞机场，让二科马上侦察！"

两天后，参谋向彭德怀报告："129师电告，说他们已查到代县有日军飞机场。"

"果真有机场。"彭德怀站起来走向地图，"在什么地方？"

"在苏郎口村附近的滹沱河边。"

彭德怀找了半天也没找到苏郎口村，地图上没标出来。他转过身说："让发现机场的部队查一查，我们打不下飞机，就把它的窝搞掉。再以总司令和我的名义发报给蒋介石和阎锡山，告诉他们发现敌机场了。"

这机场在代县西南的阳明堡，就是阎锡山以前修的，卫立煌也知道。

又过了一星期，彭德怀接到电报："385旅769团3营趁夜暗奇袭阳明堡日军机场，歼灭守卫机场的日军100余人，烧毁敌机24架。"

"团长和营长是谁？"彭德怀问。

"团长陈锡联，营长赵崇德。营长在战斗中牺牲了。"参谋说。

彭德怀的脸色沉下来。

这时，又一个参谋走进来，递过一份简报："这是忻口的战报和我军的情况。"

彭德怀说："留下我看。"

30. 没表态

一个月之后，即 1937 年 11 月 26 日，彭德怀到延安参加中共中央政治局扩大会议。

彭德怀住在凤凰山下的一孔窑洞里，和毛泽东住的窑洞紧挨着。当晚，他就向毛泽东报告了前线的战况——日军的，友军的，八路军的，讲经历过的战斗，讲还存在的困难和危险。

毛泽东听得很认真，不时提出一些问题，彭德怀都一一作了回答。两个人都抽烟，小小的窑洞里烟雾弥漫，使油灯光也显得昏暗了几分。

"同志们很辛苦！"毛泽东说，"总司令年龄大了，身体要注意呀！弼时年龄不大，身体却不怎么好，左权、小平该没什么问题吧？"

"前方是苦一些，可像你在井冈山时说的，好在苦惯了，也就不觉得了。"彭德怀说。

毛泽东说："你们总部的几位，还有伯承他们都要保重，有了好身体才能打游击，才能持久抗战。"

他们谈得很久、很亲切。但当彭德怀坐在中共中央政治局会议的会场时，却有点儿不知所措。特别是王明以共产国际代表身份传达共产国际指示的时候，彭德怀更感到对一些问题难以"分辨"。

王明是在彭德怀回延安之后，和康生一起从莫斯科经乌鲁木齐到达延安的。彭德怀还随毛泽东、张闻天、周恩来等人前往机场迎接。原先他不认识王明，只听过他的名字；对于康生，他则连名字也没有听说过。

彭德怀静静地坐着，听到王明传达的共产国际对中共在新形势下基本政策的全面建议。他们一方面肯定了中共制定和执行的抗日民族统一战线取得的成绩，另一方面又说国民党的政策已经改变，中共缺乏工人阶级的基础，大多数老干部出身于农民，有武装斗争经验，但连城市工人运动的一般概念都没有。对这些，彭德怀没有多想，可他对王明《如何继续全国抗战和争取抗战胜利呢？》的报告却特别注意。他听到王明批评洛川会议过分强调"独立自主原则"，没有提出"抗战高于一切"；批评毛泽东在《上海太原失陷以后抗日战争的形势和任务》一文中对形势的分析，认为现在只能以"抗日与不抗日"作为划分敌友的主要标准，不应再去划分抗日营垒中的左、中、右集团；他反对统一战线中的独立自主原则，主张"一切经过统一战线""一切服从统一战线"；批评毛泽东以独立自主的山地游击战作为唯一方针，强调在现有军队基础上"建立真正统一指挥、统一纪律、统一武装、统一供给和统一作战计划"的国防军。

彭德怀感觉到了，王明的主张和毛泽东提出的原则有着明显的不一样。王明所说的是共产国际的指示，是应当遵从的，而毛泽东是越来越被证明是对的。彭德怀感到不好说什么，因而只对作战方针发表了意见，他说："在战略方针上应该是运动游击战，在应用上要利用山地打游击战。"

彭德怀的没表态和对作战方针的表态实际上等于赞同了王明对毛泽东的批评。

毛泽东很注意彭德怀。开始他有疑虑。这个一向对问题态度明朗、直率敢言的人怎么沉默起来了呢？彭德怀关于战略方针的话更令他吃惊。在洛川会议上交谈过，他到前方后又单独给他发过两次电报，都是解释山地游击战的，可还是没有解决问题。他是八路军的副总司令，在前方协助朱德分管军事工作，作战部署方面的事多是由他具体执行的，他的作用可是十分关键的，必须使他完全了解并坚决执行游击战的战略方针。

深夜，毛泽东来到彭德怀住的窑洞，进门就说："老彭呀，政治局会议已结束，你就要回前方了，我来看看你，也算为你送行。"

彭德怀猜到了毛泽东的来意。

在油灯下，他们一起交谈四个月来的作战情况和华北战场的形势。毛泽东又一次阐述了洛川会议上说的游击战争在抗日战争中的地位和作用，说："八路军应不动摇地执行这一战略方针。"

彭德怀并没有完全赞成，甚至说了一句："你在延安，不接触前方群众，不了解情况。"就是这句话让毛泽东记了多年，一直没有冰释。

送走毛泽东，彭德怀心里有一种说不出来的滋味。参加政治局扩大会议，不但没有弄清一些问题，反而增加了思想上的负担。

这次回延安，彭德怀还遇到了个人感情生活的波折。

那天，彭金华一进窑洞，就说："哥哥呀，你怎么变了？"

彭金华是彭德怀的二弟，他是接到彭德怀的信后，领着彭德怀的妻子刘坤模到延安来的。

彭德怀问："我怎么变了？"

"我问你，刘坤模是不是你的堂客？分离这么多年见面了，你为什么把她安排到别处去住？她哭得很伤心！"

彭德怀拿出一张三个人的照片，说："这是她家三口人的照片。我和她已经九年多没有通信，那是为了保护她，怕她受到迫害。她一个年轻女人吃的苦头是可想而知的。后来她有了归宿，同居也好，结婚也好，反正生了女儿。坤模应该有选择生活的权利和自由。我不怪她，她也不能怪我，我现在仍然是独身一人。"

平型关战役后，彭德怀收到刘坤模的一封信。分别九年多，又有了音信，他很高兴，很快给她回了信，要她去西安办事处找林伯渠主任。她果然来了。

彭德怀初见刘坤模时，看到只有27岁的她面色憔悴，心里一阵难过。

刘坤模见到日思夜想的人，泪水满面，一时说不出话来。

"你这些年是怎样生活过来的？"彭德怀问。

刘坤模哭得更厉害了，好半天才哽咽着说了10多年的经历，从平江起义后敌人的搜捕到躲进深山，从逃亡武昌到无奈时和人同居，并有了一个刚满周岁的女儿……

彭德怀紧紧咬着嘴唇。九年多的时间里，他尽管不知道一点她的消息，但从来没有改变对她的感情。许多好心人都要帮忙，也有过女性主动"表示"，但都被他拒绝了……没想到等来的竟是这样的结果。

彭德怀安慰刘坤模说："你为我受苦了，我对不住你。可是孩子不能没有母亲。你还是回到孩子身边去吧！"

刘坤模明白她和彭德怀之间的夫妻关系已经过去，哭得更厉害了。

彭德怀对弟弟说："我总不能再去破坏别人的家庭吧！"

彭金华无话可说，兄弟俩久久地沉默着。

落雪了，陕北高原一片白茫茫。

彭德怀告别延安，重返前线。

31. 东路军副总指挥

1938 年 3 月，国民党军队在徐州吃紧，潼关告急，蒋介石不准华北的军队过黄河，全部留在山西打游击。

这时，日军沿同蒲线南下，阎锡山、卫立煌对同蒲线以东正太路以南的地区和部队无法顾及，便将分散在这里的 10 个师的国民党军和八路军、决死队组成东路军，由朱德、彭德怀任总指挥、副总指挥。但是，国民党将领对游击战、运动战感到神秘和惶恐，彭德怀就向朱德建议说："我们就以东路军的名义开个军事会议，也给他们鼓鼓劲，打打气。"

"是个好主意。"朱德称赞说，"那就请左副参谋长和作战科筹备吧，越早越好。"

东路军将领会议于 3 月 4 日在沁县以南的小东岭举行。出席会议的有八路军将领刘伯承、张浩、徐海东、李达、王新亭和决死队薄一波，国民党军将领第 47 军军长李家钰、第 14 军军长李默庵、第 3 军军长曾万钟、第 94 师师长朱怀冰、第 169 师师长武士敏、第 17 师师长赵寿山，阎锡山、卫立煌派来代表，蒋介石也派来了联络参谋。

会场安排在一座关帝庙里。可能因为很长时间没有修葺了，墙皮有些剥落，大厅也不宽敞，被 38 人坐得满满的。尽管这是合作抗战的黄金时期，但细看与会者的表情，又是复杂的。这不奇怪，过去他们是战场上的对手，从江西时起就相互挥军拼杀；而今，共同的敌人让他们坐在了一起，但他们的心与心之间还有很大距离。

会议由朱德主持。他首先讲话，讲了抗战形势、敌后游击战和运动战，以及政治工作、官兵一致、军民一致。他号召东路军将领们齐心协力，建立敌后抗日根据地，开展游击战争，坚持华北抗战。

彭德怀做报告。他穿着灰布棉衣，头发有些长，但胡子刮得很干净，脸上有些发青。友军将领们都知道彭德怀的名字，有的还同他打过仗，但大多未曾谋面，没想到他竟是这样一个人。彭德怀着重讲东路军的作战纲领。他详细分析敌我双方的形势，说："我们要接受南京、太原沦陷的惨痛教训，采用新的作战原则，那就是实行战略上的防御战、战术上的进攻战，战略上的持久战与消耗战、战术上的速决战与歼灭战；运用运动战以消灭敌人有生力量，发展游击战以造成我若干军队在运动中大量歼敌的机会。"

对彭德怀所谈，刘伯承、徐海东等人是非常理解的，而李家钰、曾万钟、李默庵等友军的将领们则似懂非懂，目光时而明亮，时而暗淡。

这样的表情没有逃过彭德怀的眼睛。他事前已经想到了。从某种意义上说，召开这次将领会议的目的就是向友军的这些将领们介绍游击战的知识，以使他们去掉惶恐心理，树立起信心。于是，他对运动战和游击战的战术和由此而来的政治工作、民众工作、敌军工作和建立根据地等问题都讲解得通俗、具体而详细，并强调说："军人可以不懂政治，这是一种愚民政策，对军人是一种侮辱。我们作战随时有牺牲的可能，但是我们首先要明白为什么作战，为什么牺牲。假如这样的作战与牺牲是有价值的，我们就要流尽最后一滴血！否则，我们就一滴血也不应流。"

彭德怀还指出："士兵与长官要风雨同舟，尤其是长官与士兵之间的生活距离应尽量缩小……与士兵同艰苦，是团结部队的重要条件之一。""对待民众，有几件基本的事，就是实行买卖公平，说话和气，借物要还，损物赔偿，离开驻扎地时，实行纪律检查。我们只要做到这几项，就可以获得群众的好感和帮助，军民也就可以慢慢团结一致了。"

这些实实在在的话，深深地触动了友军的一些将领。

晚饭后，彭德怀到各处看望。到第169师师长武士敏住处时，武士敏对彭德怀说："彭副总司令，听了你的报告，我受益匪浅，感到应该做一个真正的军人。"

彭德怀："你太过奖了。我们是这样做的，我也就这样说了。你就是一个真正的军人，在张学良、杨虎城二将军的义举中，你积极支持了他们。"

武士敏："我是积极抗日的。但部队的旧习气很重，军民关系也不好，所以我常常十分苦恼。"

彭德怀："你的想法可以理解，不过一下子改变也很难。只要有决心，就慢慢来吧。"

武士敏："你们可以办个游击训练班，或讲习班。"

彭德怀："这个想法好。我报告朱总司令，他批准后我们很快就可以办了。"

东路军将领会议开了五天。彭德怀看到，友军的将领们虽然情绪稳定了，对坚持敌后抗战的信心也增强了，但还是有些犹疑。对这些人来说，当然最好的还是事实。他向朱德建议："129 师不是要在响堂铺打一次伏击吗，那就让参加会议的人亲眼看一看。"

于是朱德出面邀请将领会议的参加者实地观看响堂铺战斗。朱德说："前些日子，八路军在长生口和神头岭打了日军一下，这次要在响堂铺打个伏击，请诸位前往参观。刘伯承师长在这里开会，由副师长徐向前和政委邓小平两位指挥。"

响堂铺位于黎城和涉县之间，附近公路沿神头河而行，路南陡，路北缓，在路北设伏便于隐蔽，又便于出击，敌人则退无路，守无凭借；同时，这里又是东阳关和涉县两个敌人据点增援的最远距离。徐向前和陈赓、陈锡联实地看过地形，把伏击点选在了这里。

凌晨时分，部队进入伏击地域。8 点 30 分，日军 180 辆汽车由黎城经东阳关进到响堂铺地段。9 时左右，敌车队完全进入伏击地域，八路军的步枪、机枪和迫击炮一齐开火。日军被突如其来的枪弹、炮弹打得晕头转向，汽车乱冲乱撞。趁敌混乱之际，埋伏的八路军战士猛虎般冲出，用手榴弹和刺刀解决了顽抗之敌。从东阳关和涉县赶来的日军援兵也被埋伏的部队打了回去。两个小时的战斗毙伤敌人 400 多名，摧毁 180 辆汽车。

因为考虑到安全因素，参观的友军将领们被安排在较远的地方。他们虽然未见到战斗场面，但可以从激烈的枪炮声和喊杀声中想象到指挥和战术的巧妙。战后，在神头河滩上，他们看到了被毁的汽车铁皮、泄气的轮胎、破碎的车篷和散乱的物资，连连赞叹："旗开得胜，令人钦佩，可敬可贺！"

朱德说："以前的几仗差不多都是这样打的。游击战就是打得赢就打，打不赢就走。"

刘伯承说："枪打在敌人的头上，刺刀插在敌人的肚子上，手榴弹抛在敌人的屁股上，赚钱的生意我们做，不赚钱的生意我们不做。"

彭德怀没有说话。

反日军九路围攻的战斗开始了。

形势非常严峻。从 4 月 4 日开始，敌华北方面军第 1 军集中 3 万余兵力，由同蒲、正太、平汉铁路线及长治、屯留等地出动，分九路向晋东南地区八路军和国民党军大举围攻，企图分进合击八路军总部、第129师等部队和部分国民党军，并摧毁抗日根据地。作为东路军的总指挥、副总指挥，朱德、彭德怀肩上的担子很重。虽然敌人围攻的情报得到的比较早，他们已经做了部署，也召开了将领会议，但是战场上的形势是千变万化的，何况参战的部队不但有八路军、决死队，还有国民党的军队，他们之间能够相互配合、齐心协力吗？这不能不是令人焦虑的问题。

作战室里，电话铃声不停地响着。

左权向朱德、彭德怀报告几天来的战况："到现在为止，129师独立支队将从榆次出犯的日军阻滞于阆郊、马坊一带；祁县、太谷出动的日军被友军94、169师和我游击队阻止在东、西团城地区；由洪洞出来的日军被决死队1、3纵队和友军17军等部阻击于沁源地区；涉县出犯之敌被友军骑4师阻滞于麻田地区；邢台出来的敌人被129师先遣支队和当地游击队阻滞在九龙关以东地区；129师秦（基伟）赖（际发）支队、汪（乃贵）支队和115师支队等坚决阻击由平定、昔阳出动的敌人，敌人多次变更进攻路线，继续向辽县、芹泉地区推进；由于友军3军的败退，由屯留、长治出犯的敌108师团的三个联队分三路侵入了沁县、武县和襄垣、辽县。"

"这个曾万钟，怎么搞的！"彭德怀说。

朱德说："这一方面是因为他用兵保守，不敢出击。小东岭会议时，我介绍徐向前同志去见他，向前讲了129师打游击战的经验，请他不妨一试，他就窘得不知如何回答。另一方面，这一路也是敌人的主力。我看这三路日军经过连续作战，已经够疲劳的了，并且又是孤立、突出。"

彭德怀说："要抓住这个战机，让129师及689团由外线迅速从涉县以北隐蔽返回武乡以北地区，伺机歼灭侵入武乡之敌。"

日军的围攻还在继续，八路军总部的处境十分艰难，周围都是日军的包围圈。彭德怀对朱德说："总司令，总部还在敌军的包围之中，我们这里再无别的部队，不能长住，还得转移到别的地方去。"

八路军总部转移不久，又收到前线的战况。彭德怀一听就火了："要不是照顾统一战线，我非枪毙他们不可！"

彭德怀不能不火。按照朱德和他下达的命令,朱怀冰部集结在榆社、武乡一带两侧的云簇镇附近,武士敏部除在驻地阻击敌军外,以一部向沁县方向游击;曾万钟部以一部向武乡以北边战边退,而将主力隐蔽集结于附近山地,待日军通过武乡后,立刻猛烈尾击,同朱怀冰部一起夹击日军,第 129 师主力和第 344 旅一部迅速赶往参战。可是,友军却没有按照命令行动,所以夹击计划"泡汤"了。

朱德也非常生气,不过他没有发泄出来,他问:"苫米地部现在哪里?"

"进到榆社后,因为群众坚壁清野,破坏道路,敌人没有吃的,路也难走,又退回了武乡。"参谋回答。

"老彭,"朱德先喊了一声彭德怀,说,"告诉伯承、小平、向前和海东、克诚,日军下一步的行动有两种可能,一是退回长治,二是去马洪地区救援被武士敏部包围之敌。命令他们迅速向武乡靠近,寻机打一个歼灭战。"

彭德怀点头表示同意,说:"这次一定不能叫敌人跑了。"

朱德、彭德怀的命令立即变成了行动。刘伯承、邓小平、徐向前率第 129 师主力及第 344 旅的第 689 团连夜赶到武乡县城西北,恰遇刚从武乡带着辎重骡子的日军沿着浊漳河向襄垣退去。刘伯承将部队分成左、右两个纵队猛烈攻击,将敌压到长乐村地区,并截为数段,已通过长乐村的敌军又遭到顽强堵击。在狭长的河谷里,八路军激战一天,歼灭下元熊弥第 108 师团的柏崎联队和苫米地第 104 旅团的工藤联队及炮、骑、工、辎各一部,共 2200 多人,击毙战马 500 匹,并缴获大批军用物资。

消息传来,朱德和彭德怀当然是高兴的,但听说第 129 师第 772 团团长叶成焕在战斗中负重伤牺牲,两个人沉默良久。

彭德怀说:"成焕同志是优秀的年轻指挥员,他的牺牲是八路军的重大损失!"

32. 反"摩擦"

国共合作抗日的黄金时期并没有维持下来。1938 年 7 月至 8 月,朱德、彭德怀指挥八路军和决死纵队的官兵经过大小 70 多次战斗,打退 5 万日军对晋东南的第二次九路围攻,民心振奋,士气高涨。但阎锡山却认为,武汉失守后,他的第二战区削弱了,八路军壮大了,就召开秋林会议,发出"天要下雨了,要准备雨伞"的暗语，决心对牺盟会和决死队下手。

彭德怀立即放下手头的工作，赶到薄一波领导的山西省第三行政专区驻地沁源县吴家窑村。他根据毛泽东的指示精神，对牺盟会和决死队内的党员和进步分子作了《克服目前政局主要危险，坚持华北抗战》的长篇讲话。

深夜走出青龙庙门，彭德怀问和他走在一起的薄一波："我刚才讲的那些话符不符合这里的实际，对你们有没有用？"

"当然有。"薄一波说，"你了解全局和中央的方针，对决死队也熟悉，形势、对策、军事指挥和战略战术都讲到了，还对如何应付突然情况作了安排，对我们很有用。"

彭德怀笑了："不是给我戴'高帽子'吧，咱们可是熟人了。"

薄一波是两年前第一次见到彭德怀的。那时八路军总部住在山西沁源县的一个村子里，彭德怀主动到县城去看他。薄是抗战开始后回到山西的，为抗日救亡与阎锡山建立了统一战线的关系，中共党内职务则是中共山西工作委员会书记，公开身份是牺盟会负责人、山西第三行政专区主任和决死队第 1 纵队政治委员。新军的决死队是经阎锡山同意建立、实际由共产党领导的武装。薄一波因过去没做过军事工作，所以在交谈中向彭德怀请教做军事领导工作的经验。彭德怀说："军事工作没有什么神秘的，同其他工作一样，主要是靠在实践中学习。谁也不是生下来就会带兵打仗的，难免打一些败仗，打来打去，实践多了，本领也就练出来了。"从那以后，朱德和彭德怀十分关心山西新军，派军事干部，开办游击干部训练班，朱德讲游击战术，彭德怀讲党的政策，左权讲步兵战斗条令……薄一波觉得，他一直得到彭德怀的具体指导和帮助，就说："我知道你不喜欢'高帽子'。"

彭德怀笑了，提议到薄一波住的地方看看。

在薄一波的住处，他们两人彻夜深谈。

薄一波说："从秋林会议后，阎锡山就发动旧军对新军的摩擦，改编新军决死队，企图把新军置于旧军管辖之下。他还宣布取消山西省抗日统一战线的民众组织战地动员委员会，撤销牺盟会派出的县长，来者不善！"

彭德怀说："他在山西反共就要从牺盟会、决死队下手，这一点我们也预料

图为1938年，朱德（右二）、彭德怀（左二）和陆定一（左一）等在山西洪洞县马牧村时的情景。

到了。这是国民党内顽固分子掀起反共逆流的一部分。对此，毛主席已制定了明确的方针：坚持抗战，反对妥协；坚持团结，反对分裂；坚持前进，反对倒退。"

"阎锡山这个人很狡猾。他声言不反共，也不反对八路军，只是要整顿牺盟会和决死队，实际是要搞垮牺盟会和决死队。"

彭德怀笑了："他阎锡山说不反共，我们也不要说反阎，可以提出'拥护阎锡山，反对旧势力'。"

薄一波想起1938年年初，住在决死队第1纵队周围的国民党第3、98、93军不断扰害群众，排挤决死队、牺盟会，打击进步力量；薄一波和安子文一起去找彭德怀，要求派一部分兵力支援决死队，把国民党军队赶走。彭德怀说："这个办法恐怕不好。你们想想，如果八路军一去，就难免同国民党军发生冲突，那样事情就可能闹大，对统一战线和抗日全局不利。"

"那怎么办？"安子文问。

彭德怀说："新军不是戴的阎锡山的'帽子'吗？把阎长官请出来解决这件事怎么样？"

　　薄一波、安子文回去后，向阎锡山报告了这个情况，阎随后给蒋介石发了电报，使国民党的这些部队撤到了临屯公路以南，决死队第 1 纵队摆脱了被包围的处境……

　　想到这些，薄一波说："有的党员还是希望甩掉阎锡山这顶'帽子'。"

　　彭德怀说："这顶帽子还是要戴的。决死队、牺盟会在山西运用的是抗日统一战线的一种特殊形式，也是很成功的形式。一定要坚持决死队，坚持牺盟会，争取中间势力，打击最顽固分子。只要阎锡山还在抗日，我们还要和他搞统一战线，而且要使这种关系尽量延长下去。你要沉住气。"

　　薄一波说："我这个人性急，虽然也知道这个毛病不改是要误事的，可改起来真不容易。"

　　彭德怀笑起来，说："你这个毛病要同我比，恐怕是小巫见大巫！不过我可以告诉你一个办法，就是遇到重要的问题，只要不是特别紧急的，写出处理意见，不要立即拿出去，放到抽屉里，搁它一个晚上，第二天起来头脑清醒了，再看它几遍，审慎地思考一番，确实比较妥当了再拿出去。这是治急躁病的良方。这不是我的发明，是从毛主席那里学来的。我试了数年，效果不错，你不妨试试。"

　　薄一波点点头。

　　彭德怀说："阎锡山说'天要下雨了，要准备雨伞'。我们也要准备雨伞。我在平江起义时有个经验，对于坚持顽固立场的旧军官，为防止里应外合，要坚决撤换；情况紧急时，更要当机立断，把他们集中起来，以防不测。现在就得采取措施，一旦有事，决死队要向八路军靠拢。"

　　1939 年 12 月 2 日，彭德怀到决死队第 3 纵队驻地沁水视察。

　　纵队召开党员负责干部会议。彭德怀在会上说："国民党内的顽固派掀起了一股反共逆流，在各地制造事端，向我们进攻。中央政治局已有了明确的方针，那就是坚持抗战，反对妥协；坚持团结，反对分裂；坚持进步，反对倒退。对一切顽固势力采取人不犯我，我不犯人，人若犯我，我必犯人的原则。毛主席要我们团结进步力量，加强自身工作，准备应付阎锡山发动突然事变。"

　　其实就在前一天，突然事变已经发生了。12 月 1 日，阎锡山下令决死队第 2 纵队在 12 月 5 日向同蒲线灵石、霍县段破击，同时，密令晋绥军陈长捷、王靖国与日军勾结里外夹击，企图将决死队第 2 纵队消灭于同蒲线西侧。第 2 纵队政治部主任韩均在王靖国部进攻下反击自卫，同时发电给阎锡山，说："将在外，君令有所不受。"阎锡山便宣布第 2 纵队为叛军，下令"剿除"。蒋介石也同意他"分汾东、汾西，借剿叛军名义北上，肃清共产党势力"的方案，拉开了反共高潮的序幕。由于彭德怀一直奔波在途中，所以并不知道这一消息，第 3 纵队就更不知道了。

山西第五专区主任戎子和说："我们 3 纵队所在的第五专区南有阎锡山的孙楚军进驻阳城；孙楚的背后太南地区还有国民党的几个军……"

"这个我知道，"彭德怀说，"所以，蒋介石和阎锡山如果勾结起来发动进攻，你们这里很可能首当其冲。"

在沁水，彭德怀收到中共中央发来的电报，要他到宜川的秋林去和阎锡山面谈，劝其坚持抗战，停止反共。

彭德怀将他了解的情况向中央军委做了报告：薄一波第 1 纵队所属两个旅五个团基本可以掌握；第 3 纵队现有六个团，军事指挥权大部掌握在旧派军官手里，一旦有变，只能掌握其半数。

临行前，彭德怀反复叮嘱戎子和与第 3 纵队领导人："对阎派的军官要保持警惕，早下决心！"

彭德怀离开第 3 纵队的第二天，即 12 月 3 日，阎锡山的孙楚军在永和附近袭击了第 2 纵队第 196 旅旅部，同时破坏永和、石楼等地的抗日民主政权及牺盟会等抗日群众团体，杀害洪洞县、蒲县县长及位于隰县的八路军晋西独立支队后方医院的伤病员。

12 月 8 日清晨，彭德怀从秋林南下西安途中收到毛泽东的电报，才知道这个消息。

彭德怀急急地赶往西安，他要到那里和程潜会晤。

可是，在经过泾阳时，国民党的便衣特务一拥而上，又是检查，又是要钱。在彭德怀的命令下，几个战士把为首的特务拉上车，说："八路军副总司令彭德怀带你到西安找程潜主任要钱。"

到西安后，彭德怀把特务交给程潜，并给行政院副院长孔祥熙发了一封电报，要求查处扣车事件。

程潜把国民党绥德专员何绍南介绍给彭德怀。

彭德怀说："你是暗藏的汪精卫，在陕北破坏团结，犯法贪污，人证物证，俱被八路军抓获。绥德人民控告你的信件堆积盈尺，你还在这里逍遥法外呀！"

说着，彭德怀扬起手，打了何绍南两个耳光。

程潜忙劝阻："将军息怒，将军息怒！"

彭德怀依然愤愤，说："上海'四·一二事变'，长沙'马日事件'，把第一次大革命变为反共反人民的10年内战。反得好呀！送掉一个东北，把日本人接到武汉来了！"

程潜只是听，不说什么。

"今天谁要反共，他先放第一枪，我们立即放第二枪，这就叫作礼尚往来。还要放第三枪。"

程潜说："放第三枪就不对了。"

彭德怀说："干净消灭他，他就不来摩擦了！"

回到七贤庄八路军办事处，林伯渠问："今天为什么发这么大的火？"

"这火是要烧的，不烧打不退反共高潮，也阻拦不了何绍南再去绥德。"彭德怀说，"这是一次政治侦察，看看蒋介石敢不敢打内战。如果他要打内战，就要踢开英美，投降日本，他这步棋是不好下的。这次侦察是有价值的。程潜是国民党元老，典型的中间派，他说放第三枪就不对了，这就等于中间派批准了反摩擦，而且是武装斗争，但是不要过分。"

在洛阳，彭德怀找卫立煌谈，讲国民党的反共，说各地的摩擦情况，指出有内战的危险。

彭德怀把自己比作孙行者，他在发给朱德、杨尚昆、毛泽东的电报中说："在西安采取孙行者闹天宫的办法，影响很大，已传到洛阳、垣曲及铁道沿线，蒋亦有电致卫，探听究竟。"

此时，最让彭德怀惦记的是决死队第3纵队，一是他上次去的时候没有帮助戎子和等人具体研究应付突然事变的部署就离开了，二是纵队里的旧军官太多，未下撤换的决心，万一事变，凶多吉少。

几天后，彭德怀在沁水东柿庄的沙门口见到戎子和，第一句话就问："你们3纵队怎么样了？"

"游击8团、9团、11团叛变，国民党的军队进驻了阳城。"戎子和痛惜地说。

彭德怀说："你马上回去，把各团不可靠的军官控制起来，带领部队向高平黄克诚旅靠拢。"

彭德怀回到八路军总部，向朱德做了汇报后，"第二枪"就打响了。

决死队第2纵队和八路军晋西独立支队突破阎军的包围，到达晋西北。

贺龙率领第120师主力全部扫清了这一地区的反共军队。

决死队第1纵队按照彭德怀说的办法把旧军官控制起来，没受任何损失。

陈赓率第386旅主力占领并巩固了太岳阵地。

黄克诚指挥八路军及决死队第3纵队恢复太南部分阵地……

33. 百团大战

入夜，彭德怀坐在他的房间里看文件。4月中旬，朱德就离开八路军总部，经洛阳、西安回到延安，总部的担子便落在了彭德怀的肩上。白天，他要参加各种会议和活动，还要到部队和附近的农村中，同战士以及群众交谈，了解他们的思想、生活、训练和生产民政等情况；只有到了晚上，才能坐下来阅批文件，或者读点书。

彭德怀坐到桌子前，就看到了灯光下的一份电稿，这是电台抄收送来的《中国共产党中央委员会为抗战三周年纪念对时局宣言》。

他读得很细，读了一遍，又读一遍，偶尔抬头望望窗外漆黑的夜色。荧荧灯光把他的侧影剪在了墙上。

作为身在前线的指挥员，彭德怀完全同意中共中央对形势的分析，从某种角度说，他的感受更直接。日军攻陷了武昌，飞机轰炸重庆，封闭了西南交通线。在华北，铃木师团主力开到张家口，新从日本增调来的曹井师团一部也抵达大同。关外的日军纷纷向关内开进。津浦路沿线和冀中、冀南的日军陆续向陇海线集中。正太路沿线的部分日军开往冀南。抗日根据地日益被封锁、切割，活动困难，供应紧张。日军还可能进攻西安——如果日军进攻西安，就截断了延安和西南的联系，对延安也是个很大的威胁呀！

"报告！"随着轻轻的敲门声，响起一个年轻的女声。

彭德怀放下手中的文件，抬起头，说："进来！"

走进来的是电台的罗健。她十八九岁，一身灰布军装，可能是走得太急，也可能是拘束，微微喘着气，递上一份电稿："彭总，这是刚收到的。"

"黑天半夜，怎么让你送来？"彭德怀接过电稿说。

"其他人休息了，我值班。"罗健说。

看到罗健，彭德怀猛然想起听到的传言，说作战科科长王政柱和电台的罗健接触多，没事时总在一起说话。他们是在谈恋爱吧？彭德怀觉得这是好事，应该促成，也曾想找罗健说说，又怕女同志害羞，反而砸了锅。现在倒正是个机会。

彭德怀让罗健坐下，又为她倒了一杯水，先问了她工作、生活情况，然后说："你们年轻人要好好学习。"

"是的，彭总。"罗健点头说，心里有些嘀咕，听说又要打仗了，彭总怎么有时间问这些。想想又说："除值班外，我们也读书看报。"

"对，要读书看报。不过也要向实践学习，向老同志学习。"

罗健又点点头。

彭德怀继续说："比如作战科科长王政柱同志吧，就值得你学习。他15岁参加红军，原来没有多少文化的，可他努力学习，学得不错了。人也老实，你说对吧？"

罗健的脸红了，终于明白了彭德怀的用意，含羞带笑地说："彭总，这么多人，你偏偏说他干什么？"

彭德怀笑道："我看我是说到点子上啰。"

罗健知道自己心中的秘密被揭穿，就笑着跑出去，边跑边说："我还要值班呢。"

彭德怀挺满意似的点点头，转回身看刚送来的电稿。

这是延安发来的《中央关于目前形势与党的政策的决定》，共分两个部分，一是目前形势，二是党的政策。他的目光停在了"克服困难，克服投降危险，争取时局好转"这句话上。

左权走进屋。

彭德怀指指桌上的电稿问："这个你看了吗？"

左权说："'时局宣言'我看过了，'形势和政策'还没看。"

"中央对战局的分析和敌情的判断是对的。"彭德怀说，"为了打击敌人的企图，配合晋南和华中各友军作战，保卫大西北，打破日寇妄图消灭我华北抗日根据地的阴谋，坚定全国人民的抗战信心，实现中央提出的克服投降、争取时局好转的任务，我们必须打击日军。这几个月一直在酝酿的正太路破袭战，我看可以提上日程来了。"

彭德怀所说的正太路破袭战是 3 月间他和朱德一起决定的，后根据毛泽东指示，以主力对付威胁延安的国民党第 90 军，同时抽兵南下华中，就搁置起来了。

"我看应该实施了。"左权说，"与此同时，对平汉、同蒲等重要铁路线和重要公路线也不放过。由所在地区抽出部分主力部队进行配合作战，牵制敌人对正太路的增援。"

彭德怀点点头，说："你就近到 129 师去一趟，把我们的意图告诉伯承和小平，听听他们的意见。"

"我明天就去。"左权说，"不过，现在我们都得睡觉了。"

"睡觉，睡觉！"彭德怀说。

左权又说："你的胃怎么样了？"

彭德怀："老样子。"

"还是让浦安修到总部这边来工作吧，"左权说，"也顺便在生活上照顾照顾你。"

"她不愿来，我也觉得她来了有诸多不方便。"彭德怀说，"就让她继续在北方局那边工作吧，反正也不远。"

夜色越来越浓，轻风徐徐吹拂，四山静悄悄的，都进入了梦乡。彭德怀屋里的灯光还亮着。

第二天，左权就来到第 129 师师部，向刘伯承、邓小平和恰在这里的聂荣臻、吕正操、陈赓、陈锡联等人说了彭德怀的想法，刘、邓、聂等人都非常同意。后来，左权又一次听取了刘伯承、邓小平的意见，在总部的军事会议上定了下来。

1940 年 8 月 20 日。午后，下起淅淅沥沥的小雨，银亮的雨丝从天上悬挂下来，落在房屋、山石和花草树木上，发出唰唰唰唰的响声，像蚕儿咀嚼桑叶，像泉水流进农田。彭德怀站起身走到门口，伸手接一捧水，又慢慢撒开去，轻轻唱了一句："我坐在城头观山景。"不远处，有几个人在笑。

因为是阴雨天，黑得比平时早。快到晚上 8 时的时候，彭德怀走进了作战室。这里，参谋人员来回走动的脚步很轻，说话的声音也很小。所有的电台都已打开。作战科的"战斗日记本"引起了彭的注意，便走过去拿起来看。

科长王政柱说："这是专门为这次战役准备的。"

彭德怀点点头。

左权说："所有部队都已做好准备，可以按时发起攻击。"

过了8时。

作战室里静悄悄的，电台上的灯亮着。

彭德怀坐在一把木椅上，半眯着眼睛。

左权在轻轻地踱步。

12时过后，作战室里仍然是静悄悄的。

彭德怀站起来。

左权说："你先去休息吧，我在这里，有事马上向你报告。"

彭德怀摇摇头。

"彭总，进攻才开始三四个小时，情况不会来得这么快。"王政柱说。

彭德怀没吭声，走到新增添的一幅正太铁路地形图前。

夜色漆黑，淅淅沥沥的小雨还在下着。彭德怀感到胃里隐隐作痛，虽不那么剧烈，但丝丝缕缕的，很难受。他下意识地抬起手按了按胃部。

这一轻微的动作还是被左权发现了，他小声说："胃又造反了吧？"

"它一点也不配合。"彭德怀说。

"还是回去休息一会儿吧，我让人给你弄点热汤喝。"

"现在是什么时候，不要管它！"

雨，不知是什么时候停的。直到黎明的曙色踏进屋里，人们才惊喜地说：雨不下了，天已亮了。

突然，电台的嘀嘀嗒嗒声响起来，大家的眼睛一齐集中到电台上。

一份份电报送到了彭德怀手里。

刘伯承来电：第129师左翼破击队陈赓旅攻击寿阳西南之芦家庄，连克四座碉堡，全歼守敌，占领车站；破坏芦家庄以西10里以内铁路桥梁。

聂荣臻来电：晋察冀军区杨成武的中央纵队向正太路井陉、娘子关段及井陉以北各据点之敌猛攻，连克乏驴岭、北峪、地都等据点，全歼守敌200余人，破坏乏驴岭至地都段铁路及铁路桥梁、碉堡、电线等，万余民众参加了破路；

中央纵队另一部攻占井陉北贾庄镇、东王舍，消灭守敌百余，并完全占领井陉煤矿。郭天民、刘道生指挥的右纵队正向娘子关猛攻中。

陈再道、宋任穷来电：徐绍恩团（第20团）破坏平汉路邯郸至磁县段铁路五里，成安敌200余企图向我侧击，被我击溃。

贺龙来电：张（宗逊）旅攻击静乐东之康家会，激战至今晨，将敌全部消灭，静乐敌1000余来援，被我击溃。

……

彭德怀看完一份电报，就递给左权，脸上露出不易察觉的笑容。那笑容很疲倦。他一天一夜没有合眼了。

他命令王政柱："你们留下值班的，弄清正太路全线和其他各线所有参战部队的兵力和战斗情况，以便尽快向中央军委和国民政府军事委员会报告。其他人轮流休息。"

他又和左权说了一句什么，便走出了作战室。

雨水洗过的太行山草木青翠，空气清新。午后的阳光一照，到处鲜亮鲜亮的。

匆匆吃过午饭，彭德怀就来到作战室。

"向军委的报告准备好了吗？"彭德怀问。

王政柱递上写好的材料。

彭德怀坐在桌前看起来。

不一会儿，左权也来了。

"我们八路军实际参战的兵力到底是多少？"彭德怀问。

图为山西武乡县王家峪八路军总部旧址。

王政柱说:"正太线30个团,平汉线卢沟桥到邯郸段15个团,同蒲线大同至洪洞段12个团,津浦线天津至德州段四个团……共计105个团。"

左权说:"这是百团大战,作战科再仔细把数字查对一下。"

彭德怀说:"不管一百多少个团,干脆就把这个战役叫作百团大战好了。"

百团大战胜利的消息震动了全国。延安各界举行万人祝捷大会,通电慰问前方八路军将士,毛泽东、朱德出席了大会。毛泽东读了第一阶段作战的总结报告,立即给彭德怀回电说:"百团大战真是令人兴奋,像这样的战斗是否还可以组织一两次?"他随后在以中央书记处名义发出的《中央关于时局趋向的指示》中说:"我党50万大军积极行动于敌后(尤其是此次华北百团战役),则给了日寇以沉重的打击,给了全国人民以无穷的希望。"

彭德怀的心里当然是高兴的,以至专门让从前线赶来汇报战况的总部特务团团长欧致富看了电报。

在向部队发出百团大战第二阶段作战结束的命令时,彭德怀就估计到了,日军不会善罢甘休。为此,彭德怀将刚从砖壁村转移到王家峪不久的八路军总部又移回砖壁村,接着又在绵绵秋雨中转到黎城县拴马、宋家庄一带。

但是,敌人的"扫荡"来得这么快,还是出乎彭德怀意料。他是10月2日发出结束第二阶段作战命令的,10月6日,日军的"扫荡"就开始了。

在百团大战中受到惨重打击的日军独立混成第4旅团的五六千人,在旅团长片山的带领下充当"扫荡"的先锋,向八路军总部和第129师活动的中心地区武乡、辽县进攻,被第129师和决死队第1纵队阻袭。片山恼怒地实行"毁灭扫荡",见人就杀,见屋就烧,见粮就抢,到处都是悲惨景象。接着,第4混成旅团的冈崎大队600余人进犯总部的水腰兵工厂……

彭德怀得到这个情报大怒。这个兵工厂的前身是八路军总部军械所。朱德、左权和他亲自察看地形后,把厂址定在了这个四面险峰环抱、只有一条裂缝可以出入的山谷中。兵工厂可以月产400多支步枪和大量枪弹。在蒋介石、阎锡山以少发武器限制八路军发展的敌后,它的存在是相当重要的。反"扫荡"前,彭德怀命令总部特务团的一个营守卫南面的门户瓮圪廊。只要死守这个关口,敌人是进不来的。为什么敌人毫不费劲地进到了这里?

"给我查!"彭德怀命令道。

原来是一个连长未经抵抗便擅自撤守造成的。

彭德怀:"枪毙这个连长,监视冈崎大队的行动,拣其弱处打击,一定要保住兵工厂!"

冈崎大队受到打击后,夺道武乡,准备退回沁县。彭德怀得到情报时,日军已进到蟠龙镇关家垴附近宿营。

图为关家垴战斗中的八路军机枪阵地。

彭德怀急急赶到蟠龙镇的石门村,调整部署:以第129师第386旅、第10旅各一部归刘伯承、邓小平指挥,第386旅一部和决死队第1纵队第25、36团各一部由陈赓指挥,山炮连由彭德怀直接指挥。

陈赓对彭德怀说:"现在拼了,以后怎么办?可以把冈崎放下山去,另选有利地形,打他的伏击。"

"就按原来计划打!"彭德怀说。

战斗是凌晨4时开始的。这时,冈崎大队已占领关家垴高地。

关家垴高地三面临着断崖,只有一条狭窄的小路通向山顶。八路军就是沿着这条小路向上冲的。日军居高临下抵抗,子弹倾泻而下,八路军伤亡很大。

彭德怀对总部特务团团长欧致富说:"你带特务团,还有警卫连,都上去!"

欧致富说:"特务团上去,警卫连留下保卫你和总部的安全。"

"都上去!"彭德怀说。

天明之后,日军出动飞机。天上射下来的子弹,山顶射来的子弹,如同冰雹一般砸过来。八路军仍然向山上冲击。

不一会儿,部队又退下来。

彭德怀站在指挥所里,看到了这情景。

刘伯承打来电话:"彭总,这样打下去损失太大了。是不是暂时撤围,另觅战机?"

正在气头上的彭德怀对着电话筒大声说:"拿不下关家垴,就撤掉你129师

图为百团大战时，彭德怀来到武乡县关家垴前线炮兵阵指挥作战，这里距敌仅有500米。

的番号！"

电话里没有了声音，彭德怀放下电话。

"命令炮兵连把敌人的迫击炮、重机枪打掉！"彭德怀说。

在炮火的掩护下，八路军又一次发起冲击，几分钟后又退下来。

彭德怀更急了，抬脚走出指挥所，顺着交通沟向前跑。王政柱慌了，高声大喊："首长，回来！快回来！"

彭德怀跑得更快了。

王政柱想追上去，但又不敢离开指挥所，赶忙要通第129师前沿指挥所，声音都有些变了："刘师长……彭总上前边去了，我喊不住……怎么办？"

"乱弹琴！"刘伯承的语气里充满责怪和担心。

放下电话，刘伯承对身边的参谋说："彭老总在前边，你去把他拉下来！"

参谋说："这……我怎么能……"

"你去叫唐万成，他力气大。让唐万成把他拉下来。他要发火，就说刘邓让你们这样干的。快去！"

此时的彭德怀正在距关家垴只有 500 米的交通沟里，他臀部靠着一边的沟壁，左腿蜷着，右脚伸出去蹬在另一边的沟壁下部，眼睛贴在举起的望远镜上，仔细观察敌人的阵地。

这情景恰好被正在前沿采访的摄影记者看到了，他迅速举起相机，摄入镜头，把瞬间变成永恒。

那位参谋和唐万成飞快地跑过来，气喘吁吁地说："彭总，快下去！这里危险！"

"这里看得清楚，便于指挥。"彭德怀说。

唐万成看到敌阵地正在猛烈地射击，大声说："下去！"

彭德怀转过脸，扫了唐万成一眼："你好凶哟！"

那个参谋和唐万成走过去，架起彭德怀就往下边走。

"胡闹！谁让你们这样干的？"彭德怀说边想甩开唐万成他们，可是甩不开。

参谋说："刘师长、邓政委让我们这样干的！"

彭德怀不再挣扎。

这时候，一发炮弹呼啸飞来。唐万成猛地把彭德怀按倒，自己伏在他身上。

炮弹爆炸过后，彭德怀说："快起来呀，你这大块头压得我快喘不过气来了。"

唐万成站起来，为彭德怀拍打身上的泥土，嘿嘿地笑着。

战斗还在继续，日军的援兵也向这里赶来。

彭德怀得到情报，对左权说："让部队撤离！"

八路军撤离了。

冈崎大队退走了。

历时三个半月的百团大战结束。在 105 天的时间里，共进行了大小战斗 1824 次，毙伤日军 20645 人、伪军 5155 人，俘日军 281 人、伪军 18400 余人，拔除日伪据点 2993 个，缴获步马枪 5400 余支，轻重机枪 200 余挺及大量武器弹药；破坏铁路 948 里，公路 3000 余里，桥梁、车站、隧道等 260 余处，煤矿五座。

八路军也付出伤亡 22000 余人的巨大代价。

百团大战期间，国民党特务半夜闯入他的家乡彭家围子，杀死他的三弟彭金华，打伤三弟媳龙国英，二弟彭荣华被抓后遇害。

　　1943 年秋天，彭德怀夫妇和刘伯承夫妇一起回到延安，住在杨家岭和毛泽东相挨的窑洞里，协助中央军委毛泽东、朱德指导华北抗战，同时参加高级组的整风学习。1945 年初，参加高级组学习的高级干部按地区划分为华北、西北、华东等组。

　　这一年的 2 月，华北组举行华北地方和军队同志座谈会，即华北工作座谈会。彭德怀首先系统地总结了华北抗战各个阶段的经验教训，检查了他个人在执行中央路线方针中的缺点与失误。

　　座谈会是在中共七大前后分两个阶段进行的，总共开了 44 天。

　　在七大和七届一中全会上，彭德怀被选为中央委员、政治局委员。座谈会结束一个月后，彭德怀被任命为军委副主席兼军委总参谋长。

　　这时，日本已宣布无条件投降，中国人民的抗日战争取得了胜利。

第6章
——

解放（一）

34. 撤出延安

抗日战争胜利后，内战的危险一触即发。毛泽东和蒋介石的重庆谈判，美国人的出面调处，都没有制止住战争。

进入 1947 年，身为中央军委副主席兼总参谋长的彭德怀把主要注意力集中在保卫延安的部署上。他命令晋绥军区张宗逊率两个主力旅开赴延安；他指示陈赓、谢富治在晋南三角地区加紧活动，牵制推迟胡宗南进攻延安；他要求防御部队利用第一线坚固阵地顽强抗击，消耗疲惫敌人；他调王震率第 359 旅及独立第 4 旅隐蔽集结于延安附近……

3 月，国民党军队在全面进攻中接连遭受失败，被迫放弃全面进攻，实施以 90 多个旅的兵力向山东和陕北两解放区重点进攻，然后再进攻华北、东北的战略，企图将解放军各个击破。

现在，胡宗南的飞机已经轰炸延安，25 万军队马上就要出动了。彭德怀亲自到南线视察。

3 月 10 日下午两点钟时，彭德怀乘坐的中吉普车停在金盆湾教导旅旅部的门口。旅长兼政治委员罗元发、副政治委员饶正锡、参谋长陈海涵等候在路边。

红色岁月
红色历程
红色史诗
红色经典

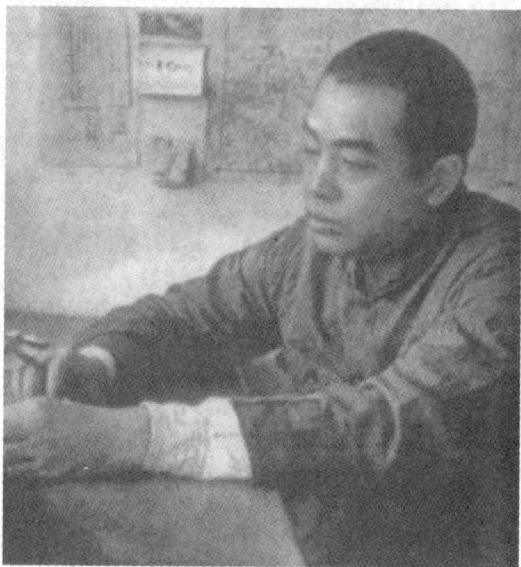

图为彭德怀在延安的办公室里时的情景。

罗元发请彭德怀到旅部休息一会儿。

彭德怀说:"时候不早了,争取时间,直接到前面阵地!"

罗元发让人牵来几匹马,说:"前面荆棘丛生,土质松软,车开不上去。"

"车开不上去就骑马,不能骑马就步行。"彭德怀翻身骑到了马背上。

还真让彭德怀说准了。往前走不多久,便没有了路。已经进入深山,高大的树林和密布的梢林缠绕交错在一起,绊得马连蹄子也抬不起来。人在马上也坐不住。彭德怀从马背上跳下来,用手拨开梢林,一步一步往前走。

"哧啦"一声,彭德怀的棉衣被划破了,本来就破的棉衣上又添一道口子,露出了棉花。

彭德怀转脸看棉衣上的口子,帽子又被刮掉了。他重新戴好帽子,把露出的棉花往里塞一塞,爬上一个高地,朝四周望了一会儿,用手指着前边说:"这一带的地形很复杂,做指挥员的要钻到梢林里认真地察看,每一条小路,每一个嶂岘,每一处山口,都要看。这样才能周密部署。"

"还要特别注意封锁消息。"彭德怀又说,"敌人用飞机、大炮从正面攻击,没有什么可怕。但如果防范不好,走漏了消息,被敌人偷袭一下那可要吃大亏!"

罗元发说:"我们对部队进行了教育,也请地方党组织配合。这里的人民群众政治觉悟高,会替我们保密的。"

彭德怀点点头,向一个阵地走去。

战士们忙站起来立正敬礼,说:"首长辛苦了!"

"真正辛苦的是你们!"彭德怀笑着和战士们握手,问,"怎么样,准备好了吗？"

"报告首长，准备好了。"一个战士说，"只要胡儿子敢从这里来，就狠狠把他揍回去！"

"好！"彭德怀赞扬道，"听口音，你就是这陕北人吧？"

"是的，首长！"战士答。

彭德怀摸摸他身上的棉衣，问："家里的坛坛罐罐就要被胡宗南打烂了，你们舍得吗？"

"舍不得也没得办法，等胜利了再制新的。"战士说。

晚上，彭德怀召集团以上干部开会。他坐在油灯下，面前铺开一张地图。

罗元发先汇报了兵力部署、火力配备、打法及官兵的思想动向等情况。

"还有啥子困难？"彭德怀问。

罗元发："照实说吧，就是缺弹药。"

彭德怀用手指着地图，说："从各方面的情况判断，敌人进攻的主要方向，很可能就在你们防御的地带。你们要在这一带坚决地防御，大量杀伤敌人的有生力量，迟滞敌人的进攻，掩护党中央和延安机关、学校的安全转移，掩护群众的疏散。中央计划用 7 至 10 天的时间阻击敌人。我以中央军委副主席和总参谋长的名义要求你们，必须坚决打，要打到底！"

稍停，彭德怀又说："至于弹药，可以拨给你们一些手榴弹，别的没有。还是那个话，我们缺少的要从战场上获得，跟敌人要！"

彭德怀从金盆湾返回延安。

刚刚跳下汽车，作战参谋就走过来向彭德怀报告："昨天敌机就来轰炸了，今天下午 4 点前后又来一次，毛主席、周副主席都搬到王家坪了。"

"这是蒋介石、胡宗南进攻延安的信号，明天将会有大的轰炸，敌人的地面部队也可能同时发动进攻。"彭德怀拍拍身上的尘土，对王政柱说，"马上通报给各部队。"

果然不出彭德怀所料。第二天上午，警报响起，几十架飞机飞来。正守着电话机的彭德怀急急地对身边人说："去叫主席赶快进防空洞！"

很快，敌机飞临延安上空，接着是俯冲扔炸弹。尖厉的呼啸声和轰隆的爆炸声不停地传来。

听说毛泽东已进了石洞，彭德怀快步走出平房，朝王家坪后山上走去。

"彭总，你去哪里？"警卫员跟在身后问。

彭德怀："我去看看警卫团。"

警卫员急了："现在不能去，快进洞！"

彭德怀继续向后山上爬。到了警卫团，彭德怀对警卫团的干部说："这里很重要，毛主席和周副主席就住在山下，一定要保证他们的绝对安全！"

从山顶下来，回到石洞口，彭德怀看到王家坪已罩在火海里，毛泽东和他自己住的窑洞周围，燃烧弹在燃烧，有一孔窑洞冒起火苗，不远处的延河滩上炸起的石块飞出好远。他弯腰进了石洞。

正在看文件的毛泽东抬起头，问："外面的情况怎样了？"

"敌机正在轰炸，到处都是火光和响声。"

"响声我听到了，就是没看到火光。"毛泽东点燃一支烟，说："前边大概也打起来了。"

"我军正在交替防御。"彭德怀说着，在毛泽东面前展开一张地图，手指比画着讲起来。

不知过了多长时间，毛泽东的警卫排长阎长林走进来，说："敌机飞走了，首长们出去晒晒太阳吧。"

毛泽东的眼睛没离开地图，摆了摆手。

"洞里太湿太冷。"阎长林把目光转向彭德怀。

彭德怀对毛泽东说："还是先到外面看看吧。"

毛泽东点点头，和彭德怀一起走出了石洞。

没有敌机了，爆炸的声音也已停息，但烟雾没有散去，还弥漫在山间河滩，空气中散出浓浓的硝烟味。在王家坪，有一孔窑洞炸塌了，一棵大槐树被弹片刮了一大块皮。

毛泽东仰头看看天空，说："噢，敌机飞走了呀！它这么厉害，对我们的石洞也没有什么办法吧？"

彭德怀不敢轻松，他心里想着的是毛泽东、周恩来的安全。

毛泽东又点燃一支烟，朝远处看去，说："陕北人民受苦了！"

彭德怀点点头，说："主席，现在是大敌当前，陕北的几个旅，加上地方部队和后勤人员，共有 2 万多人，应该有个统一的指挥。"

"我和恩来同志也在为此事发愁呢。"毛泽东慢慢转过身说。

彭德怀犹豫一下，说："主席，贺司令未来延安之前，陕北的部队是否暂时由我指挥？"

毛泽东理解彭德怀的想法，他自己也明白这一点，指挥陕北部队的将领必须有权威有才能，彭德怀当然是最合适的人选。他说："只是总部也需要你呀，那总参谋长谁来干呢？"

"可以由周副主席兼。"彭德怀说。

"我赞成。"毛泽东说，"咱们和恩来同志商量一下，听听他的意见。你也想想，还有什么困难和要求。"

3 月 16 日，毛泽东以中国共产党中央军事委员会的名义发布命令："……上述各兵团及边区一切部队，自 3 月 17 日起，统归彭（德怀）、习（仲勋）指挥。"根据这一命令，以陕甘宁和晋绥解放区的人民解放军组成西北野战兵团，由中央军委副主席、人民解放军总参谋长彭德怀任司令员兼政治委员，习仲勋任副政治委员。野战兵团司令部的工作人员由军委一局和陕甘宁晋绥联防军司令部抽调人员组成。

3 月 18 日清晨，彭德怀早早就起了床。今天就要撤出延安了，他有很多的事情要处理。

彭德怀让警卫员请来龙飞虎和阎长林。

彭德怀问阎长林："你们警卫排的人都打过仗没有？"

阎长林明白说："我们警卫排的大多数同志是从前方调来的，都经过几年的战斗锻炼，在最近的防空中表现得勇敢、沉着。"

彭德怀又问："你们都有什么武器？"

"都是 20 响的驳壳枪，还有苏式冲锋枪。"

彭德怀点点头，说："人勇敢，有好枪，就一定能保证毛主席的安全。敌人距延安已经很近了。全党、全军和全国人民都关心毛主席的安全，很多同志希望毛主席早过河东，可是他不同意，他不愿在敌人打来的时候离开陕北人民，一定要坚持留在陕北指挥作战。中央还没有最后决定，你们先要做好留在陕北的准备。你们是代表全党、全军和全国人民的意志，直接保卫毛主席安全的战士。"

彭德怀想想，又说："毛主席一向不顾及自己，你们要特别注意。在紧急情况下，他不走也得劝他走，必要时抬也要把他抬走，只要保证他的安全就行，过后可以再解释。"

龙飞虎和阎长林离开后，彭德怀又电话要通罗元发，询问前方情况。

罗元发说："我们节节抗击，交替掩护，已转移阵地。"

黄昏时候，彭德怀来到石窑洞，问毛泽东："毛主席、周副主席马上准备离开吧？"

毛泽东说："莫急！"

彭德怀来到作战室，王政柱向他报告："松树岭还在我们手里。"

彭德怀："再派人去检查一下群众的撤退情况，如果还有人，就让他们立即离开，一分钟也不能耽搁！"

王政柱："毛主席、周副主席还不走吗？"

彭德怀："我已催过了，你再让参谋去催一下，请他们赶快走。"

彭德怀要通前方的电话，罗元发报告前线的情况："彭总，敌人很近了。如果毛主席还没走，请他快走吧！"

从这口气里，彭德怀听出了前线抵御的艰难，也听出了情况的严重。枪声、炮声传来，更紧更急了。彭德怀脸上现出紧张和焦急的神色。

参谋报告："敌人已经到了吴家枣园。"

彭德怀猛地站起身，快步走向毛泽东的窑洞，在门口碰到龙飞虎："主席怎么还不走？一分钟也不要待了！"

龙飞虎为难地说："还在和周副主席、王司令谈话。我们催了几次也不顶事，还是彭总去催一催吧。"

彭德怀走进房间："主席快走，敌人已经很近了！"

周恩来看见彭德怀的神情，说："今天就谈到这里吧。"

王震："主席在延安还有什么事要办吗？"

彭德怀："你王胡子也变得婆婆妈妈了。"

毛泽东笑了："没有了，什么事也没有了。到哪个地方都有电台联络，天下的大事我们都可以知道。"

王震："那就早一点出发吧。"

毛泽东："好吧，吃饭。"

王震："还是离开这里再吃吧。"

"延安的最后一顿饭还是得吃。"毛泽东看着彭德怀，说，"吃了饭就走。"

吃饭的时候，毛泽东又说："我实在是不愿意走的，想看看胡宗南的兵是什么样子。"

彭德怀："让部队代替你看吧。"

毛泽东抹抹嘴，说："那就这样办，让部队代我看。"

饭后，暮色已经降临。毛泽东和周恩来等人乘车离开了延安。

彭德怀把毛泽东、周恩来的车队送过飞机场，又返回王家坪，长长出了一口气，说："王科长，延安还有没有人？东西都运完了没有？还有什么问题需要解决？"

"没有了，延安已成了一座空城。"王政柱说。

"这就好了！这就好了！"

彭德怀又要通罗元发的电话："罗旅长，我是彭德怀，你们可以撤了。你们打得很好，完成了保卫党中央和人民群众安全转移的任务。延安已经撤空了，我们也准备走了。"

又说："你们要给敌人一个假象，要叫他们感到我们是确实保不住延安才撤的。"

刚放下电话，第358旅旅长黄新廷和政治委员余秋里来了。

彭德怀先吩咐拆掉电话，然后问黄新廷、余秋里："部队现在哪里？"

"已按你的指示，集结在延安以东地区。"黄新廷说。

"教导旅一撤，敌人就进了延安。"彭德怀说，"敌人进了延安，肯定要寻找我们党中央和我军主力决战，你们派少量部队把敌人主力引到安塞去。要让敌人看到我们是真的溃退。"

黄新廷和余秋里退出时说："彭总也早点走吧。"

彭德怀说："马上就走，马上就走！"

彭德怀并没有走。

王政柱说："彭总，敌右路军61旅已到嘉岭山南，左路军也过了崂山，我们走吧？"

彭德怀说："你们不要催，看到敌人进了延安城我才走。延安不是平常的地方，这一撤退，对部队和群众都有很大影响。我们的指挥机关一定要坚持到最后才能撤，这样大家心里才稳当。"

枪声更近了，王政柱又劝道："彭总，走吧。"

"什么时候了？"彭德怀问。

"已到了 19 日凌晨。"

彭德怀站起来，从警卫员手里要过马灯，四处照照，在室内走了一圈，伸手摸摸桌子、椅子和床板……

夜色中，彭德怀一行人踏上了王家坪后沟的一条小路，向东北方向走去。

35.45 天打三个胜仗

3 月 20 日黎明，彭德怀一行人到达梁村。这是延安北面偏东一个偏僻的小山村，总共也没有多少人家，一座座窑洞分散在山坡和沟底。

彭德怀又乏又困，在一座小窑洞里睡了一会儿。

午饭后，在一座稍大的窑洞里开会。彭德怀说："成立西北野战兵团的命令是毛主席 3 月 16 日发布的。现在，我宣布野战兵团指挥机构的组成。张文舟同志任司令部参谋长，王政柱同志任副参谋长，徐立清同志任政治部主任，刘景范同志任后勤司令员。大家有的来自部队，有的来自地方，要同心协力搞好工作，不辜负党和人民的重托。从今天起，我们野战兵团的机关就算正式成立并开始工作了。"

散会后，彭德怀又把张文舟、王政柱、徐立清和管理科科长孟浩叫到他住的小窑洞里，说："为了夺取战争的胜利，党中央派西北局习仲勋书记、边区政府刘景范副主席到野战兵团兼职，这对我们今后的工作将会大有帮助。"

彭德怀又对孟浩说："要处处关心他们的生活与安全。刘副主席好抽烟，要想办法给他搞一点儿。"

暮色降临，窑洞里暗下来，警卫员将马灯点亮。

王政柱手拿一份电报，向彭德怀报告："我们截获敌人的情报，整编 31 旅将于 3 月 24 日进犯青化砭。"

彭德怀接过电报，走到马灯下看了一遍，兴奋地说："好哇，终于送上门来了！"

图为彭德怀（右二）、习仲勋（右三）等在青化砭战役前沿阵地时的情景。

第二天，彭德怀、习仲勋带着西北野战兵团旅以上指挥员在青化砭四周察看地形。春寒料峭，起伏不平的川塬纵横交错；冷风吹拂裸露的黄土地，扬起漫天黄尘。

他们登上一座山头。展现在眼前的是一条南北 30 里长的川道，咸榆公路蜿蜒其间，东西两面是连绵不断的大山。

彭德怀对众人说："胡宗南占领延安后，就以为胜利了，又是庆功，又是祝捷，说毙伤了我们万余人。他们还造谣，说我们扔下陕北人民不管了。据侦察，敌人的主力正向安塞前进，企图围歼我主力于安塞东北地区。我们就先在这里打它一下，让胡宗南看看。"

接着部署兵力："1 纵在西山，2 纵和教导旅在东山，新 4 旅在北面埋伏，给敌人造一个口袋。各部队于明天拂晓前，隐蔽进入设伏阵地。战斗打响后，东西两面同时行动，将敌人拦腰截断，消灭在这里！"

"明白了！"各纵队的旅长们同声回答。

彭德怀请习仲勋讲话。

习仲勋说："我补充两点，第一，这是我们撤出延安的第一仗，关系到稳定民心、军心，一定要打好。毛主席和中央及军委的同志在看着我们，不能辜负他们的希望。第二，至于保密问题，请大家放心，陕北人民的心是向着我们党我们军队的，一定不会走漏消息。"

彭德怀说："那好，我们就等着明天的胜利！"

可是，胜利并没有如期到来。直到第二天中午，战斗还没有打响。彭德怀在青化砭西北附近左家庄的指挥部里收到前线报来的情况，都是不见敌人的踪影。

人们议论纷纷。

是不是情报弄错了？

是不是走漏了消息？

是不是敌人发现我们又折回去了？

彭德怀也不知道真正的原因，他分析说："要掌握敌人的心理。胡宗南是个好大喜功的'二杆子'。他进了延安城，估计我们中央机关的领导都在中年以上，顺公路撤退怕他们的汽车追，以为骑马向安塞方向去了。其实，我军主力隐蔽在延安东北。再说，胡宗南虽然打不好仗，但是占了延安要保护侧翼，这点军事常识他还是有的，何况他又有坦克又有汽车，这陕北唯一的一条公路，他能不要吗？所以说，敌人一定要来。"

快到黄昏的时候才得到情报：敌整编第31旅因在拐峁筹备干粮，把行期推迟了一天。

彭德怀说："马上命令各部队撤伏休息，拂晓前再进入伏击位置。"

其时，设伏部队已经在冰冻的土地上整整趴了一天。

第二天，即3月25日，上午10时许，敌整编第31旅进入青化砭。东西两面山上西北野战兵团的部队同时居高临下向敌群冲击，将其截成几段。

彭德怀和习仲勋、张文舟、徐立清、王政柱等人站在指挥所的高地上。彭德怀举起望远镜观察，说："敌人占了延安就背上了一个包袱，我们却变得主动了。虽然敌人的整体兵力比我们大10倍，但我们可以做到最大的集中，想打哪里就打哪里，主动权完全在我们手中。"

一个多小时后，敌整编第31旅被消灭，旅长李纪云、副旅长周贵昌、参谋长熊宗继、第92团团长谢养民等人也当了俘虏。

为了在羊马河歼灭胡宗南的第135旅，西北野战兵团司令部又向羊马河方向前移15华里，指挥部设在张家土沟。

天还未亮，王政柱就敲开了彭德怀窑洞的门，报告说："135旅离开瓦窑堡了。"

青化砭战役后，胡宗南总结经验教训，改变了战术。队伍开进时，集结几

个旅为一路，数路并列，白天走山
窜岭，轻易不下山沟，夜间露宿
山头，构筑工事，稳扎稳进，名曰
"方阵战术""滚筒"式前进。

彭德怀敏锐地看到了这个变
化，认为凭着现有的兵力难以分割
敌人，更难以形成包围，便也改变
战术，采取新的对策，即组织小部
队袭扰、疲惫、消耗敌人，主力选
择有利的地点隐蔽，耐心等待敌人
暴露弱点、兵力分散后再聚而歼
之。他把自己的分析和办法电报毛
泽东，毛泽东非常赞赏，说作为一
个指挥员就是要善于根据情况的变
化独立作出判断。

图为青化砭战役中被俘的敌31旅旅长李纪云
（左前一）。

彭德怀穿好衣服，对王政柱
说："我们到独1旅去看看。"

"今天战斗就可能打响。"王政柱说，言下之意是不赞成去。

"看看就回来，那里太重要了。"彭德怀说。

确实，彭德怀觉得那里非同寻常，在昨天召开的各纵队和旅长的紧急会议
上，他就强调了这一点。

当时，在桑树坪的那孔小窑洞里，彭德怀用一根树枝指着地图说："这些天，
敌人总抱成一团，这种小米碾子式的战法减少了我们各个歼敌的机会，只得牵
着它进行了400里的'武装大游行'，让他们在12天的时间里转了延长、延川、
清涧、瓦窑堡。现在他们累了饿了，再加上陈赓在晋南搞得那里告急，胡宗南
便让76师守延川、清涧，以135旅守瓦窑堡，主力南下蟠龙、青化砭集结补
给。4月6日，我们在永坪地区打了刘戡一个伏击，胡宗南又集中八个旅由蟠龙、
青化砭向西北方向出动，并调135旅南下策应，想包围歼灭我们。"

彭德怀把手中的树枝按在地图上的羊马河地区，加重语气说："要在135旅
同其主力靠拢之前，把它歼灭在这个地方。358旅在夏家沟、白家坪、李家岔地

带积极防御，把敌 1 军吸引向西；独 1 旅和警 7 团在元子沟、云山寺一线，坚决阻击敌 29 军；羊马河地区由 2 纵、教导旅在东边设伏，新 4 旅在西边设伏，共同负责歼灭敌 135 旅。"

纵队和旅领导们讨论后，彭德怀在总结时强调说："消灭 135 旅必须具备两个条件，一是阻住敌人援兵，二是速战速决。如果不把向北推进的九个旅的敌军主力阻住和调开，不仅不能消灭 135 旅，我们自己还会陷入腹背受敌的被动境地；如果拖长了战斗时间，就会增加阻击部队的困难，也会使预期的目的落空。"

顶着清晨的冷风，彭德怀带着王政柱、参谋和警卫员去独立第 1 旅。远处，隐隐有枪炮声传来。

在王家圪塔一孔窑洞前，彭德怀跳下骡子，独立第 1 旅旅长王尚荣迎上来。

彭德怀说："135 旅已从瓦窑堡出动了，这给了我们打歼灭战的好机会。"

走进窑洞，彭德怀手指着地图上榆树峁子、云山寺、元子沟一带，说："你们把他这一大坨坨引过来，这样就可以集中力量歼灭由瓦窑堡南下的 135 旅了。"

彭德怀收回手，又说："今天的关键问题在于你们能不能把敌人的九个旅拖住，只要你们能拖到下午两点钟，问题就解决了，就算完成任务了。"

回到野战军司令部临时驻地张家土沟时，已是上午 10 点钟。彭德怀拍打着帽子和衣服上的黄土，快步走进指挥部，问："2 纵那边怎么样？"

张文舟说："已和 135 旅接触上了。"

参谋报告："有几架敌机助战，因双方胶着，没敢投弹。"

彭德怀说："告诉他们，要猛要快，越快越好！"

警卫员李文海找来几个小米面饼子，递给彭德怀一个："从早上到现在你还没吃饭呢。"

彭德怀接过来咬了一口，有人递上一碗水，他接过来喝了一大口。

"刘戡、董钊有什么动向？"彭德怀咽下嘴里的小米面饼子，问。

参谋说："可能以为找到了我们的主力，正扑向我军的山梁和沟渠。王旅长怕敌人脱钩，已组织小分队出击，死死拖住了他们。"

"要他们防止敌人向羊马河方向靠拢，如果发现，就坚决堵住！"彭德怀边吃饼子边说。

过午之后，传来的枪炮声更激烈了，可情况却不多，电话机沉默着，电台也没有声音。参谋、通讯员、报务员不敢松懈，全神贯注地守着电话机和电台。明媚的阳光照着这半山坡上寂静的小山村。

彭德怀按捺不住，对习仲勋说："我到前面山上去看看。"

一架敌机从头上飞过。习仲勋说："在这里是一样的，别去了吧？"

"不到前面去，光靠电话和地图，谁也打不了胜仗。"

阳光已经西斜。

彭德怀来到高山东侧的指挥所，举起望远镜向东观察。

"3 号，王司令电话。"参谋报告说。

彭德怀拿起话筒，里面传出王震的声音："135 旅全部被歼，活捉代旅长麦宗禹。"

放下电话，彭德怀自语道："这回就不需要他代了。"

过了一会儿，张文舟向彭德怀报告："除麦宗禹外，404 团上校团长、405 团上校团长全部被俘。"

"这才叫全歼一个旅！"彭德怀说，"刘戡、董钊带那么多兵，连一个旅也救不了。"

这是一个叫新庄的山沟小村子，西北野战兵团司令部机关移驻到这里。

天已经黑了，彭德怀躺在旁边靠墙的土炕上，半眯着眼睛。

他想休息一会儿。

被牵着"游行"的胡宗南在青化砭和羊马河挨了重重的两闷棍，损兵又折将，便把主力集中于蟠龙地区进行休整。

彭德怀已向毛泽东报告了情况，毛泽东遂命晋冀鲁豫野战军第 4 纵队和太岳军区部队攻城略地，横扫晋南三角地带，威胁胡宗南的后方；又让中共中央和陕甘宁边区的党政机关在绥德、米脂以东黄河各渡口集中船只，摆出东渡黄河的架势；彭德怀建议中央军委批准阎揆要率南进支队深入破坏延安以南公路，扫清临真、南泥湾之敌及地方武装；王世泰率一部出击洛川、耀县地段敌粮道。又命第 359 旅旅长郭鹏统一指挥该旅及从每旅中抽出的一个排、绥德军分区部队和独立第 5 旅，伪装成野战兵团主力北撤，沿途丢弃物资，诱敌北上。

胡宗南果然上当，急令主力沿咸榆公路北进，榆林的邓宝珊部第 22 军也奉蒋介石之命南下，企图南北配合，在葭县、吴堡地区夹击、消灭西北野战兵团。这样一来，守备蟠龙的第 167 旅便成了孤立之敌，彭德怀下决心消灭这股敌人。

此时，躺在土炕上的彭德怀正在思考怎样把第 167 旅全部吃掉。他不敢轻视，因为蟠龙有坚固的工事，第 167 旅又是胡宗南的精锐。如果说在青化砭和羊马河是吃了两块肥肉，那么这次就是啃骨头了。

习仲勋在屋子里踱来踱去。他很担心。现在他们置身的新庄就处在敌人主力北进的路上——敌军摆成几十里宽的方阵，铺天盖地向北扑去，他们就在这方阵中的一道小山沟里，情况危急呀！因此，他命令人人荷枪实弹，让当地基干民兵监视敌人行动，随时准备战斗。

侦察参谋走进来报告说："敌人就在我们上面的山岗，正向北运动！"

彭德怀在炕上翻了个身，说："敌人怕我们打他的埋伏，是不敢下到山沟里来的。"

几个小时后，侦察员报告："敌人已经过完了。"

彭德怀跳下土炕，说："咱们也走。敌人向北，咱们向南。各走各的路，各办各的事！"

夜色漆黑，星斗闪烁。西北野战兵团司令部向蟠龙镇方向移动。

彭德怀和习仲勋并马而行，冷风吹卷起黄土，扑打着他们的脸，从脖子往衣服里钻。

彭德怀说："毛主席、周副主席该看到我们的电报了吧。这一仗打好了，不仅可以吃掉胡宗南的一个旅，粉碎蒋介石摧毁我党首脑机关和西北野战兵团的计划，而且还能使我军得到一个很好的补充机会，为今后的胜利创造更好的条件。"

"我想他们会同意我们的方案的。"习仲勋说。

攻打蟠龙的战斗是 5 月 2 日黄昏后开始的。彭德怀一直在蟠龙东北方向不远处薛家沟的指挥所内。已经进入 5 月 3 日，他仍半眯着眼睛靠土炕坐着。参谋们都知道，他并没有睡。

"彭总，新 4 旅攻占了集玉峁东北玉皇峁敌警戒阵地及纸房坪东北的碉堡。"

彭德怀应了一声。

"彭总，1 纵占领了田子院寨子及蟠龙西北敌军阵地，一部向小庙梁攻击。"

彭德怀依然应着。

"彭总，独 4 旅攻占了集玉峁敌警戒阵地。"

"噢。"彭德怀睁开了眼睛，"把集玉峁拿下来。"

太阳升起来了，霞光照进了薛家沟。

彭德怀站起身，走出窑洞，来到小山坡上。他抬头看看天空，又侧耳听听远处传来的枪炮声。枪声密集，炮声沉重。彭德怀说："看来，战斗打得很苦。肉不好吃，骨头更难啃啊！"

和彭德怀走在一起的习仲勋说："我看可以打下来。四个旅打一个旅，我们是优势。况且，敌人的主力在绥德，胡宗南来不及增援。"

彭德怀："毛主席非常关注这里。前天，我们的电报发出去几分钟，他就回了电。"

习仲勋："是呀，这是我们打的第一个攻坚战。"

彭德怀："所以毛主席在电报里说，如胜利影响必大。"

习仲勋："毛主席在电报里也说了，即使不胜，也取得经验。"

彭德怀："我们必须胜。我们不但要吃掉他胡宗南一个旅，我们也需要他那些物资补充部队。"

参谋跑过来报告："独 4 旅在新 4 旅一个连的配合下，多次攻击集玉峁主阵地，因不能压住敌暗火力点，扫除铁丝网也未能奏效。1 纵一部夺取蟠龙以北高地受阻，部队伤亡较大。"

彭德怀看看表，已快到中午，说："停止攻击！各部队召开干部和战士会议，总结经验教训，讨论如何夺取阵地。"

彭德怀回到窑洞，电话要通王震，说："攻下集玉峁，问题就解决了。你们2 纵要集中本身的火力，改进战术，坚决拿下集玉峁阵地！"

放下电话，彭德怀又对张文舟说："不要让其他据点的敌人靠拢集玉峁。"

过午就传来了各部队的报告：部署已做调整；采用外壕作业逼近铁丝网和敌堡；以爆破扫除障碍，开辟冲锋道路；将攻击部队编成战斗小组轮番佯攻，以消耗敌人火力。

黄昏之后，开始新的攻击。夜里，彭德怀得知独立第 4 旅从东、南两面突破敌堡群，消灭了集玉峁阵地守敌；新 4 旅两个营攻占了集玉峁以北两个阵地，集玉峁西南之敌受到打击，弃阵地逃入蟠龙镇内，攻击部队以集玉峁这个制高点为依托，向蟠龙以东敌团指挥所和炮兵阵地攻击。蟠龙北山也被占领。

彭德怀要通王震的电话，说："万一敌人想跑，不论从哪一个方向突围，都要坚决围歼，绝不能让一个敌人跑掉。"

有参谋报告："敌人正向西山逃跑。"

彭德怀急忙说："给张宗逊、廖汉生发报：现敌向核桃坪方向逃窜，必须堵击、截击、追击，务求彻底消灭。"

战场上的时间过得很慢又很快，不知不觉就到了第二天下午3时。前面的枪声还很激烈，而且没有新的情况报上来。彭德怀知道，战斗进展并不那么顺利。他皱起眉梢，不停地走动。

警卫员第三次端来午饭，说："彭总，吃点饭吧？"

彭德怀没有理睬，继续走动。

警卫员看看王政柱，还想去催，王政柱摆摆手，警卫员退了出去。

又到了黄昏，又到了黑夜。一阵急骤的枪炮声后，便逐渐稀落下来。深夜12时，报告传来：敌第167旅和第499团等部全部被歼，俘少将旅长李昆岗，缴被服4万套、面粉1万余袋、子弹百万余发。彭德怀正在看地图，他放下手中的铅笔，没头没尾地唱了两句："没有枪没有炮，敌人给我们造，没有吃没有穿，自有敌人送上前。"

人们都笑起来。

笑声中，彭德怀说："现在吃饭！"

正吃着饭，门外传来喊叫的声音，彭德怀问："那里叫什么？"

张文舟说："没什么，你快吃饭吧，我去看看。"

争吵的声音并没有停止，彭德怀走到窑门口，看到两个老乡抬着一副担架，想进窑洞，警卫人员大声喊叫，不让他们进。

"喊叫什么？"彭德怀生气地说，"这是一种野蛮行为！老乡们不知冒着多大生命危险才赶到这里。你要是国民党的司令部，用绳子捆着他们也拉不进来！"

彭德怀让把担架抬进窑洞。伤员的伤势很重，流了很多血。

彭德怀蹲下身，察看了伤势，左手托起伤员的头，伸出右手要来米汤，慢慢地喂进伤员嘴里。警卫员要替他，他摇摇头，说："去给老乡倒碗水。"

伤员清醒了，睁开了眼睛。

彭德怀说："好同志，你要坚强。"

伤员没有认出彭德怀，说："你转告彭总，我伤好了，一定要好好杀敌！"

36. 西出陇东

蟠龙战役结束后，彭德怀将部队转移到安塞地区休整。

其时，被打被拖得疲惫不堪的胡宗南军队也集中在蟠龙、青化砭一带休整补充。而在这一段时间，侵犯陇东、三边地区的青海马步芳、宁夏马鸿逵部却乘西北野战兵团集中力量打胡宗南的机会，在各处攻城略地。彭德怀在想：能不能出兵陇东呢？

夜已经深了，凉风轻轻吹进安塞真武洞西五里马家沟的一座窑洞里。烟熏火燎的墙壁黑黑的，挂着一张军用地图。借着蜡烛的微光，彭德怀在看马步芳、马鸿逵军队的部署材料：马步芳的整编第 82 师师部和第 100 旅驻西峰镇、宁县地区，骑兵第 8 旅驻庆阳、合水、西华池地区，骑兵第 2 旅驻木钵、曲子、悦乐、阜城地区；马鸿逵的整编第 81 师师部及其第 60 旅驻环县、蒋台、元城镇地区，第 35 旅驻羊圈山地区，整编第 18 师分驻在盐池、定边、安边一带。

彭德怀转向地图，想查查敌人在图上的位置。他先拉过一条木板凳，放到地图前，然后一手拿着蜡烛，一手拿着红蓝铅笔，站到木凳上，在地图上的高处查找几个不起眼的地名，有时还要踮起脚尖，昂起头向上看。

王政柱推开窑门，不知是因为蜡烛燃的时间长了，还是因为外面吹进来的风，烛液流到了彭德怀的手上，他骂了一声"娘的"，身子向前倾了一下。

王政柱急走几步，伸手扶住了彭德怀，说："彭总，快下来，我替你看。"

彭德怀笑了，说："看地图怎么能代替呢？"

王政柱不敢离开，只得站在旁边扶着，直到彭德怀看完下来，接过他手里的蜡烛，放到桌子上。

彭德怀活动一下腰，说："地图不能不看。当然，最好是实地察看地形。"

"你一个人这样看太危险。"王政柱说，"你什么时候要看，就喊个参谋来帮你。"

"参谋们也很辛苦，怎么能让你们黑天半夜陪着我。"彭德怀说，"哎，你有事吗？"

"也没有什么大事，看你这里亮着灯，进来看看，也顺便报告你，祝捷大会的准备工作都做好了。"

"要把会开好。周副主席代表中央来参加，要保证他的安全。"

"没有什么事我就走了，你也早点休息吧。"

"我不能休息，你也不能休息。你去请张参谋长来。周副主席开过会之后，还要和我们研究下一步的行动，得做好准备。"

不一会儿，张文舟和王政柱一起走进窑洞。彭德怀讲了他的思考，问："你们看出击陇东是否可行？"

张文舟："彭总分析得对，不打击青、宁二马的气焰，让他们东进，他们就会配合胡宗南搞我们。"

王政柱："现在也是个机会。胡宗南的部队挨过几次打，需要整训补充才能行动。"

彭德怀："这只是个想法，还得和周副主席、仲勋同志一起研究，还得报请中央批准。你们先派人也通知部队派人，去调查子午岭山区通向陇东的道路情况。眼下，还是要先开好祝捷大会。"

庆祝青化砭、羊马河、蟠龙镇三战三捷的大会是5月14日夜里在安塞真武洞南的马王滩上召开的。周恩来和陆定一代表中共中央赶来参加，并在会上讲了话，祝贺三战三捷的胜利，同时公开宣布，中共中央和毛泽东撤出延安后一直留在陕北。彭德怀检阅了主力部队和游击队。

军民们沉浸在欢乐之中。

周恩来、彭德怀、陆定一、习仲勋等人连夜在窑洞里开会，决定西出陇东，打击青、宁二马。当即以周恩来的名义电报毛泽东。

毛泽东马上就回了电报："完全同意6月作战计划，除留警7团于现地外，全军出陇东，先打新1旅，再打100旅或其他顽部。"

彭德怀起草了《出击陇东作战命令》，命令说：胡宗南主力集聚一团，我军各个歼灭胡军的战机不易寻找，决定出击陇东，歼灭青、宁二马有生力量，收复庆阳、合水，然后相机南下关中或北上三边，以调动胡宗南集团之主力，寻找战机继续歼灭敌人，并解决粮食和经费问题。

按原定计划，西北野战兵团的右、中、左三个纵队向陇东地区马步芳、马鸿逵的部队发起攻击。

最先传来消息的是右纵队，他们乘着拂晓前的夜幕发起猛攻，一举打下蒋台，全歼马鸿逵的整编第 81 师第 60 旅第 179 团，俘上校团长马奠邦。

接着中纵队也报捷，他们占领悦乐，消灭了马步芳骑兵第 2 旅第 3 团的五个连，俘少将副旅长陈应权和上校团长汪滔。

在彭德怀心目中，马奠邦的分量比陈应权和汪滔更重一些。离全国解放不远了，应该争取和团结更多的人。马奠邦是马鸿宾的女婿，做好马奠邦的"工作"有利于争取马鸿宾。

彭德怀和廖汉生一起与马奠邦谈话。

彭德怀见面就说："我们准备放你回去。"

马奠邦不相信地抬头看了彭德怀一眼。

廖汉生介绍说："这就是我们的彭副总司令。"

马奠邦目光里流出的仍然是不相信。

"是真的。"彭德怀说，"国民党的败局已定，全国解放为期不远了，我奉劝你们不要继续与人民为敌。你现在就可以走了。"

马奠邦半信半疑地站起来，整了整衣服。

彭德怀又对廖汉生说："给马团长一匹马，让他回去吧。"

放走了马奠邦，彭德怀的心思又回到战场。左纵队的战况不好：他们到达合水东 10 公里蒿草铺时，因教导旅一侦察员被敌所俘，便提前对合水发起攻击，激战一夜，占领了二郎山、南寺原及东关等要点。第 2 纵队攻入合水城后，北城垣制高点葫芦把上的守敌反冲击，第 2 纵队又被迫退出城外。随后，敌人出动两路增援，旅长郭鹏等人负伤。歼敌机会已经失去，第 2 纵队只得撤出战斗。

这样一来，夺取庆阳、西峰的计划就不能实现了。

然而，另一个消息更令彭德怀忧心：胡宗南的主力分成两路北进，一部已进到镰刀湾、李家岔以北，直接威胁到中共中央和毛泽东的驻地王家湾。

"王家湾离我们这里有几百里地，"彭德怀说，"毛主席和中央机关身边可只有四个连啊！"

习仲勋也很焦急，对 3 科科长刘克东说："随时和中央联络，看毛主席那里有什么情况。"

彭德怀说："仲勋同志，你给靠近中央机关的地方部队发个报，要他们不计一切危险和牺牲，务必竭尽全力保证毛主席和中央的安全。"

习仲勋的电报发出去了，但却联系不上中共中央的电台。

彭德怀的额头沁出了汗水。是电台没有打开，还是出现了意外？他伸手要来一支烟点上，说："我们一方面等中央电报，另一方面做好向北的准备。这样离中央近一些，也好应付突然情况。"

这一夜，彭德怀、习仲勋和野战兵团司令部的人都没有合眼。空气凝重，人心紧张。

第二天，部队出发向环县前进。

彭德怀和电台走在一起。途中，他对电台台长黎辉保说："你停下来和中央联系。"

黎辉保说："彭总，这样敌机会来轰炸的。"

"不管它。"彭德怀说。

还是联系不上。

一天一夜过去了。

终于，机要员欢呼似的叫起来："联系上了！"

彭德怀急急看过电报，长长地出了一口气，把电报递给习仲勋，说："中央机关已安全转移到靖边的天赐湾，敌人主力向保安方向退去了。"

"传令部队，加速前进，攻下环县！"彭德怀心情好起来。

37. 沙漠行军

据守环县的是宁夏马鸿逵的整编第81师。战前，彭德怀察看地形，在现场研究了部署和打法。经过一天一夜的激战，第358旅在独立第4旅的配合下，攻占了敌人的核心阵地王家塬，新4旅占领了玉皇山。失去抵抗力的第81师扔下山炮、野炮、平射炮等重型武器，突围向北逃去。彭德怀立即要通王震的电话："马上追击，坚决把81师吃掉！"

在向沙漠进军的路上，接到王震从洪德城发出的电报，说他们长驱100多里，在洪德和黑城附近将敌全部追垮。

这时候，彭德怀和习仲勋正骑着马走在行军的途中。

习仲勋说："2纵这次追击81师的速度真快啊！"

彭德怀说："去年夏天，359旅从中原突围返回陕北，就有'飞毛腿'之称。这次追击敌人，他们靠两条腿追上了敌人的骑兵。"

"通过'三边'的沙漠也得靠这样的作风。"习仲勋说。

说到"三边"，彭德怀问："定边、安边、靖边这些名字，是过去哪个朝代征讨平定了这里起的名字吧？"

"是这样的。至于是汉代还是宋代，说不准了。"

彭德怀问："'三边'的情况怎么样？"

"分区的领导缺乏警惕和充分的准备。先是警备3旅8团在暗门子战斗中损失严重，接着又发生起义部队新编11旅1团叛变投敌，所以党组织遭到严重破坏，部分群众的斗争信心不足。"

太阳越升越高。盛夏的阳光火一样泼在大沙漠上，白亮白亮的。浩瀚的沙漠如同一个巨大的火炉，弥漫着烫人的热气，把枪也烤得滚烫滚烫的。

习仲勋抬头看看太阳，对彭德怀说："我到部队看看。"

忍着难耐的灼热，部队继续前进。

骑在马上的彭德怀只感到周身火辣辣的热。他先是觉得汗淋淋，慢慢地汗水也没有了，脸上发痛，嗓子发干，厚厚的嘴唇裂皮红肿。警卫员递过水壶，说："润润嗓子吧？"

彭德怀摇摇头："路还长着呢，实在坚持不住了再喝。"

这时，有个战士从旁边经过，盯了一眼水壶。

彭德怀向警卫员努了努嘴，意思是说，给他喝吧。

"喝光了你喝什么？看你的嘴唇，都肿得那么高了。"警卫员说。

"你跟我在一起，还不晓得我本来就长着厚嘴唇呀！"彭德怀说。

警卫员把水壶递过去，战士不接受，说："首长年纪大，我们年轻，能坚持得住！"

"同志，打胜仗还得靠你们！"彭德怀说，"喝吧，有水同饮！到前边就好了。"

战士接过水壶，喝了一小口，就把水壶还给警卫员。

过了一会儿，彭德怀看到一个战士摇摇晃晃地走着，一下子倒在了路边。

彭德怀跳下马，跑过去，问："你是哪个部队的？"

战士咧了咧嘴，唇上的裂口渗出了血。

彭德怀伸手摸摸他的额头："他正在发烧。警卫员，快给他些水喝！"

警卫员递过水壶，战士咕咚咕咚喝了几口，挣扎着要继续赶路。

彭德怀扶住他，说："小同志，骑上我的牲口走。"

战士说："首长，你骑吧，我自己能慢慢走。"

彭德怀说："解放军战士是服从命令的，你再不骑我可下命令了。"

警卫员搀扶战士骑上了马。

骑在马上的战士并不认识也根本没有想到给他水喝、让他马骑的人，是他的司令员、政治委员，是赫赫有名的人民解放军副总司令，以为就是一位老首长。

快到宿营地，彭德怀对警卫员说："你把这位小同志送到管理科，让他们请医生检查一下，安排他晚上睡个好觉。"

38. 一打榆林

一打榆林是彭德怀根据中共中央小河会议的精神提出的。

小河会议于 1947 年 7 月 21 日至 23 日在靖边小河村召开。会议总结了战争第一年取得的胜利，分析敌我双方军事实力的消长趋势，研究了第二年作战的基本任务和方针。对于西北战场，鉴于刘伯承、邓小平率领的晋冀鲁豫野战军已强渡黄河实施战略突破，决定陈赓、谢富治纵队由原来的入陕作战改为南渡黄河指向豫西，协助刘邓经略中原，从相反的方向牵制胡宗南，配合陕甘宁的战争。彭德怀出席了这次会议，并参与了决策。

7 月 31 日，西北野战兵团改为西北野战军。彭德怀回到部队后，指挥部队经大理河、小理河开进攻打榆林，调动胡宗南的主力北上，以配合陈谢纵队向豫西挺进。

攻打榆林的战斗是 8 月 6 日开始的。头一天，第 2 纵队消灭敌军一个连，又和第 1 纵队协同攻占了金盆湾全歼敌新编第 11 旅第 2 团和第 28 旅第 82 团 2 营及团属卫生队等全部。第二天，第 1 纵队占领了城南 918 高地和飞机场，第 2 纵队攻占城北镇北台、红石峡、北岳庙、观井滩等阵地；第 4 旅在归德堡歼灭守敌第 28 旅一部，占领青云山、金刚寺；第 3 纵队独立旅击溃刘千河、殿皇峁之敌，占领城东无量殿高地。

　　蒋介石对榆林也特别重视，认为榆林不保宁夏即孤，胡宗南也失去北面的配合。因此，他急忙飞到延安，召开军事会议，命令邓宝珊固守榆林，董钊、刘戡率第1军、第29军的八个旅分两路向绥德、葭县疾进，以钟松的整编第36师组成援榆快速兵团，循着安塞、横山轻装星夜驰援榆林。

　　尽管敌人的援兵未到，攻城的战斗仍不顺利。第2、3纵队及新4旅打榆林城的东门及北门，强攻和爆破都没有奏效；第358旅第715团虽然炸开了小西门，3营9连也已登城，但因第二梯队没有跟上，恐孤军奋斗不利，又撤到了城外。彭德怀给军委发报说：第2纵队攻击榆林，因坑道破坏，爆破未成，停止攻击。决定如刘戡、董钊两军徘徊不进，本晚继续攻城，如援兵到达，则围城打援。

　　军委很快复电："真卯电悉。榆林虽急攻不可下，而钟松仍有可能迅速增援，似宜决心暂停攻城，集结部队，准备于12日夜或13日打钟松。"

　　看过电报，彭德怀正准备下达撤出的命令，参谋说："2纵报告，已做好爆破准备。"

　　"3纵独2旅已由高家堡赶到榆林城郊。"另一个参谋说。

　　彭德怀思索片刻，问："钟松现在什么位置？"

　　"在横山以北地区。"参谋回答。

　　彭德怀又看看地图，下了决心："先打榆林，然后再打援。"

　　各部队乘夜开始第二次攻城。但是，战斗仍不顺利。由于爆破准备不充分，六个爆破口均为外部装药，两处被敌火力拦阻，四处药量少未能奏效。独2旅刚赶到城郊即进攻东大门，因时间仓促，地形不熟，破城没有成功。战斗处在胶着状态。

　　一参谋报告说："董钊、刘戡部已越过青阳岔、安定地区继续北进。36师五个团已到距榆林30里的苏庄子、天鹅海子一带。"

　　彭德怀一惊：钟松怎么这样快！

　　这时，张文舟、王政柱也来到彭德怀的窑洞。

　　彭德怀说："敌人就要靠拢。我们调动胡宗南主力北上，配合陈谢兵团南渡黄河挺进豫西的目的已经达到。现在就撤出战斗，向榆林东南地区集结，再待机歼敌。"

　　参谋说："有的指挥员要求再攻一次城。"

彭德怀说："说不打就不打，再有一个钟头能打下也不打了。再打下去就要被动，撤出来是主动的。先撤出去，打的机会有的是，还可以打援兵。问题不在邓（宝珊），而在胡（宗南）。我们要放长线钓大鱼，把敌人来回拖，拖不死也拖掉它一层皮，找准机会再钓它上来。"

张文舟、王政柱去组织部队撤退。

彭德怀看到有些参谋的脸上现出沮丧之色，就说："打榆林的目的是引诱敌人北过无定河，给陈谢渡河南进创造有利形势。这个目的达到了，不管打不打下榆林，此役都是胜利的。"

39. 沙家店之战

钟松已从榆林南下镇川堡。

彭德怀很得意，说："这个师是胡宗南的三大主力之一，但经过长途行军，已严重减员，成了疲惫之师。钟松这家伙本来就刚愎自用，又以为援榆有功利令智昏，一心想再立新功，不顾远离主力，孤军冒进。骄兵必败，利用他这个弱点消灭他！"

彭德怀和张文舟、王政柱一起正研究歼灭敌整编第36师的部署，又送来了新情报：在绥德会师的敌军主力留董钊的第1军军部及第1师守绥德、米脂，刘戡的第29军军部率五个整编旅由绥德直扑葭县。毛泽东和中共中央机关刚经过乌龙铺向北转移。

彭德怀俯下身看桌上的地图：刘戡、钟松南北相距只有百里左右，他们会合后，向东可封锁黄河各渡口，并控制无定河、葭县之线，中共中央和西北野战军就将被挤压在葭县、米脂、榆林三县间南北三四十里、东西五六十里的狭小地区内，北面是浩瀚的沙漠，东面是滚滚的黄河，西面南面是无定河和敌军……

多么险恶的处境啊！彭德怀额头上沁出汗水。

室内的空气异常紧张，人们的目光都朝向彭德怀。

有人说："紧急情况下，中央或许会过黄河的。"

"不会的。"彭德怀说，"凭我对毛主席的了解，他是不会过河的。"

没人说话了，沉默。

　　稍顷，彭德怀对张文舟和王政柱说："我们的处境确实困难，但是敌人的困难比我们更多，而且人民群众和地形条件也有利于我们，不利于敌人。消灭36师的条件已逐渐具备。"

　　张文舟说："现在要想个万全之策。"

　　彭德怀点点头，说："命令许光达率3纵到乌龙铺一带，接应和掩护中央机关安全转移。给中央发报，请他们向葭县西北方向转移，靠拢野战军主力。要电台同中央保持密切联系，严密注意敌人的动向。"

　　几个小时后，一份敌情送来：刘戡主力进至吉镇以南地区。钟松将他的师分为两个梯队，向乌龙铺突进。

　　彭德怀说："乌龙铺是钟松和刘戡的会合点，看来钟松的主力必定通过沙家店地区东进。我们就在他与刘戡靠拢前，在这里打掉他！"

　　彭德怀用红蓝铅笔在沙家店画了一个圈。

　　张文舟、王政柱都表示同意。

　　彭德怀起草给军委的电报："拟于明天拂晓包围沙家店附近敌之两翼而歼灭之。得手后逐次向东北各个歼击之。"

　　电报刚发出，王政柱就来报告："毛主席已到了梁家岔，离我们只有15里地，电话已架通了。"

　　彭德怀高兴得站起身就向外走："我要和毛主席通话。"

　　电话要通了，彭德怀先说："我是彭德怀。"

　　"我是毛泽东。"毛泽东的湖南口音传来。

　　毛泽东没有使用代号"李得胜"。

　　彭德怀："钟松的整编36师已经被我包围在沙家店地区，我们已做好准备歼灭他。"

　　毛泽东："一定要抓住他！要和全体指战员讲清楚，这一战对整个战局有决定意义，打好这一仗我们的日子就好过了！"

　　放下电话，彭德怀发出总攻命令："彻底消灭36师是我西北战场由战略防御转入战略反攻的开始，收复延安解放大西北的开始，为着人民解放事业，继续你们无限英勇精神，立即消灭36师，活捉钟松，号召你们本日黄昏以前胜利地完成战斗任务。"

　　沙家店战役按照彭德怀的计划展开。

在拂晓前的黑暗里，西北野战军的第1、2纵队向敌整编第36师师部及第165旅发起勇猛攻击；新4旅和教导旅向第123旅冲击。陷入绝境的钟松和第123旅旅长刘子奇不断向胡宗南呼救，要求增援。刘戡的主力则被第3纵队及绥德军分区第4、6团阻击，难以前进。接近黄昏时，敌第36师师部和第165旅看到待援无望，士气低落，军心动摇起来。在强大的攻势下，钟松和第165旅旅长李日基换便衣乘黑夜逃跑，刘子奇组织突围被俘。战斗以毙伤俘国民党军6000多人而结束。

毛泽东说："打了这一仗，我们就过坳了。"

沙家店战役结束的第三天，陈赓、谢富治的纵队就由晋南强渡天险黄河，进入豫西，威逼西安。胡宗南慌了，急令董钊、刘戡迅速南下。

西北野战军执行彭德怀的命令，向南尾追敌军。

秋风瑟瑟，秋雨绵绵。道路狭窄，铺满泥泞。胡宗南的军队就是沿着这条路退走的。拥拥挤挤的人马塞满了道路，将泥泞踏成了泥浆。走在后面的部队想超过前面的部队，就从两边的庄稼地里通过，即将成熟的玉米、糜谷被踏倒在泥水里。

彭德怀和司令部的人走在一起。开始，他骑在马上，一会儿看看阴沉沉的天空，一会儿看看行进的队列，一会儿看看遍野即将成熟的玉米、糜谷。看着看着，他跳下马，眉头皱起来，很生气地对王政柱说："你看看这地里的庄稼！你查一查，是哪个部队踩的。真不像话，我们的三大纪律八项注意中不是有一条不损坏庄稼吗？这是破坏纪律！"

王政柱说："前面是敌人踩的。"

彭德怀说："敌人踩过了我们也不能踩。放着路不走，为什么偏往庄稼地里跑？"

王政柱赶忙让通知前面的部队："不准踩地里的庄稼！"

彭德怀不再骑马，一脚泥一脚水地步行。毕竟是年近50岁的人了，况且连续指挥作战，吃不好，睡不好，所以走起来显得很艰难。

"骑马走吧？"警卫员牵过马来。

"我要看看这路有多难走。"彭德怀说。

到达宿营地之后，彭德怀没有休息，连脸也没洗，就把政治部主任甘泗淇找来，说："甘主任，今天追击敌人时，我看到部队在敌人踩过的庄稼地里又踩了一遍。这是破坏群众纪律的行为，我们要研究一些预防措施。"

甘泗淇说："我们也发现了这种情况，已通知部队防止因打了胜仗而骄傲，要进行三大纪律八项注意的教育。"

"你们的工作做得很及时。"彭德怀点点头，说："除了加强思想教育，还要有具体措施，可以设纪律纠察队，检查和追究违纪者的责任，还可以给牲口编个柳条笼头，防止吃路边的庄稼。"

彭德怀又说："一定要向部队讲清楚，毁坏群众的庄稼也就是毁坏自己在人民群众心目中的名誉。这么好的庄稼，怎么忍心糟蹋呢？我们不能光知道向老百姓要粮食，更要懂得随时爱护老百姓的庄稼。"

甘泗淇走后，彭德怀走到村头一块玉米地边，看到几个农民正在扶被踩倒的玉米。彭德怀弯下腰，帮着扶玉米，说："真对不起呀！部队踩坏了你们的庄稼，我来向你们赔礼！"

农民不认识彭德怀，但看到是解放军的老同志，猜出是个领导，说："这庄稼主要是胡匪军踩坏的，咱们的队伍也踩了一些。老天不住地下雨，道路滑得实在难走啊！"

彭德怀说："胡匪军踩坏了，我们也不能再踩。如果不是打仗，我们就都来帮你们扶了。"

农民说："打仗嘛，哪能不踩坏一点庄稼。"

彭德怀说："我们是解放军，是为穷苦百姓打仗的，更要爱护庄稼。"

40. 攻清涧城

沙家店战役后，彭德怀率军南追，到达安家渠。在这里，他召开了各纵队和旅的干部会议，决定以第 2 纵队和由警备第 1 旅、警备第 2 旅及骑兵第 6 师新编成的第 4 纵队挺进黄龙山区，开辟黄龙根据地；第 1、3 纵队和教导旅、新4 旅继续在陕北执行作战任务，歼灭延川、延长和清涧孤立据点之敌。这样，内、外线配合既能扰乱国民党的部署，又能迷惑和调动敌人，还可以解决粮食和弹药问题，一举三得。

季节已到 9 月下旬，陕北高原的天气变冷了，特别是在早晨和晚上，一阵阵凉风吹得寒意更浓。这天，彭德怀起床后在小院里走了几圈，便回到他那间破旧的小窑洞里，对着地图思考。

已经到了吃早饭的时间，彭德怀还没出来，张文舟对警卫员说："你去催催彭总，看他是不是又忘记时间了。"

王政柱说："可能又是他的'老表'在作怪吧。"

"什么'老表'？"张文舟问。

"就是他戴的手表呀！"王政柱说，"我可是吃了它的苦头了。"

在向安家渠转移的那天，吃过早饭，到了预定出发时间，直属队已集合完毕，彭德怀仍在窑院里不走。王政柱第二次去催他，他不耐烦地说："等不住你们就先走。"

第二天，还没到时间，彭德怀就催着走。王政柱解释说："预定的出发时间还没到，是不是等一下？"彭德怀生气地说："机关是怎么搞的？拖拖拉拉，游击习气！"

又过一天，王政柱给彭德怀送电报，见他正在使劲摇手表，自言自语："一阵慢，一阵快，一阵又躺下睡大觉，真是活见鬼！"

王政柱讲了"老表"的故事，大家都笑起来。

笑声中，彭德怀走出来，问："又有了什么喜事？"

"大家在笑你呢。"张文舟说。

"笑我？我有什么好笑的？"

张文舟说："笑你的'老表'总与你作对，不守纪律。"

彭德怀也笑了："它不准时，还有你们。"

王政柱说："彭总，以前给你换马你不愿意，我看你这块表确实该换了。你是司令员，如果打仗误了时间，问题可就大了。"

"你总是想换我的东西。"彭德怀说，"不过这一次还是有些道理的。"

张文舟忙对警卫员说："你听到了，今天就去给彭总换一块手表。"

彭德怀摆摆手："再说再说，不谈这个了。"就转了话题，对张文舟和王政柱说："向黄龙山的挺进很快，2纵从大小劳山经南泥湾、九龙泉、旧县向南，国民党的地方武装望风而逃；4纵在地方党组织配合下，已占了白水县城，正在北上。我意成立黄龙行动委员会，如果你们认为可行，就在前委会上讨论决定，然后报军委批准执行。"

"我看可行。"张文舟说，"这样可以统一指挥两个纵队的行动。"

彭德怀说："1、3纵和教导队、第4旅这边，我看也补充整训得差不多了，应该抓紧行动。至于怎么打，我看还是传统战法：先弱后强，先分散后重点。先扫清外围，孤立清涧，最后打它。"

在王震、王世泰指挥第2、4纵队大战黄龙地区的同时，第1、3纵队和教导旅、新4旅也发起了延川、延长、清涧战役。第3纵队和教导旅首先攻克延川、延长，全歼守敌两个营，第1纵队第358旅攻占清涧城南的三十里铺，歼敌整编第76师辎重营1连两个排，割断了清涧、子长、绥德之敌与延安的联系。接着，开始了对清涧城的攻击。

黄昏时分，绵绵秋雨下个不停。

守卫清涧的敌军是胡宗南的整编第76师、第24旅旅部以及两个团，师长是黄埔毕业的中将廖昂。他在这个本来就四面环山的石头城周围80平方公里防区内，修筑了大小52个碉堡，还有鹿砦、铁丝网、堑壕、地雷等障碍物，自称是"固若金汤"。

第1纵队的独立第1旅由西向东，第358旅由西向南和东北，第3纵队的独立第5旅由东北向西南，独立第2旅由东向西。同时向敌防线发起攻击。战斗进行得很艰苦，直到第二天，才攻克外围的10多处据点。

城西的笔架山与城东北的九里山支脉的制高点隔着一道清涧河。笔架山周围均为数丈深的陡壁，敌人多次切削，更是难于攀登。第1纵队攻城部队进到这里，立即受到地形限制，火炮不能直接射击，又不能接近爆破，组织多次进攻都没有成功，被阻于山前。

笔架山成了攻城的最大威胁。

"刘戡的援军已到了永坪。"参谋向彭德怀报告。

刘戡从延安出动的是整编第1师、第90师和第47旅、第144旅的第430团，共计五个半旅，虽然有新4旅的第16团和绥德警备第4、6团在永坪、曲思教阻击，但毕竟是寡难敌众，而永坪距清涧只有一天的路程。

彭德怀要通第1纵队的电话，接电话的是第1纵队副司令员贺炳炎。

彭德怀说："你要赶快拿下笔架山！"

也正在为攻不下笔架山而憋了一肚子气的贺炳炎火气很旺地说："攻击部队

图为清涧战役解放军攻上清涧城头时的情景。

伤亡太大，困难呀！"

彭德怀："再困难也得攻！"

贺炳炎："部队打光了更攻不下来了。"

彭德怀想发火，但克制住了，慢慢放下电话，在地图前看了一会儿，对王政柱说："我们到笔架山那里去一趟。"

旅长黄新廷、政治委员余秋里见彭德怀来了，有些紧张，忙请彭德怀到指挥所里去。

彭德怀摆摆手说："还是到笔架山前沿去看看。"

"我们先向你汇报一下情况。"黄新廷说。

"边走边说。"彭德怀说着先往前走去。

到了前沿，彭德怀站在战壕里，从望远镜里观看地形和敌人的火力点。

这里常遭到敌人的火力袭击。余秋里慌了，说："彭总，这里危险，快换个地方吧！"

"你们常在这里观察都不怕，我怕什么？"

黄新廷向余秋里使了个眼色，两个人上去硬把彭德怀架了下来。

彭德怀边挣扎边骂："混蛋，放下我！"

就在这时，敌阵地开枪了，一梭子弹打在彭德怀刚才站立的地方。

彭德怀来到部队隐蔽地。突击营的营连干部正在总结经验教训，有人提出火炮随着阵地前移而前推，有人建议在火力支援下以对壕作业实施强攻。

在谁担任主攻任务的问题上发生了争执。

一个营长说："我们营的伤亡小，把主攻的任务交给我们吧。"

"那不行！"突击营长说，"我们熟悉敌情、地形，应该让我们继续担任主攻任务！"

黄新廷把目光投向彭德怀。

彭德怀心里很高兴。部队就是要争着打硬仗，不怕困难，不怕牺牲。他说："大家这样争挑重担的精神是非常可贵的，但攻这笔架山的重担只有一个，我看还是由原来的部队主攻吧，其他部队作为火力支援。"

图为清涧战役胜利后，在绥德召开了祝捷大会，老百姓向彭德怀献旗、献花时的情景。

第二天上午10时，在火力的支援下，主攻部队的干部战士运用对壕作业发起强攻，占领了笔架山阵地。

彭德怀电话要到黄新廷："我嘉奖攻山的部队！"

战斗在继续发展。

独立第2旅第5团以连续爆破炸开城东门，攻入一营又两个连；在敌人猛烈的反冲击下守住了阵地，和攻上来的第二梯队一起发起反冲击，向纵深发展。

第1纵队独立第1旅和第3纵队独立第5旅第15团配合，成功地爆破北门，冲入城内。

参谋报告："我军占领清涧城，守敌全部被歼灭，76师师长廖昂和参谋长刘学超、旅长张新被俘。"

彭德怀："刘戡离这里还有多远？"

参谋："20公里之外。"

彭德怀："命令部队立即撤出，向绥德地区集结！"

彭德怀看了一眼地图。

41. 二打榆林

离开清涧，彭德怀来到绥德城北的清水沟，住在一孔临时挂起门帘的旧窑里。

这时，毛泽东发来一封关于今后作战的电报，提出了三个方案：

（一）现地寻机打刘戡，如能歼一、二个旅意义很大，但不知能寻得机会否，粮食有办法否；（二）以两个纵队打榆、神、府，一个纵队南下会合二王（王震、王世泰）开辟渭北；（三）不打现地之敌，也不打榆林，全军南出洛、中、宜、同。以上三个方案何者为宜，请考虑电告。

彭德怀正看电报，王政柱推门走进来，身后跟着卫生所所长邵达。

昨天王政柱在厕所里发现带脓血的大便，心里"咯噔"一下，不知是有人得了痢疾，还是彭德怀的胃肠炎犯了。他让卫生所注意检查，又把彭德怀的警卫员叫来，说："你注意观察彭总的胃肠炎是不是犯了。"

刚才，警卫员跑去找王政柱："彭总的大便里有好多血，我要去请医生，他说什么也不让。"

王政柱立即喊来邵达，来到彭德怀的窑洞。

"你的大便里有大量脓血，"王政柱说，"是得了痢疾还是胃肠炎犯了？我把邵达同志请来了，给你检查检查。"

彭德怀说："你还不知道吗，我这是老毛病。不是痢疾，是慢性肠胃炎有些发作。多少年来都是这样，时好时坏，有什么大惊小怪的？"

王政柱说："老毛病常犯，才更应该检查吃药治一治呀！"

邵达说："还是查一查，真是肠胃炎犯了，就吃点药。"

彭德怀说："不用了，我还有事要办。"

王政柱和邵达还想劝说，彭德怀说："我们都不要浪费时间了。我的工作忙，你们也闲不着。你们放心好了，我虽然不是医生，但我比你们有信心。"

看到彭德怀说过就低头看电报了，王政柱和邵达无奈退出。

彭德怀的全部思绪集中在分析敌情，权衡利弊得失上。

国民党在陕北已处于守势，第 1 军南调；第 29 军军部在延安，整编第 17、27 师和第 38 师第 59 旅及第 76 师残部分别守备延安、甘泉、鄜县地区；榆林的第 28 旅已空运西安，那里只有第 22 军军部和第 86 师、新编第 11 旅、陕西保安第 5 团共 9000 余人，守备的也是一座孤城。若打下这里，可以扫清北线障碍，也就解除了南下作战的后顾之忧，能够更有力地保证中央军委和毛泽东等人的安全。这可是大局啊！

一想到打榆林，彭德怀心里就掠过一道阴影。两个月前曾经打过一次，虽然毙伤敌 2000 多人，俘虏 3200 多人，还活捉了少将张子英，收复了一些城镇和地区，但最终还是撤围了，想起来不免还有些遗憾。

上次没有攻下来，是因为援敌太多，来得太快。这次再攻，胡宗南远道增援的可能性不大，如果来援，则便于在运动中歼敌。还有，几天前，又成立了以罗元发为司令员、徐立清为政治委员的第 6 纵队，兵力加强了；解放军总部公布了《中国人民解放军宣言》，第一次宣布"打倒蒋介石，解放全中国"的口号，重新颁布了"三大纪律八项注意"，特别是中央军委向各军区、野战军发出了《西北战场的情况和经验》，高度评价和赞扬了西北野战军的战绩，这对指战员们来说是巨大的精神鼓舞。

彭德怀对攻打榆林充满了信心。因此，他选定军委电报中提出的第二个方案，回了电报，并得到批准。

"我们下决心打榆林。"彭德怀对张文舟和王政柱说，"你们准备一下，开个营以上干部会，总结八个月来的作战经验，检讨第一次攻打榆林未克的教训，明确第二次打榆林的战略意义、有利条件及各部队的战斗任务。"

第二次攻打榆林的最初战斗还是很顺利的。按照预定的作战计划，第 1 纵队北渡无定河，截断赵庄、三岔湾、刘官寨一线敌新编第 11 旅第 1 团的退路后，主力向东攻占了韦家楼、花月沟、三岔湾等据点，逼近榆林城南；第 3 纵队经米脂、石窑坪，围歼殿皇峁、长乐堡及附近之敌，逼近榆林城北；第 6 纵队经石窑坪、漩水湾，包围青云山之敌，逼近榆林城东。在三个纵队的合力攻击下，夺取、控制了城南三义庙、南关楼、凌霄塔等有利的重要阵地。

"这一次拿下榆林不成问题。"有人说。

彭德怀嘴里没说什么，心里也是满意的，脸上浮出不易察觉的笑意。

但是，接着传来的消息如同泼了一盆盆冷水。

城南门：第1纵队主攻，部队爆破南门，遭到敌火力拦阻及从城墙投下的手榴弹引爆炸药，未达到破城的目的。

城东南：第6纵队数次冲击都受到敌侧火力的阻击，很多火力点是战前没有发现的。

城北门：第3纵队组织火力掩护，竖云梯强行登城，可城高梯短，又不能有力地压住敌火力，云梯被敌手榴弹炸毁，登城没有成功。

这天中午，爆炸声传到指挥部。彭德怀抓起电话，要通第一线部队，连声问道：爆炸位置准不准？炸开多大的口子？突击队上去了没有？上去了多少人？

人们的目光都集中到彭德怀的脸上。他们看到彭德怀的脸色由晴变阴，乌云密布，就预感到情况不妙。

"你们要亲自到前面去，赶快把情况搞清楚！"彭德怀重重地放下电话，背着手走来走去。

谁也不敢上前说话，包括新到任的西北野战军副司令员张宗逊和张文舟、王政柱等人。

不一会儿，电话铃响了。第1纵队报告：独立第1旅在城东南魁星楼附近完成了长60米和120米的坑道作业。爆破成功，在城墙上炸开了宽20米的缺口，但担任突击的第2团没有主要干部掌握破口情况，冲击的1营离爆破口过远，第一梯队未能乘爆破瞬间发起冲击，敌人集中火力封锁爆破口，部队失去了登城良机。

彭德怀说："攻城的炸药是晋察冀军区和晋绥军区从一二千里外人背马驮辛辛苦苦运来的，我们辜负了友邻部队的支援。"

新4旅的情况也报来了，他们所挖坑道的药室没有对准爆炸点，未能炸开缺口。

从归绥、太原、定安、西安飞来助战的敌机不停地轰炸攻城部队，为守敌空投粮食和弹药。

参谋报告："马鸿逵的整编18师骑兵10旅、宁夏保安第1纵队共3.5万人，已由三边进到泥河及以东地区，并继续东进。邓宝珊率绥远暂编17师6000余人已抵五道河子、孟家湾一带。"

彭德怀心里一惊。这是个出乎意料的消息，原来估计宁马不会来援，绥远也不会出兵，没想到他们都来了。他想了想，下定决心，说："3纵牵制宁马主力，1、6 纵全部上去，集中歼灭宁马 18 师的暂编 9 旅及骑兵 20 团。"

按照彭德怀的命令，三路部队冒着沙漠夜寒，顶着敌机轰炸、敌骑突袭，战胜缺粮困难，以很大的伤亡歼敌 4000 多人，逼得援敌后撤了。

宁马受到杀伤后，北绕乌拉尔林，继续向榆林推进，与邓宝珊率的暂编第 17 师会合。

彭德怀了解到部队在沙漠地区连日战斗极度疲劳，而且粮食奇缺，便命令："部队向响水堡、党家岔、鱼河堡一线转移。"

有参谋说："这榆林总也打不下来！"

彭德怀说："今天打不了明天打，今年打不了明年打，什么时候准备好什么时候打。"

转移途中，彭德怀对张宗逊说："这一仗又没拿下榆林，我是有责任的。我们把有利条件想得多了，不利条件想得少了，对榆林城敌人防御的加强也估计不足，对宁马援榆更是估计不足。主观上想拿下榆林，扫除北线的障碍，保证中央机关的安全，为南下转到外线作战解除后顾之忧，结果却事与愿违。带兵打仗一定要做到知彼知己，来不得半点主观主义。"

张宗逊："你太过于自责了。部队也有责任，爆破不准，炸开缺口又没及时冲击。"

彭德怀："我总认为，从战术上讲，两次打榆林都是可以打开的，可就是打不开，我看需要认真整训一段时间。"

42. 发现一个创造

西北野战军开始冬训。彭德怀亲自听汇报，找人谈话，和政治部一起分析情况。

这天深夜，彭德怀在灯光下看第 358 旅关于诉苦和三查的报告。

4 连的解放战士路新理是蟠龙战役中被俘入伍的。他平时怪话多。夜行军走山路，他说："钻山沟，走夜路和土匪一样。"发给他解放军帽子，他扔到地上用脚踩。发给他津贴是边区票子，他撕掉了，说："吃谁的粮，就给谁干。"攻打榆林时，他把头埋在地下，不瞄准就开枪。诉苦后的一个夜里，他趁人们熟睡时抱着一包东西往外跑。查铺的指导员发现后，跟到一个土崖下。只见他掏出一个纸牌牌插在土坎上，点燃自带的蜡烛和供香，跪下磕了三个头，一边诉说一边痛哭。指导员听到痛心处也哭了。在第二天全连的诉苦会上，路新理讲了自己的苦难遭遇。他的父亲打短工累死，母亲病饿而死，他领着九岁的妹妹在盐场干活。他被抓了壮丁，不知妹妹是死是活。他说："解放过来以后，我认为在国民党军队里是当兵，在解放军里也是当兵，反正都是打仗。我不愿当兵，天天想我那苦命的妹妹。现在通过诉苦，我明白了是谁让我受苦，明白了用手中的枪去打谁。今后，我一定在解放军里好好打仗，为亲人报仇！"

路新理的苦难触动了彭德怀。他放下手中材料，对警卫员说："你去把甘主任请来。"

甘泗淇来了，彭德怀说："最近，中央发表了毛主席写的《中国人民解放军宣言》，宣布了'打倒蒋介石、解放全中国'的口号，解放战争进入了一个新阶段。解放区正在搞土改。我们军队怎样调动积极性，提高战斗力？我看诉苦、三查是个好办法。"

甘泗淇："我到358旅了解过，这个办法确实很有效，特别是通过诉苦，改变了对俘虏兵的看法。"

彭德怀："部队经过一年的作战，人员增加，兵员改变，补充了大量的解放战士。你们统计说有的连队占80%，我看说不定还不止呢。没有他们，我们的仗恐怕就很难打了。"

甘泗淇："他们补充进来，也带来一些问题。突出的就是雇佣思想，认为'吃谁家的粮就当谁家的兵'，思想也不太稳定。"

彭德怀："这是一个方面。违背群众纪律一直是个问题，也有人怕苦怕死。还有些人，可能是土改触及到了他的家庭，就不满意起来。所以我说，这次整训很必要，不然战斗力就会受影响。打仗要有高昂的士气，做政治工作就是要紧密结合执行的任务，研究新情况，创造新形式，适应新要求，提高部队觉悟，把士气鼓起来。358旅发动干部战士诉旧社会和反动派给劳动人民造成的苦难，查阶级、查工作、查斗志，就能解决我们存在的问题，保证战斗力的提高。"

甘泗淇："我们政治部打算推广358旅的经验。"

为总结、推广诉苦、三查的经验，彭德怀和甘泗淇来到第358旅。

彭德怀问旅长黄新廷、政治委员余秋里："你们的诉苦、三查是怎么搞起来的？"

余秋里说："我们考虑到解放战士已占部队的大多数，应该以提高他们的觉悟为重点，就想从新旧军队的对比入手。教育过程中，由诉旧军队的苦发展到诉旧社会和反动派的苦，激发了阶级觉悟；再通过查阶级、查工作、查斗志，划清界限，揭露隐藏的坏分子，开展批评自我批评，就把阶级觉悟转化成了战斗力。"

彭德怀说："看来，实际中存在问题，实际中也有解决问题的办法。"

彭德怀听过各团政治委员、主任的汇报，又参加了诉苦大会，看了战士们的请战书，还找来干部战士座谈。

通信连指导员刘传喜说，他们连的战士于德水是在卓资山战斗中被俘入伍的。他家租种地主的地，后来父亲患眼病，无钱医治就瞎了。地主收回租地，母亲带着妹妹给地主家做针线活，他给地主放羊。他被国民党军队抓丁，常受军官的欺凌打骂。瞎眼的父亲好不容易赶来看望他，连冻带饿站也站不住，他哀求司务长给父亲做点饭吃，司务长说："各有各的饭钱，要吃饭拿钱去买！"于德水说家里穷没有钱，司务长说："谁叫你穷的！"

彭德怀对余秋里说："翻身农民参军的子弟兵，受地主老财的剥削压迫，只受过一重苦；俘虏过来的解放战士绝大多数是贫雇农，他们在家受地主老财剥削压迫，在国民党军队里又受压榨打骂，受的是双重苦，是我们的阶级兄弟。"

一个解放战士讲到他通过诉苦懂得为谁当兵为谁打仗，彭德怀说："通过诉苦，大家懂得了阶级，懂得了剥削，懂得了为人民当兵，为自己翻身打仗，对敌人的仇恨加深了，战斗意志就会更加坚定。"

回到野战军司令部，彭德怀就发出了推广第358旅诉苦、三查做法的电报。

不久，彭德怀又请毛泽东听了余秋里的汇报。毛泽东很满意，说："很好！很好！我们从中央苏区起就想找一个教育俘虏兵的好形式，这次诉苦、三查的办法把这个问题解决了。"

第7章

——

解放（二）

43. 好棋

经过新式整军的西北野战军士气旺盛。

这时，在全国战场，解放军和国民党军的兵力对比较内战初期发生了极大的变化；西北野战军完全具备了外线歼敌的主客观条件。彭德怀决心转入外线作战。在旅以上干部会议上，他说："转入外线作战，本来有三个方向可供选择，一是北攻榆林，二是西击陇东，三是南出陕中。榆林处境孤立，力量较弱，但工事坚固，短时间难以攻克，况且它也不是西北敌人的要害，取胜了也没有向北发展的余地。西击陇东二马呢？二马也比较孤立，而且与胡宗南之间有矛盾，但它也不是西北敌人的要害，而且路途遥远，粮食困难，不便于我军集中。南出陕中，直接进攻的目标也有两个，一是打延安，二是打宜川。打下延安的政治影响大，可那里被敌人盘踞了近一年，修了坚固的工事，又有1万多兵力守备，要付出较大的伤亡，还不到火候。胡宗南在宜川、韩城一带的工事虽然也很强，但比起延安还是差的，而且兵力也不足。宜川是胡宗南棋盘上的一个重要棋子。我们打宜川，胡宗南必然派兵来援。敌人一向对我军实力估计不足，刘戡还有股蛮劲，我们可以逸待劳；黄龙山道路崎岖，便于伏击敌人援兵，我们的 2 纵可作奇兵使用。"

这是一着好棋。

彭德怀首先把全部精力用到攻宜打援上。他分析刘戡从黄陵、洛川增援宜川有三条路可走：一条是经瓦子街到宜川，一条是经石堡到宜川，一条是北绕金狮庙梁到宜川。经瓦子街的一条是公路，距离近，路况好，利于速援也利于伏击，这一点刘戡也会想到的。经石堡一条也是公路，但路况差，距离远，不利于速援。北绕金狮庙梁一条是山间小路，翻山越岭，行进缓慢，重武器也不易通过。"刘戡来不来呢？会从哪条路来呢？"此时的彭德怀就像是一个棋手，眼睛死死地盯着棋盘。

彭德怀设想，以敌军取道瓦子街增援宜川为重点，兼顾经石堡及瓦子街以北金狮庙梁两条道路来援，决定以第 3、6 纵队各一部围攻宜川，集中第 1、2、4 纵队和第 3、6 纵队各一部全力打援。

第二天早饭后，彭德怀召王政柱到窑洞，问："宜川方面敌人怎样了？"

"3、6 纵昨天发起进攻，正向老虎山、万灵山、外七郎山等要点攻击。敌整编 24 旅被压缩到城内，死命向胡宗南和刘戡呼救。"

"其他纵队在什么位置？"

"1、4 纵正向瓦子街以北指定地域集结，2 纵已从禹门口强渡过黄河。"

彭德怀满意地点点头，说："咱们一起到前边去看看吧。"

很快，彭德怀和王政柱等 10 多个人沿着崎岖的小路向南，来到宜川城北的一块高地。

天空弥漫着薄薄的雾气，阴沉沉的。宜川城及周围的群山模模糊糊，瓦子街一带朦朦胧胧。彭德怀不停地调着望远镜，说："看不清，再往前走走。"

再往前走就进了敌人炮火射程。为了不暴露目标，王政柱让饲养员牵着牲口留在后边，只让几个参谋和警卫员跟着，又向前走了一里多地。

站在一个土堆上，彭德怀看清了。呈现在他眼前的瓦子街是洛（川）、宜（川）公路的咽喉，由此到宜川的铁笼湾长约 15 公里。狭窄的公路两侧坡陡山高，谷狭沟深，布满了密密的荆棘、梢林。彭德怀说："这里便于隐蔽和伏击。"

宜川城的敌人在射击，四周总有炮弹落下爆炸。

突然，低沉的声音传来，王政柱立即上前拉了彭德怀一把："快低下身子！"

彭德怀的身子刚伏到地上，一发炮弹就在他左后方 10 米处爆炸了。几块弹片从身边和头上飞过，卷起的气浪和尘土遮住了视线。

"娘的！"彭德怀愤愤地说，"敌人的炮镜到底比我们的望远镜强些，我没有看见他们，他们倒看见我了。"

王政柱说："敌人已经发现了我们，到后边去隐蔽吧。"

留在后边看管马匹的饲养员跑上来，惊慌地说："没事吧？我们真担心！"

"不用担心！"彭德怀拍着身上的尘土说，"我当了一辈子兵，和炮弹、子弹打交道多了，可一次也没负过伤。"

"炮弹、子弹可不认识人。"警卫员说。

"它们认识我。"彭德怀说，"我见到过，有的人怕死，可子弹偏偏打中了他，不怕死的人倒没事。"

"我们还是到部队去看看吧。"王政柱想了想说，"反正这里已看清了。"

彭德怀没有意识到王政柱是想让他赶快离开这里，就高兴地说："好啊，去看看战士们！"

阵地上铺着一层雪，冷风嗖嗖。虽然已经解决了棉衣问题，但还是非常寒冷，不少人的手和脸上都冻裂了口子。

此时已是中午，战士们正准备吃饭，他们一见到彭德怀就问："彭总，你吃饭了没有？"

彭德怀说："还没有呀，这顿饭就在你们这里吃，你们都吃什么呀？"

班长说："出发时只带10天干粮，都吃光了，现在只有玉米粒和山药蛋。"

图为彭德怀（右一）、甘泗淇（右二）、赵寿山（右三）、张宗逊（右四）在研究宜（川）瓦（子街）战役部署时的情景。

"那咱们就一起吃玉米粒和山药蛋。"彭德怀在火堆边蹲下来。

火堆里烧着山药蛋；火堆上边，几块石头架着一个钢盔。彭德怀用木棍翻动山药蛋，又看着冒热气的钢盔，问："这是干什么？"

"爆玉米。"战士说。

"玉米有两种吃法，一是煮，二是烧，对吗？"彭德怀说。

"彭总也知道呀！"战士说。

"我是老兵，怎么不知道！"

一战士把玉米粒放进烧热的钢盔里，喊着："炸炮爆炸了，赶快躲开！"跟着就听见了噼噼啪啪的响声，那玉米粒多数爆开裂口，少数成了玉米花。战士把碗端到彭德怀面前，说："彭总，你尝尝，很好吃。"

彭德怀拿起几个放进嘴里，嚼了一会儿，说："这个办法不错，很香。"

"彭总，这是烧山药蛋，也很好吃。"战士从火堆里扒出山药蛋，递给彭德怀。

"这东西我在太行山吃过。"彭德怀说，"既能饱肚子，又能防寒取暖，一举两得。"

离开战士们，彭德怀一步步走着，感慨地说："我们的战士多么可爱啊！他们不怕牺牲，受了伤不叫疼，饿着肚子打仗。有这么好的战士，怎么能不打胜仗呢？"

战斗是从拂晓开始的。

白天，刘戡率领的整编第27、90师共四个旅的兵力，由黄陵、洛川地区沿洛宜公路前往宜川，进入瓦子街后，在瓦子街以东任家湾、丁家湾地区受到西北野战军第3纵队独立第5旅和第6纵队教导旅第2团的阻击，不得不就地宿营。

入夜以后，天上飘起了雪花。部队根据彭德怀的命令发起进攻。第1纵队从瓦子街以西沿洛宜公路向敌侧背猛攻，其后卫警戒部队占领瓦子街以北、乔尔沟北山阵地；第4纵队由北向南，第3、6纵队各一部由东向西，第2纵队由南向北开进，将刘戡的部队团团包围起来。

整个战场蔓延15公里。

战报不断送到彭德怀设在屹背岭的指挥部。

"1纵占领瓦子街四个高地。"

"2纵还在开进途中。"

"3纵正在猛攻。"

"4纵进展顺利。"

"1纵贺炳炎报告，2纵还未来瓦子街以南高地，敌军正向这里集结。已命令358旅714团和715团一个营向那里攻击，堵住缺口，截断敌人南逃之路。"

天亮之后，风雪小了，天空仍布满阴云。参谋向彭德怀报告："独1旅1团3营守住了一号阵地。714团打退敌30余次冲击，占领了二号阵地，在不到200平方米阵地上歼敌近千人。"

彭德怀说："这就是说，敌人南逃的唯一缺口被堵住了！"

参谋接着报告："另外，独1旅夺取敌人五处阵地，占领片石及元宝山西北高地；4纵与敌对峙于任家湾北山；6纵夺回枣卜台高地；2纵已赶到王家窑、枣卜台一线投入战斗。"

彭德怀举起望远镜。他看到了战斗场面。冲在最前面的那个战士一连刺倒了七个敌兵。

彭德怀："那是哪个部队的？冲在最前面的叫什么名字？"

参谋："那是714团的位置。不知道冲在前面的人是谁。"

图为在宜（川）瓦（子街）战役中，彭德怀来到战斗最激烈的前哨指挥所指挥部队作战时的情景。

彭德怀："查一下。"

包围圈在一点点缩小。刘戡的部队被压缩在乔儿沟、丁家湾、任家湾纵横不到7.5公里的狭小地区内。

彭德怀继续举着望远镜观察。他的目光停在丁家湾的一个山头阵地上。那里的守敌在顽抗，解放军的一次次进攻都受到阻滞。

怎么搞的，开炮呀？彭德怀想打电话，可这里的电话通不到旅里；他想让人去传达他的命令，但身边的参谋都被派出去了。

恰在这时，4科科长高

克恭走过来，彭德怀说："你立即到独5旅的指挥所去一趟，传达我的命令：叫他们集中全部火炮打前面山头上的敌人，支援4、6纵队的进攻。"

彭德怀又举起望远镜，又看到敌人在阻击，又看到攻击没有成功，又看到战士倒在敌人的枪弹下。

怎么还不开炮？彭德怀嘟囔着。其实，高克恭刚刚领命跑去。

彭德怀等不及，抬腿走出指挥所。

走不多远就是山坡，荆棘丛生。彭德怀走得很急，一滑就跌倒了。警卫员赶忙扶起他，想搀着他走，被他推开了。走进独立第5旅指挥所时，彭德怀已是满身泥水，脸上沾着泥巴，还有一道伤口，渗出了血。

旅长李夫克和政治委员王赤军迎上前，说："彭总，你怎么来了？"

彭德怀厉声问道："你们为什么还不开炮？为什么还不开炮呀？"

李夫克说："高科长传达了你的命令，我们已经调集各团的炮火，马上就开炮。"

王赤军搬过一个子弹箱，说："请彭总坐下歇歇。"

彭德怀没坐，转身走出指挥所，站在一块高地上，举起望远镜观察。

不远处就是拼杀的战场，枪炮和冲锋的呐喊声此起彼伏，身旁有嗖嗖的子弹飞掠而过。

李夫克："彭老总，你快到隐蔽部去吧！"

王赤军："这里太危险了！"

彭德怀："你们关心我，担心我的安全，为什么不早一点开炮？打仗，战机非常重要，指挥员要有战场全局观点，善于协同配合，随时想到狠狠打击敌人，不给敌人以喘息的机会。"

彭德怀的话音刚落，独立第5旅的火炮就响了。炮弹在敌人阵地上爆炸，掀起巨大的声浪和团团烟雾。守敌喊叫着，躲藏着；解放军官兵在炮火掩护下，向敌阵地压过去。

不大一会儿，那个山头被攻下来。彭德怀转身就走，说："解决了！"

确实如彭德怀所说，这是西北野战军转入外线作战后取得的第一个重大胜利，它不但全歼了胡宗南的主力5个整编旅2.94万人，粉碎其阻止西北野战军南进的企图，改变了西北的形势，同时迫使胡宗南从陇海路潼关至洛阳段急调裴昌会兵团回关中，造成了中原野战军发起洛阳战役的时机，有力地支援了中原战场。

雪后初晴，阳光照着山山岭岭。彭德怀爬上一道山梁，看到树枝挂着雪团，一片一片的白，心境豁然开朗：洛川是咸榆公路上的重镇，胡宗南的物资供应基地，也可以采用围城打援的办法，先歼灭援敌，再相机收复延安。

宜川战役胜利了，刘戡兵败后用手榴弹自爆身亡。

44. 陷入危境

西北野战军分左、中、右三路向西府地区出动。

开始很顺利。中路第1纵队占领了旬县、张洪镇；右路第6纵队夺取了职田、太峪、世店镇，肃清敌据点，全歼陕西保安第19团两个营；左路第2纵队在常宁镇地区歼灭青年军第203师两个团1600余人。

彭德怀："打得不错！"

机要员骑马飞驰而来："报告彭总，电报。"

彭德怀接过电报：4月21日拂晓，守备延安的国民党整编第17师师长何文鼎奉胡宗南急电之命，率部南撤，延安军分区游击队乘机收复了延安。

彭德怀笑了："一年一月又三天啊！"

周围的人一下子没有弄清彭德怀的意思，都看着他。

彭德怀："去年3月18日，我们主动撤出延安，到现在不是一年一个月零三天吗？"

收复延安的消息很快在部队中传开了。

胜利鼓舞着向西府进军的干部战士，也兴奋着彭德怀的思维。他在设在凤翔西南屈家山的野战军司令部里发出命令：第6纵队教导旅在长武、邠县地区阻击青马军，保障主力右侧后的安全；第4纵队在扶风、岐山之间抗击西进的裴昌会兵团；第2纵队独立第6旅在武功以西午井镇、罗局镇至虢镇地区阻击沿陇海路西进之敌，保障主力左侧后的安全；第1、2纵队集中全力向宝鸡攻击前进。

战斗进展很顺利。第1纵队从城西、城北发起猛攻，先控制灵原机场，随后突入城内；第2纵队从上马营方向突破金陵河，由东南方向攻入城内。两个纵队在城内展开激战。

守备宝鸡的国民党军整编第76师师长徐保原是整编第28旅旅长。第76师在清涧被歼，师长廖昂被俘。胡宗南把这个师的番号拿到宝鸡"复活"，提升亲信徐保当了师长。徐保到宝鸡后，先把师部撤至中央银行大楼，又迁到金台观。这里是宝鸡城的制高点，可以俯视全城。就是在这里，徐保看到解放军的攻城部队如潮水般势不可挡，呼救的援军又来不到，便将师部和直属队的400多人移到铁甲车上且战且退。埋伏在铁路两侧的独立第4旅第12团和第358旅一部向铁甲车发起进攻，连长杜秀全的一发炮弹在车头的烟筒里爆炸，铁甲车停在铁轨上瘫痪了，徐保炸伤后被俘，第二天因伤重死亡。

消息传到西安，有人联系到不久前刘戡在瓦子街战败自戕，写了一副对联：

刘戡戡内乱内乱未戡身先死，
徐保保宝鸡宝鸡不保人已亡。

西北野战军占领宝鸡后，敌裴昌会兵团星夜驰援，马继援的整编第82师也加快南下，形成对西北野战军的夹击之势。

对这样形势，彭德怀是有预料的，并且做了准备。他部署第6纵队教导旅在长武、豳县地区转入机动，保障右侧后安全；第4纵队及第2纵队独立第6旅在武功至凤翔转入机动防御，保障左侧后安全；主力则争取稍作休息，寻机再歼灭胡宗南三四个旅及马继援的一个旅，抢运宝鸡的大量物资弹药，然后北上麟游山区建立根据地。实现这一意图的关键在于抗住裴昌会兵团四个整编师的西进。

但是，彭德怀没有想到，恰恰在关键的地方出了问题。担任阻击任务的第4纵队在扶风杏林镇地区的防御兵力分散，抗击不力。当敌人主力从其右侧突破后，他们未请示报告，也不通知正在抗击的友邻部队独立第6旅，就向北撤退，使敌人长驱直入，独立第6旅三面受敌。同时，右路的抗击也受挫，致使主力陷入了背水侧敌的被动处境。

情况急剧变化的报告迭至传来，震惊了彭德怀。西北野战军本来就处于两面夹击之中，如果裴昌会和马继援的部队会合将是十分危险的。

彭德怀对张文舟说："命令部队拂晓前撤出宝鸡，向陇东转移！"

张文舟说："裴昌会的先头部队离这里只有几十公里了，你也该尽快转移。"

敌人的确不远了，这里已经可以听到清晰的炮声。

"电台，给我叫通每个纵队。"彭德怀说。

通过电台，彭德怀下达命令："2纵独4旅、独6旅和6纵新4旅于凤翔地区阻敌援军；1纵和2纵359旅炸毁转运不及的军火物资后撤出宝鸡，向千阳地区集结。1纵和2纵集中一个团撤一个团，集中一个旅撤一个旅。"

"彭总，还有一个部队联系不上。"报务员报告说。

天色黑下来，急骤的枪炮声已经很近了。

形势严峻，人们的眼睛都集中在彭德怀身上。

彭德怀说："电报发不出去不能走！"

王政柱说："彭总，你先走吧，我带电台随后赶上去。"

彭德怀瞪了王政柱一眼，没有说话。

王政柱不敢再说，便命警卫营紧急挖工事，做好警戒工作。

"要随时准备投入战斗！"彭德怀伸手要过警卫员的左轮手枪，插在自己的腰上。

枪炮声更近。

"报告彭总，所有的电报都发出去了。"报务员说。

"好。"彭德怀说，"可以撤天线了。"

夜已经很深了。彭德怀和野战军司令部的人一起离开屈家山村，向北走去。

危境并没有一下子摆脱。

敌裴昌会兵团和马继援第82师发现西北野战军北进，即连接起来尾追。当先头部队第6纵队教导旅进抵镇原县屯字镇时，敌第82师的三个骑兵团即由镇原东进堵击。教导旅虽然侦察到敌人企图，但没有及时采取防范措施，被敌人包围。

图为彭德怀在陕西省马栏向部队作进军西府的动员报告时的情景。

彭德怀接到报告沉思良久，决定对进攻屯字镇的敌第82师来个反包围，急令教导旅坚守屯字镇，第1、4纵队前去解围，欲以优势兵力歼灭青马军。

屯字镇是个土围子，东西长300余米，南北宽200余米，周围筑有三四米高、一米多宽的围墙，墙外是一条30米深、20多米宽的深沟。按说，教导旅由镇内向外突，外面的解围部队向里攻，是可以消灭敌人的。可是，彭德怀的计划却未能实现。第358旅被敌整编第65师阻在玉都庙地区，攻击部队由于电台联络不畅，不能按时接到电报，到达指定位置和攻击的时间不一致，敌人又调来青马的一个骑兵团，还有10余架飞机轮番轰炸扫射，部队虽然勇猛冲杀，终未能歼灭敌人。

夜幕降临之后，敌人的炮火仍很猛烈。

彭德怀调整部署，"乘夜突围，摆脱敌人！"

这个时候，第2纵队占领了荔镇。

彭德怀命令第4纵队沿屯字镇到肖金镇公路构筑工事，交替东移；命第2纵队独立第6旅控制荔镇，以独立第4旅和第359旅向肖金镇攻击，他则率主力向肖金镇、荔镇以东的正宁转进，并寻机歼敌。

敌人的行动也很迅速。当第2纵队主力向肖金镇攻击前进时，敌第36师和青马的独立骑兵第1团向荔镇地区的独立第6旅发起进攻，企图在屯字镇、西峰镇、泾川县之间的三角地带消灭西北野战军。此时，彭德怀正在三角区里。

第359旅旅长徐国贤对独立第6旅旅长张仲瀚说："马家军来得很快，彭总他们有危险。"

张仲瀚："我们不能丢下主力！"

徐国贤："要顶住，坚守荔镇！"

张仲瀚："这样就能撑开一道口子，让主力通过。"

他们分头行动。

第359旅和独立第6旅扼守荔镇，阻敌北进。独立第4旅政治委员杨秀山率第11团占领要点三不同，掩护第359旅和独立第6旅。纵队副政治委员王恩茂率独立第4旅主力猛攻肖金镇。

在这些部队的掩护下，彭德怀和主力向东撤退。他的野战军司令部同第1纵队走在一起。当到达屯字镇与肖金镇之间的南庄李家时，彭德怀发现应该在这里担任警戒的部队竟先行撤走了。这又一次让他感到意外。

恰在这时，敌第82师的一个骑兵团和一个保安团与先头部队新4旅遭遇，挡住了野战军司令部和部队的撤退之路。而后边，屯字镇的敌人已追上来。

第1纵队副政治委员廖汉生命令独立第1旅副政治委员颜金生："你带人警戒，掩护部队通过！"

颜金生立即带领第3团和第1团各一个营占领警戒位置，挡住了敌人。彭德怀和主力从这里突出了敌人的包围圈。彭的心里憋着一股火，脸色青灰，满身尘土。

第二天中午时分，彭德怀来到一个村庄的一棵树下。第6纵队司令员罗元发、政治委员徐立清赶来。

彭德怀问："部队都撤出来了吗？"

罗元发说："有许多重伤员没撤出来。"

彭德怀说："代价太大了！"

徐立清说："你应该先走，这里还是危险。"

彭德怀说："顺利的时候，我指挥你们，危险的时候，只顾自己安全，不管你们的存亡自己跑了，这不是共产党的指挥员！"

西北野战军终于完全摆脱了敌人的追击。

细雨蒙蒙，枪声不断。彭德怀披着雨衣，和第358旅第716团的官兵走在一起。他已经四天四夜没有合眼了，眼圈发黑，满脸倦容。

45. 战斗中

解放战争已经进入第三个年头。国民党军队大量损失，300多万军队可用于第一线的仅仅170多万，且被分别钳制在东北、华北、西北、中原、华东五个战场。人民解放军已发展到280万人，其中野战军149万人。双方兵力的对比发生了巨大的变化。因此中共中央、中央军委确定，人民解放军在战争第三年歼敌115个旅（师）左右，而西北野战军的任务是12个旅（师）左右，钳制并削弱胡宗南集团，使其不能实行战略机动。

怎样完成这一任务？这是彭德怀考虑的全部问题。他走到标满符号的地图前，看着他的军队和他的对手的位置。胡宗南的11个整编师30个旅共25万人，加上青、宁二马和榆林的邓宝珊部，总共 31 万多人，另有特种部队、非正规军 8 万多人。胡宗南将第 65、27、13 师陆续调到豫陕边界，以防中原野战军西进，而将其余部队置于西安及以北地区，摆出向黄龙解放区进攻的架势。而西北野战军则集结在石堡、韩城地区，进行政治和军事整训。

"为直接配合中原的刘邓，要歼灭北犯的胡军一部。"彭德怀的目光集中到敌第 36 师上。

整编第 36 师是在沙家店战役被歼后又重新组建起来的。就在被围歼的时候，师长钟松连行李也没带，跳下悬崖逃到镇川堡，然后只身跑到西安，胡宗南又给他装备了一个师，仍用原来的番号。这一次，他又领着新组建的部队来了。

彭德怀命令部队主动向敌第 36 师出击。

本来，他是想诱敌北上，聚而歼之，但情况变化，未能如愿。

第 36 师进到冯原镇、刘家洼地区时，发现北面有西北野战军的主力，就停止前进，转入防御。彭德怀即命左翼兵团主动后撤，吸引敌第 36、38、27 师，可第 36 师仍不被所诱，原地不动，组织防御。

战斗是拂晓时打响的。按照预定方案，第 1、4 纵队攻打冯原镇的敌第 123 旅；第 3、6 纵队向冯原镇以东地区的敌第 165 旅攻击；第 2 纵队在第 1 纵队配合下向冯原镇东北的壶梯山进攻。

在野战军司令部里，彭德怀听到了隐隐传来的枪炮声。参谋们向他报告着前沿的战斗进展情况：第 1、4 纵队已夺取魏家桥、东家渠、关家桥、曹家陇头等外围据点，正向冯原镇发起进攻；第 3、6 纵队已包围第 165 旅于刘家洼、梁周村；第 2 纵队也开始了对壶梯山的攻击，战斗正在激烈进行中。

"赵副司令，你留在司令部里，我到 2 纵去看看。"刚刚吃过早饭，彭德怀对赵寿山说。

太阳升起不久，由于浓浓烟尘的弥漫，阳光显得十分暗淡，空气里充满呛人的硝烟味。

彭德怀等人是顺着野战军司令部通往第 2 纵队的电话线走的，所以很顺利，不大一会儿就到了纵队指挥所。

这里离敌人的阵地很近，敌人拼命打炮，炮弹不时在指挥所附近爆炸，腾起的石块弹片纷纷砸过来。

王震把彭德怀拉进隐蔽部里，说："前面是敌人的核心阵地，从一开始就打得很激烈。我已经调集炮火支援突击部队，很快就可以拿下来。就是这些，你赶快回野司去吧！"

彭德怀好像没听见似的，走出隐蔽部，举起望远镜观察。一颗炮弹在不远处爆炸，有泥土落在彭德怀的身上。

枪炮声稀落下来，接着传来消息：壶梯山被攻下来了。

参谋跑过来报告："野司来电话，说钟松率师部和 123、165 旅主力沿冯原镇至澄城公路撤退，已命部队截击，请你尽快回野司。"

"我走了。"彭德怀对王震说。

46. 荔北故事

荔北战役就要打响了。彭德怀仍然不敢大意，而是仔细考虑可能出现的各种情况及应变方案。

深夜，电话铃声响起来。是第 1 纵队政治委员廖汉生打来的："彭总，黄新廷旅长建议改变原定的作战方案。"

彭德怀先是惊讶，接着是颇有兴趣，问："他认为应该怎么打？"

"从侧翼打进去，直插敌人心脏地区。"

原来，彭德怀根据敌情制定了荔北战役的计划，决定第 1 纵队通过一个嵝岘，攻打敌人正面，第 2、3 纵队在左，第 4 纵队在右。第 1 纵队在讨论这个方案时，第 358 旅旅长黄新廷表示这个方案不妥，他说："敌人如果在这个嵝岘上放一挺机枪，我们就很难通过去。我建议从 3 纵的旁边插进去。这样，我们就可以减少伤亡，做到出敌不意。"

廖汉生说："这是彭老总的命令，我们是不能随意改变的。"

黄新廷坚持说："可以报告彭老总改变。"

贺炳炎和廖汉生商量后，派纵队侦察科副科长刘桐树带领侦察队前往侦察。他们发现正面是敌人的防御重点，兵力集中，工事坚固，侧后则很容易进入，侦察队还捉回了几个俘虏，所以感到应将正面攻打改为侧翼插入，就打电话向彭德怀报告。

彭德怀听了报告，说："谁的方案好就用谁的。黄新廷提的好可以按他这个主意办。你让刘桐树带上俘虏到这里来，我要亲自听一听，然后再决定。"

刘桐树带着俘虏到达野战军司令部，向彭德怀报告说，他们是化装侦察的，时而穿便衣，时而穿国民党军服，先深入到敌人正面，将敌兵力部署、火力部备、工事构筑以及村落、河川和道路都摸得很清楚。通向敌据点的，是一条大沟，仅有一条道路可通。他们后又绕到敌人侧后，很容易就进入了敌人腹心地带，不但将其纵深防御弄清楚了，还捉回了俘虏。

彭德怀又问了俘虏一些情况，和张宗逊、赵寿山、阎揆要等人一起讨论，决定采纳黄新廷的建议，改第1纵队的正面攻击为侧翼插入。

战斗打响之前，彭德怀前往第3纵队看望部队、了解情况。秋高气爽，满眼都是黄灿灿的成熟的庄稼。部队行进在乡间的土路上。

突然，彭德怀的眉头皱起来，猛地勒住缰绳，跳下马背，气呼呼地坐在一个老乡家门口的石头上。

警卫员以为彭德怀要休息一会儿，递上水壶。

彭德怀推开水壶，用马鞭指着行进的队伍，说："你们看，这队伍是共产党的还是国民党的？"

大家顺着彭德怀手指的方向看过去，行进中的队伍很乱，不成队形，有的战士风纪扣没有扣，帽檐朝天，倒背着枪，还有人发牢骚，一边走一边骂骂咧咧。

警卫员跑过去，叫住一个连长问了情况，回来向彭德怀报告说："他们清晨从合阳黑池出发，到现在还没有休息，已经相当疲劳，一些刚解放过来的战士就受不住了。"

彭德怀说："你把他们的团长叫过来。"

这时，有几个小孩子围过来观看。一见到孩子，彭德怀的心情好些。他微笑地摸着一个小孩的头，问："你叫什么名字？"

小孩说他叫牛娃。

彭德怀掐着指头，说："我能掐会算，知道你今年12岁了，对不对？"

小孩子很奇怪，说："这个老头真神，他咋知道我12岁了？"

彭德怀大笑：这孩子是牛年出生的才叫牛娃，不是12岁吗？

见到彭德怀可亲，孩子们就缠上了，有的扯衣襟，有的要子弹壳。这时，从门内走出一个老大娘，看到一个老兵在和孩子玩笑，就说："这些孩子，真缠人！"

"你好啊，老大娘！"彭德怀说。

老大娘告诉孩子们不要淘气，走回屋里端出一碗水，送到彭德怀的面前，说："看你这么大年纪了还当兵，是队伍里做饭的吧？"

彭德怀笑而不语。

老大娘看着彭德怀身上的旧军衣，打着绑腿，穿一双旧布鞋，也不知该再说什么，两手直抹衣襟。

这时，警卫员把团长领到彭德怀面前。团长已从警卫员口中知道唤他的人是彭德怀，立正站着，心里非常紧张。

彭德怀从坐着的石头上站起来，向前走几步，问道："你是共产党还是国民党？你简直是土匪！"

劈头盖脸的指责把团长弄蒙了，莫名其妙地看着彭德怀。

彭德怀用手朝行军的队伍一指，说："你看你把队伍带成了什么样子？这也是解放军？"

看到这情景，老大娘赶忙轰孩子们进到院里去。

团长立正敬礼："报告彭总，我马上整顿队伍！"

彭德怀："战斗结束后，你向纵队汇报检讨，我要通报你！"

荔北战役结束，歼敌第 17、38、65 师大部和第 1、36 师各一部，共 2.5 万余人，俘少将旅长万又麟，伤少将旅长黄植虞，毙副旅长景纯庵等。至此，胡宗南五个机动整编师中的四个师先后遭到歼灭性打击，只剩下整编第 1 师比较完整。

在微弱的烛光下，彭德怀看到了关于刘桐树的材料。这位侦察科副科长在战斗打响后，根据战前的侦察为部队带路，使第 1 纵队隐蔽进入敌人防御的心脏地区，顺利完成了对敌军的分割包围，在战斗中光荣负伤。

彭德怀拿起笔批示："1 纵队侦察科副科长刘桐树，在荔北战役之前，亲自查明敌人的情况；战斗中间，又亲自为部队带路。他机智勇敢，为这次消灭敌整编 17 师和 38 师做出了贡献。这次战役的胜利，有他一份功劳。各部队，尤其是侦察部队，要向刘桐树同志学习。"

彭德怀读另一份材料，看到上面写了一个团打得勇猛，团长冲在最前面，带领全团最先打进敌据点，攻入了敌人的司令部。他拿起电话，要通第 3 纵队："要通令嘉奖这个团，给团长记功！"

纵队领导说："这个团长就是你在路上批评的那个团长。"

"噢！"彭德怀若有所思。

"彭总，是否将功赎罪，免去第一个通报？"纵队领导试探地问。

"不行！"彭德怀说，"功者应赏，罪者当罚，不能马虎。两个通令一块儿发，一个批评，一个嘉奖。"

47. 西安"空城计"

1949 年 2 月 17 日，彭德怀离开野战军，和王震一起前往河北平山西柏坡参加中共七届二中全会。会后，毛泽东对他说："徐向前同志患肋膜炎，你返回西北途中，到太原前线看一看。解放太原后，即可带 18、19 兵团去西北作战。"

打下太原，彭德怀接到毛泽东电报，赶到北平香山中共中央临时住地，与毛泽东等人分析、研究，确定了解放大西北的方针政策，直至 5 月才回到已改为第 1 野战军的原西北野战军司令部。

三个多月前，他临去中央开会前制定了春季攻势作战计划。部队经过在渭河以北、泾河以东、洛河以西广阔地域一个多月的连续作战，歼敌 6000 多，接着又顺利进行陕中战役，解放了古都西安。

彭德怀回到第 1 野战军首先唱了一出"空城计"。

原来，陕中战役发起的时候，不只太原、连南京均已解放，胡宗南探听到解放军第 18、19 兵团入陕作战的消息，害怕华北解放军与西北解放军会合，就打算趁华北解放军未过黄河之际，联合马步芳、马鸿逵部队与第 1 野战军决战。恰在这时，原第 1 野战军三个师归还建制西渡黄河入陕，胡宗南便以为华北部队入陕了，担心被全歼，弃城退到秦岭山区，剩下的残部很快被解放军消灭。事后，胡宗南看到华北解放军并没有过黄河，就与青、宁二马联合反扑，前锋已压到咸阳附近，威胁西安，市内秩序有些骚动。

彭德怀是在设在西安市建国公园内的野战军总部里听到参谋向他报告敌军已到咸阳附近的消息的。他走到地图前看了看，说："命令 18 兵团的先头部队迅速赶至潼关，再车运至西安、户县。7军和1军3师、3军8师迅速向礼县前进，每日行程不得少于35公里。"

参谋建议说："西安市内只有一个6军，很难迎击敌人，是否调一点部队来，加强西安的守备力量？"

"不用。"彭德怀摆摆手。

彭德怀让人找来甘泗淇，说："你注意一下，组织政治部门在城内城外多贴一些欢迎18、19兵团的标语，这些天，凡到城里来的部队都搞入城仪式，气氛要热烈。"

甘泗淇马上明白了彭德怀的用意。

"还有，"彭德怀说，"你通知新华分社的记者，我要见他们。"

黄昏，新华社第1野战军分社随军记者田方走进野战军司令部，首先见到了甘泗淇、阎揆要、徐立清等人。甘泗淇说："彭总要发表重要谈话，请你报道出去。"

"哦，是记者来啦！"彭德怀边说边走到外屋。他穿着旧军衣，光头刚刚理过，脸上刮得干干净净。

记者坐下，彭德怀没有坐，他背着手，问记者："你看过《三国演义》吗？"

"看过。"

"你还记得吧，《三国演义》里有个诸葛亮摆空城计的故事，今天不讲前线的战事，先听我讲'空城计'。"

彭德怀从诸葛亮如何面对危险的形势在城头弹琴，讲到司马懿如何猜疑而退兵，语调有急有缓，有时还停下来朝记者笑笑。

空城计的故事讲完了，彭德怀说："大家知道，马继援那个花花公子想进西安城，我们研究了一下，欢迎他来。西安有的是羊羔、美酒，漂亮的姑娘也多得很。"

马继援是马步芳的儿子，他指挥的第82军已逼近咸阳城下。

"大道如青天，欢迎他们进来。"彭德怀结束了与记者的谈话。

记者知道，在敌军进攻传闻纷至而来、形势十分紧张的情况下，彭德怀绝不单纯是和记者谈古论今。他想起一次彭德怀关于《红楼梦》的讲话。

那是西府战役之后，部队在黄龙山区休整，彭德怀约见记者谈话，说："你们这些知识分子，看那个《红楼梦》不要老盯着宝玉、黛玉，悲悲切切，缠缠绵绵，卿卿我我。要多看看那个刘姥姥。那个土老婆子才有意思！没进城时想进城，一进城就花了眼，丢人、现眼、出洋相。"

彭德怀边说边比画着刘姥姥的样子，逗得大家笑。后来记者们才明白，他是针对部队进占宝鸡后有人违犯城市政策、随便拿东西而说的。

这一次的意义又是什么呢？记者隐隐感觉到了，但又把握不准，就问甘泗淇："甘主任，彭总不是要对记者发表重要谈话吗？"

"是啊！"甘泗淇说。

"彭总给我谈什么？"记者问。

甘泗淇说："已经谈完了。彭总、贺总希望事先造舆论，警告敌人。"

记者恍然大悟，回去后就写了一篇题为《一野彭司令员发表谈话，欢迎马继援进西安》的报道，描述了彭德怀神情自若和充满信心的谈话。这篇报道在西安人民广播电台广播，在西安《群众日报》上发表，安定了西安市的人心，迷惑了正在进攻的敌人。

西安城里贴满了欢迎华北兵团进入西北作战、团结歼敌的标语，到处都有第18、19兵团各部队的干部战士，有一部分队伍分成几路在城内来回巡逻，还有一支军乐团吹吹打打、高奏军歌。

彭德怀比谁都清楚，"空城计"唱得再好也不行，还得靠战斗。所以，他要求兼程赶到的第18兵团第61军军长韦杰和政委徐子荣，以一个师赶到咸阳占领阵地，坚决阻击敌人；一个师放在渭河南岸。这两个师在咸阳北郊与敌激战十几个小时，毙伤敌军2000多人。胡宗南部逐步后撤，敌人进攻西安的企图彻底破灭了。

此时的彭德怀开始思考和制定扶眉战役计划。

48. 决胜兰州

扶眉战役是7月10日打响，经过4天激战，歼敌4个军4.4万人。第1野战军控制了秦岭以北广大地区，胡宗南主力受重创，残部退守秦岭。彭德怀决定抓住这一时机追歼青、宁二马。

可是，青、宁二马却制定了平凉会战计划，想凭借平凉一带的天险抵抗。可是，马步芳打算保存实力，马鸿逵不愿替马步芳卖力，便分别向兰州、宁夏撤退。

彭德怀上报中央军委批准，指挥部队向陇东追击，一气追到兰州城下。

彭德怀想早一点解放兰州，住下就带领许光达、杨得志登上皋兰山的南麓。

展现在他们眼前的是北临黄河、三面环山的险要地势。雨季的黄河傍城东流，浊浪滚滚，马家军夹河而阵；东岗坡、皋兰山、沈家岭、狗娃山携手环抱，山上的工事密如蛛网，钢筋水泥的碉堡群及其外围的深壕峭壁纵横交错，连成一个整体。这确实是个易守难攻的地方。

彭德怀说："国民党军在抗战时就在这里修了坚固的工事，青马又不断地增修加固。依托这些工事，利于发挥火力，便于组织反攻。"

许光达说："我们是从低处向高处仰攻，沟壑难越，峭壁难攀，兵力也不利于运动和展开。"

杨得志的眼睛盯住一堵峭壁，说："那里可能有暗藏的机枪掩体。看来，必须一一对付敌人的山上阵地，别无办法。"

天空阴沉沉的，灰褐色的云雾笼罩在兰州城的上空，遮住了朦朦胧胧的街道和房屋。彭德怀举起望远镜看了一会儿，摇摇头，坐在一块大石头上。

作战参谋铺开一张地图。

彭德怀没有看地图，说："攻下兰州的关键有两点：一是夺取敌人的南山阵地；二是控制黄河铁桥，切断敌人的唯一退路。"

许光达、杨得志等人向彭德怀身边靠了靠。

彭德怀却把话题一转，问道："部队的情绪怎么样？"

许光达："部队求战心切，希望早早打下兰州，有些急躁情绪。"

杨得志："还有些轻敌思想，这可能是追击途中敌人不战而逃造成的，有的人就认为当前形势是秋风扫落叶。"

彭德怀："这要不得！马步芳、马继援父子都是反动透顶的家伙，他们像输红了眼的赌棍，把最后一点赌注全押在兰州，企图在兰州决战中大显神通。我们部队大部分还没有同他们交过手，对敌人切勿疏忽大意。马家军惯打反扑。在占领敌阵地后、改造工事未完成时，最须注意。"

又说："你们的部队都刚刚赶到，本来应该休息一下，但时间不允许了，大家不是想早打吗，那就先试打一下。"

"你们2兵团，"彭德怀对许光达说，"进攻营盘岭、沈家岭和七里河，然后向城西关和南关发展，并以一部沿黄河南岸东进夺取黄河铁桥，一部从七里河地区相机北渡黄河，歼灭北岸之敌。"

又转向杨得志："19兵团沿西兰公路首先攻占路南马架山、古城岭、豆家山和路北的十里山，然后向东关进攻。你们回去后告诉部队，兰州这一仗打好了，西北可以早一点解放。打不好，让敌人跑掉，我们就是对人民犯罪！"

首攻兰州的战斗打得并不顺利。

部队发起攻击，炮弹呼啸，硝烟弥漫，敌人的步兵却隐蔽在工事里。敌马架山、营盘山和沈家岭三大主阵地与豆家山、古城岭、狗娃山各制高点上的火力相连接，构成强大的火力网。当解放军冲击或受到陡壁外壕阻碍时，敌兵趁此机会，凶猛出击解放军的侧翼，有时还步骑配合，实施反冲击，给解放军以很大的杀伤。

解放军打得很英勇。部队冒着弹雨冲锋，前边的倒下了，后边的跟上去。尽管付出了很大的伤亡，从拂晓打到黄昏，激战一天也没能攻下敌军一个阵地。

黄昏时，各部队的情况汇聚到乔家营的野战军司令部。

彭德怀阴沉着脸说："命令部队，全线停止攻击；用三天时间总结经验教训，侦察敌情，察看地形，开展军事民主，讨论攻击战术。"

命令发出后，彭德怀坐到桌前，拿起笔在电报纸上写道："本日试攻兰州外围，19兵团五个团，2兵团约四个团，结果未攻下一个阵地，守敌尚顽强，工事很坚固。"

这份给中央军委的电报是晚上9时发出的。

彭德怀走到屋外，望着广袤的夜空，心中充满疑问：为什么整整攻了一天，竟连一个缺口也没有打开呢？

战前许光达、杨得志在皋兰山南麓就说过部队有急躁情绪、轻敌思想。首战失利，敌人顽强、地形不利都是客观原因，根本的恐怕还是主观原因，是对敌人的轻视。打仗也要谨慎细致，不怕面对强硬，就怕看不到对手的强硬。

天色微明时分，彭德怀揉揉发红的眼睛，对也一夜未睡的王政柱说："我们到19兵团看看。"

第19兵团司令部驻在猪嘴岭，司令员杨得志、政治委员李志民、参谋长耿飚、政治部主任潘自力等人心情沉重，准备挨一顿批评。

杨得志说："19兵团的历史上还没遇到过这样的情况，攻敌几个阵地一天多没拿下一个。军、师、团干部都很憋气，迫切要求继续打，非出这口气不可！"

李志民说："毛主席一再指示我们：千万不可轻视二马，否则必致吃亏。我们虽然经常给自己敲警钟，也一再教育部队，但这个问题没有真正解决，果然吃了轻敌的亏。仗没有打好，责任主要在我们兵团领导身上。"

出乎他们的意料，彭德怀没有发火："部队试攻受阻，其主要原因是轻敌，次要原因是敌工事坚固，敌人顽强。"

杨、李等人要向彭德怀详细汇报，彭德怀说："还是到部队去看看，有什么话一起说。"

彭德怀来到第63军前沿阵地。

军政治委员王宗槐报告说："按野司和兵团的部署，187师首先对十里山发起攻击。到第二天9时，560团才突破敌第一线阵地。可是敌人集中火力封锁突破口，并以一个营的兵力赤膊上阵，挥着战刀，连续反扑。我突破的分队终因兵力不足，第二梯队遭敌火力封锁支援受阻，被迫撤出阵地。"

彭德怀点了点头，对杨得志说："把你们师以上干部请来开个会。"

彭德怀在会上说："这次试攻是我决定的，时间仓促，部队准备不够。不过通过试攻，也达到了了解敌人的目的。你们要告诉部队沉住气，总结经验教训，仔细研究敌人，扎扎实实地做好准备工作，待命向敌人发起总攻。"

彭德怀分析形势，说："王震率领的左翼第1兵团前进的速度很快，已于昨天占领了临夏。我已让他们暂停前进，以部分兵力进占永靖，控制黄河，斩断兰州和西宁的联系。这样一来，可能引起情况的变化，我们也要采取相应的对策：第一是攻取兰州，打下兰州后，再抽部分兵力协助1兵团攻西宁。第二是敌人弃西宁保兰州，或者以新骑6军及西宁警备部队守西宁。第三是如果青马放弃兰州退守西宁，2兵团即跟踪追击，1兵团则阻截，消灭敌主力，然后取西宁。第四是我军攻兰州无效，而宁马又来增援，我军则不急于攻兰州而取西宁。"

几种情况、几种对策都非常明白。

彭德怀说："兰州决战关系到西北解放的全局，要不惜代价取胜。豆家山是兰州的东大门，63军的任务很重，一定要拿下豆家山。你们这里不是有个红3团吗，在哪里？"

郑维山说："就是189师的566团，这个团能打山地战。"

彭德怀说："好，就叫他们上！"

根据彭德怀的部署，部队经过总结和准备，又对兰州发起了攻击。

浓重的夜色笼罩着兰州市和周围的群山及黄河。第1野战军司令部设在乔家营。

彭德怀站在打开的窗前，深深地呼吸着清冽的空气。

拂晓时，总攻开始。

猛烈的炮火射向敌军阵地。炮弹的亮光在漆黑的夜幕上划出一道道弧线。随后，是隆隆的爆炸声。整个兰州的夜空变得闪烁明亮起来，美丽而又残酷。

很快，电话铃声此起彼伏，电台的嘀嘀嗒嗒声连续不断地响着。

彭德怀目不转睛地看着被炮火烧红的天空，仿佛一位画家稍微拉开一点距离，欣赏、审视自己精心绘制的杰作。

第4军向沈家岭的中狗娃山、下狗娃山进攻。第31团团长王学礼指挥2营首先攻击，1营随后跟进，只用10多分钟就突破了敌第一道防线，接着将集束手榴弹扔向敌群，攻取敌第二道防线，占领沈家岭核心工事，以白刃格斗打退敌人多次反扑。

第6军攻打营盘岭。第50团突击队主攻岭正南，第46团攻岭东南。在敌阵地前，子弹打光了，就拼刺刀；刺刀捅弯了，就空拳与敌厮打。部队连续越过一、二、三道峭壁，攻占了三营子和皋兰山主峰营盘岭。

第63军第566团打开了通过豆家山的口子，后续部队夺取敌人三个阵地。一个团的敌军手持大刀，袒胸露背反扑，先后六次被打退。红旗插到了主阵地上。

第65军一个壕沟一道峭壁地与敌争夺，占领了古城岭、马家山，打退敌人用机枪、大刀督战的反扑，巩固了阵地。

黎明之后，初升的阳光照着激战的战场。

战斗仍在继续，彭德怀仍然站在窗前。

"7师报告，从抓到的一个俘虏口中得知，敌人开始逃走。7师已派部队攻占黄河铁桥，其余部队向市内攻击前进。"

彭德怀猛地转过身，命令："叫他们动作要快，随时向我报告！"

不久，彭德怀就接到第7师师长张开基的报告，他们已攻占黄河铁桥，部队

图为攻克兰州后，彭德怀进城，在作战室考虑下步行动部署时的情景。

全部攻入兰州城内，由西向东发展，同敌人进行巷战，占领了甘肃省政府会堂。

彭德怀说："兰州是我们的了！"

枪声渐渐稀落下来。经过一天一夜的战斗，肃清了兰州城内的残敌。

中午，彭德怀和张宗逊、甘泗淇、阎揆要等人进入兰州城，来到原国民党西北长官公署的驻地三爱堂。

三爱堂的名字是张治中主政西北时起的，意为爱兵、爱民、爱友军。彭德怀走进马步芳的办公室，打量了一番，意味深长地说："马步芳这一次为我们办了一件大好事。要是他当初丢下兰州继续撤退，想消灭他还真得费点时间呢。他想把我们消灭在兰州，可是他万万没有想到，我们却将计就计，来了一个釜底抽薪。"

张宗逊说："他没有保住兰州，连老巢西宁也丢了。"

彭德怀转向甘泗淇："我们搞个入城式。"又对阎揆要说："我们要开个师以上干部会，参谋长告诉管理科，会议期间搞一次会餐，可以搞好点。"

49. 进新疆

青海解放。

宁夏解放。

新疆和平解放。

彭德怀完成了毛泽东提出的任务。他为给中华人民共和国成立献上一份厚礼而欣慰。

正是怀着这样激动、兴奋的心情，在天安门前举行开国大典后的第四天，彭德怀在甘泗淇的陪同下驱车离开兰州，到达嘉峪关下的酒泉。浦安修和李贞也一同前往。

　　此时，驻在酒泉的第1野战军第1兵团已被确定为进军新疆的部队。

　　到达酒泉的当晚，彭德怀就关于进军新疆的问题给第1兵团的团以上干部讲话。他提出了四条要求：一、要热爱新疆各族人民，搞好与新疆民族军的团结，坚决执行党的民族政策，尊重少数民族风俗习惯，团结与帮助各族人民建立自己的幸福生活，使各族人民团结在中华人民共和国友爱团结的大家庭中；二、对起义部队采取诚恳、热情的欢迎态度，帮助他们改造成为人民的军队；三、提高革命警惕，防止帝国主义和反革命分子的破坏，加强中苏友谊，学习苏联，建设新疆；四、发扬我军爱护人民、纪律严明的光荣传统。

　　第二天晚上，陶峙岳从乌鲁木齐飞到酒泉。陶峙岳是原国民党西北军政长官公署副长官、新疆警备总司令部总司令，他和新疆省主席包尔汉先后通电起义，使新疆获得和平解放。现在，他就是前来和彭德怀洽谈关于人民解放军进驻新疆、起义部队改编和新疆领导机构事宜的。

　　彭德怀和浦安修一起去机场迎接。一见面，彭德怀就握住陶峙岳的手，说："你们起义，对中国革命有功！"

　　陶峙岳："惭愧！惭愧！我长期执迷不悟，此次特来请罪。"

　　彭德怀："不要这样说。将军参加过北伐战争、淞沪抗战。现在我们是朋友了。今后我们在一块共事，不要有什么顾虑，你可以放手大胆工作。"

　　陶峙岳："我一定做到起义通电中说的，竭诚接受毛主席的八项和平声明与国内和平协定，听候人民革命军事委员会及人民解放军总部的命令。"

　　彭德怀介绍浦安修："她是我的爱人。"

　　陶峙岳一边和浦安修握手，一边说："爱人这个称呼好，比说家眷好。"

　　在随后的两天会谈中，陶峙岳汇报了起义经过，新疆的政治、军事、经济情况，对起义部队改编发表了意见，说："新疆的情况确实与内地有所不一样。"

　　"这一点毛主席已有命令。"彭德怀阐述了共产党的民族政策后，说，"请陶将军放心，我已要求进疆部队尊重少数民族风俗习惯，诚恳热情对待起义部队。"

　　陶峙岳："新疆现在的局势还是动荡不定。我想请彭总考虑，命令解放军尽快进疆。"

　　彭德怀："我们已有准备，进疆部队就是王震司令员的第1兵团，很快就会出发的。在他们没到之前，还请将军带好部队，共同努力把新疆的工作搞好。"

　　陶峙岳："我将竭诚按照彭总说的去做。待大部队到达后，也请彭总前去迪化（今乌鲁木齐）。"

彭德怀："我要去的。什么时候去，到时看情况再决定。"

送走陶峙岳，彭德怀和甘泗淇一起又同王震、许光达、徐立清、王恩茂等人谈了话。

这天晚饭后，彭德怀和妻子一起散步。

太阳还未落山，橘黄色的霞光照着古城酒泉。带着凉意的秋风吹拂着路边叶片已泛黄的树木。彭德怀和浦安修并肩走着，脚步很慢。

抬头之间，浦安修看到了远处的甘泗淇和李贞夫妇，就说："你看，甘主任他们也来了。"

彭德怀抬起右手招了招。

甘泗淇见彭德怀在叫他，便和李贞一起走过来，说："彭总，你们怎么来了？"

"你们能来，我们为什么不能来？"彭德怀说。

"我是说，你平时很少出来散步，和安修一起出来散步更少。"甘泗淇笑着说。

彭德怀也笑了："那是因为没得时间，现在有时间了，就出来看看。你不也是这样？"

甘泗淇："也就是吃过晚饭这一会儿，那些历史材料还没有看完呢。"

甘泗淇指的是一些历史书。为了完成进军和建设新疆的任务，彭德怀让人找来有关的资料，和王震、甘泗淇一起研究张骞出使、班超西行、霍去病西征、唐玄奘取经、左宗棠进疆。

见李贞正和浦安修说着什么，彭德怀喊着："李贞，我来考考你。"

李贞："考我，考什么？"

"这酒泉为什么叫'酒泉'？"

"酒泉就是酒泉，还有为什么叫'酒泉'呀？"李贞笑着说。

彭德怀指着甘泗淇，说："这个大秀才没告诉你？"

"他从来到这里就跟着你和陶峙岳会谈了，每天都是很晚才回家。"

彭德怀："关于'酒泉'这个名字，有一个历史故事。汉朝有个大将叫霍去病，领兵打到这里。皇帝嘉奖他有功，派人送来一坛酒。霍去病不肯独享，就命人倒进泉水里，让每个士兵都喝到了。为了纪念他，人们就把这里叫'酒泉'。"

　　浦安修："我听说过酒泉名字的由来。可我总觉得是传说，是人们根据自己的希望编出来的。"

　　彭德怀："你不相信？我相信，霍去病是个爱兵的将军，完全能够这样做。"

　　甘泗淇："到底是传说，还是真有其事，确实难以查考了。不过左宗棠来过这里却是真实的。他曾在泉湖中泛舟，还写过一首诗，说此湖'洲渚妙回环，树石纷相错。渺渺洞庭波，宛连湘与鄂'。"

　　"咱们这位湖南老乡来到这里就想家了。"彭德怀评论说。

　　甘泗淇："左宗棠为西北人民办过一件好事，那就是栽树。他在向西进军时，让士兵每人沿途栽一棵树。树真的活了，人们称为左公柳。有人写诗说：'大将西征尚未还，湖湘子弟满天山。新栽杨柳三千里，引得春风度玉关。'流传得很广。"

　　彭德怀略有所思："是啊！一个与士兵同甘苦，一个为百姓办好事，这两条太重要了。我们的部队到了新疆以后，要抓经济建设，为各族人民做好事。共产党领导的军队不但要栽树，还要办更多的事情，用行动证明我们是全心全意为人民服务的军队。"

　　甘泗淇："这并不比打仗容易。"

图为1949年9月彭德怀在兰州和艾买提研究新疆地形时的情景。

飞机从兰州机场升空，向西飞去。朵朵白云从机翼下向后退去，缕缕阳光在机身上闪射耀眼的银光。

坐在这架飞机上的是彭德怀和陪同他的西北军政委员会副主席张治中、财经委员会主任贾拓夫及随行人员。他们要去迪化（今乌鲁木齐），同王震、陶峙岳、包尔汉、赛福鼎等协商整军、整财、整政三大问题。

万里无云，碧空如洗。

新疆和平解放两个月了，解放军已经进驻并接管迪化、喀什等城市，王震也到了迪化。下一步就是怎样把动荡的局势稳定下来，把生产、生活搞好，还有起义部队的改编、民族军的改名。要迅速医治战争创伤，恢复工农业生产，就需要有一个切实可行的施政方针。

张治中很注意彭德怀。过去，他知道彭德怀的名字，也见过几次面，但并不熟悉。现在，彭德怀是西北军政委员会主席，而他是副主席。从飞机起飞之后，他看到彭德怀一直在沉思。

彭德怀从舷窗边转过脸，恰好和张治中的目光相遇，便点点头，笑笑，说："张副主席对新疆的了解可比我多呀！"

张治中："对原国民党方面的人，也许比你多认识几个；对下边的情况，就说不上了。"

彭德怀："我可是第一次去新疆，还是得请你多帮助。"

张治中："不敢当。彭总指挥的大军所向披靡，所到之处人心归顺、箪食壶浆呀！"

彭德怀："大军所向披靡是真的，可那不是因为我指挥所致，换了别人来指挥，也是一样的。一是因为有毛主席的决策，二是战士们勇敢，三是人民群众的支持。"

张治中："彭总太谦虚了！"

彭德怀："这是真的。就说人民群众吧，没有他们的支持和支援，哪能取得战争的胜利？"

张治中轻轻点了点头，没有说话。

沉默了一会儿，张治中问："有彭总此行，新疆的工作一定能搞好。"

彭德怀摇摇头，说："我可没有那么大的本事。这次，我主要是去听听王震他们的意见，了解一些实际情况，然后归纳起来，报告毛主席批准。"

张治中瞥了一眼舷窗外，看到了机翼下的天山雪峰，说："彭总，迪化快到了。"

彭德怀向舷窗外望去，皑皑雪山顶着银冠，巍峨壮观，不由得说："好漂亮啊！"

第8章

——

朝鲜战争

50. 临危受命

正当彭德怀在筹划西北的经济恢复和建设的时候，他被从西安召进北京。

1950年10月4日下午4时，接彭德怀的飞机在北京西郊机场降落。

轿车驶进城内，坐在司机旁的中央办公厅的李同志回过头说："彭总，请先到北京饭店休息一下，然后去中南海。"

"不是说不能耽误吗？"彭德怀说，"先去中南海。"

这天上午，彭德怀还在西安。临近中午的时候，彭德怀正在办公室里审读西北地区三年经济恢复计划，秘书领进来中央办公厅的两个干部——

"毛主席请您立即乘飞机去北京开会。周总理交代，飞机一到西安就马上接您来，一刻也不能耽误，还要严格保密。"

彭德怀已接到开会的通知，没有多想，就带上西北经济恢复方案和调查报告材料，连妻子浦安修也没有来得及告诉，就匆匆登上了接他的飞机。

轿车驶进中南海，刚一停下，周恩来就迎过来："政治局会议3点钟就开始了，来不及等你。"

"遵照您的要求，飞机一到我就来了。"

彭德怀跟着周恩来，向颐年堂会议厅走去。周恩来解释说："本来昨天就让飞机去接你的，可天气不好，飞机不能起飞。"

见彭德怀走进会场，毛泽东说："老彭呀，你来得正好，美军即将越过'三八线'，现在正在讨论出兵援朝问题。你准备一下，谈谈你的看法。"

离开西安后，彭德怀在飞机上就想过，急于要他来京，可能有两个问题，一是西北经济建设，二是朝鲜局势。尽管如此，经毛泽东一说，他的心中还是感到有些突然，便坐下来听发言，没有说话。

晚上，彭德怀住在北京饭店。他躺到床上，怎么也睡不着，翻来覆去，身上一阵阵燥热。"这沙发床，老夫消受不了。"他嘴里咕哝着，把被子和枕头搬到地毯上，可还是睡不着。

彭德怀干脆走到阳台上，一个人默默地站着，想着。

下午政治局会议的那种严肃氛围，是彭德怀很少见到的。两种意见完全不同。有人认为，我们国内的创伤急待医治，部分地区刚刚解放，土地改革尚未进行，我军的武器装备远远落后于美军，更无制空制海权，主张不出兵或暂缓出兵。

"你们说的都有理由，但是别人处于国家危急时刻，我们站在旁边看，不论怎么说，心里也难过。"

彭德怀觉得，毛泽东的这句话是对的，应该出兵援助朝鲜。

第二天吃过早饭，9点钟的时候，邓小平来到北京饭店，见面就说："昨晚没有睡好吧？"

"你怎么知道我没睡好！"彭德怀反问道。

"根据你的脾气。"邓小平笑着说，"这么大的事摆在面前，你要是睡得着觉，那就不是你彭德怀了。"

"你说准了。"彭德怀说着也笑了，转而问，"你怎么来了？"

"是主席让我来的。他说你昨天下午没发言，约你到他那里谈谈。"

彭德怀："什么时候？"

邓小平："现在。"

"他不是夜里工作、上午睡觉的吗？"

"想着出不出兵的问题，他已多日没好好睡觉了。"

彭德怀说："如果美军越过'三八线'，这场战争就非打不可了。"

邓小平："美国的目标很明确，就是推行称霸世界的战略。我们同美帝交战看来是难免的。"

彭德怀和邓小平说着，乘上同一辆车，到了中南海毛泽东的住处丰泽园。

毛泽东开门见山："老彭，昨天下午你没来得及发言，你是怎么想的呢？"

彭德怀："主席，昨天晚上我反复考虑，赞成你出兵援朝的决策。美国占领了朝鲜，就与我们隔江相望，直接威胁我国东北；它还控制台湾，威胁我华东、上海。它要发动侵略我们的战争，随时都可以找到借口。老虎总是要吃人的，什么时候吃，决定于它的肠胃，向它让步是不行的。它既然要来侵略，我们就要反侵略。不同美帝国主义见个高低，我们建设社会主义是困难的。为了我国建设前途着想，也应该出兵。为了鼓励殖民地半殖民地人民反对帝国主义、反对侵略，也要出兵；为了表示社会主义的威力，也要出兵。出兵援朝是正确的，正义的，是必要的，是英明的。"

毛泽东点点头："真的把战火引到我国来呢？"

彭德怀："既然和美国人在朝鲜发生正面冲突是不可避免的，那就晚打不如早打。打烂了，最多就等于我们的解放战争晚胜利几年。"

毛泽东："我们的意见，这担子还得你来挑，你思想上没这个准备吧？"

彭德怀："是没有准备，我服从中央的决定。"

"对于入朝后怎么打，你想过吗？"毛泽东问。

"想的不多也不深。"彭德怀如实说，"不过我以为，如果美国决心同我们作战，它利速决，我们利长期；它利正规战，我们利对付日本那一套。"

毛泽东："这我就放心了。现在美国正准备向'三八线'北冒进，我们要准备出兵，争取主动。今天下午政治局继续开会，请你摆摆你的看法。"

彭德怀："我要发言的。"

在下午的政治局会议上，彭德怀态度鲜明而坚决主张出兵援朝。

毛泽东："彭老总说得好。我们出兵参战的困难确实很多，但这个兵是一定要出的。第一，即使不能取胜被打回来，也取得了主动，日后可随时出兵。第二，打伪军有把握，高岗、彭德怀同志也都这样认为。朝鲜是中国的友好邻邦，中国人民不能眼看着美国侵略者对其肆意践踏而置之不理，唇亡则齿寒，户破则堂危。我们应当参战，必须参战，参战利益极大，不参战损害极大。"

会议结束后，毛泽东对彭德怀说："出兵援朝，给你10天准备时间。"

10月7日，美军越过"三八线"。10月8日，毛泽东以中国人民革命军事委员会主席的名义发布命令，组建中国人民志愿军抗美援朝，任命彭德怀为中国人民志愿军司令员兼政治委员。

毛泽东发布命令的当天，彭德怀就和东北军区司令员兼政治委员高岗一起乘专机飞到沈阳。

51. 两改作战方案

黄昏降临，暮霭低垂，阵阵冷风夹着绵绵细雨笼罩在鸭绿江上。这条中朝边境的界河发源于中国吉林省的长白山西麓，流经长白、辑安、宽甸、安东，向南注入黄海，因为水色清绿、俨如鸭头而得名。

彭德怀来到江边，冷风冷雨吹打着他身上的呢料黄军装。他的面颊消瘦，眼睛有些红肿，满脸倦容。

他太累了。受命之后，他10月8日飞沈阳，和军以上干部见面。10月11日到安东，查看部队渡江地点，听取部队汇报，晚上接到代总参谋长聂荣臻的电话，要他火速回北京开会。他和高岗是10月13日中午到达北京的，下午即参加毛泽东在颐年堂主持的中央政治局会议。10月14日，毛泽东又同他和高岗研究出国后的作战方案。15日又到沈阳。16日又到安东。17日又到沈阳。18日又到北京，听取周恩来关于莫斯科之行的情况汇报，晚上9时在毛泽东处起草了以毛泽东名义命令部队渡江的电报。19日这天早晨从北京起飞，上午到沈阳，下午到安东，只是在去机场的路上打了一个盹……

高岗和邓华等人站在彭德怀身旁，他们是来送彭德怀过江和金日成会面的。

彭德怀和高岗到达安东后即向有关部队领导传达了在北京研究的作战方案。

此时，高岗、邓华、洪学智等人见彭德怀望着江水不语，都未去打扰他。

良久，彭德怀转过身，对邓华、洪学智说："敌进甚急，看来我们原定先到朝鲜蜂腰部以北山区占领阵地，接收苏联武器改装训练的计划要改变。我得马上入朝。时间不多了，你们几位一定要切实把部队过江组织好，一定不能出半点纰漏！"

"明白了！彭总，你放心先走吧！"邓华说。

"咱们走，赶快过江！"彭德怀对随行人员说。

汽车开动，向鸭绿江大桥驶去。

　　下雪了。绵绵细雨中夹着朵朵雪花。不时有照明弹落下，纷扬的雪花晶莹闪亮，如玉色蝴蝶。借着照明弹的亮光，彭德怀看到了部队、民兵、汽车的影子。远处，敌机的轰轰声隐隐传来。战争的气氛在这里表现得更浓烈。

　　汽车缓缓驶过鸭绿江大桥，进入朝鲜国土。司机刚想加大油门，彭德怀说："停车。"

　　汽车停稳，彭德怀打开车门，走下车。

　　"彭总，有事吗？"参谋问。

　　彭德怀摇摇头，没有说话，站在路边，目光穿过鸭绿江大桥，望着江对岸。

　　那边是中国的土地，中国的安东尽管已实行了灯火控制，但透过迷蒙的风雪，仍有点点亮光，隐隐约约，闪闪烁烁，给人一种宁静亲切之感。

　　过了好长时间，彭德怀坐回车里，说："开车吧。"

　　大洞是朝鲜平安北道东仓和北镇之间山沟里的一个小村庄。一所整洁的草屋前，金日成正在等待彭德怀的到来。这是1950年10月21日的上午。

图为彭德怀司令员和朝鲜劳动党总书记、朝鲜民主主义人民共和国内阁首相金日成在前线时的情景。（宁干　摄）

彭德怀 10 月 19 日晚过了鸭绿江踏上朝鲜国土后，在新义州见到朝鲜外相朴宪永，朴是奉金日成之命专门在此等候彭的。

金日成看到从田埂上走来的彭德怀，迎上前。

金日成："我代表朝鲜党和政府及朝鲜民主主义共和国人民，热烈真诚地欢迎彭德怀同志！"

彭德怀："谢谢金首相的欢迎！我终于和您见面了！"

说话间金日成将彭德怀引进室内。

这是一间简陋的会议室，中间摆着一张大桌子，墙上挂着一张军用地图，上面以红蓝两色分别标出战场态势和兵力部署。

双方围着桌子坐下后，彭德怀首先说："毛泽东主席、周恩来总理让我转达他们对金首相的问候。"

金日成："谢谢毛泽东主席、周恩来总理！谢谢他们和中国同志！"

彭德怀："我们党中央和毛主席下这个决心是很不容易的。现在已经出兵，第一要能在合理解决朝鲜问题上有所帮助，关键是能够歼灭美军有生力量；第二要准备美国宣布同中国进入战争状态，至少要准备它轰炸我国东北和工业城市，攻击我沿海地带。"

金日成："我们处在危难之时，真正理解、同情我们的是中国人民和毛泽东同志，真正敢于支援我们同最凶恶的军事强国战斗，反对侵略的是你们。"

彭德怀："患难识朋友。邻国友好相处，我们会像好邻居那样，别人遭到欺辱，就应该挺身而出，驱赶豺狼。现在的问题是能否站得住脚。无非三种可能，第一种是站住了脚，歼灭了敌人，争取和平解决朝鲜问题；第二种是站住了脚，但双方僵持不下；第三种是站不住脚，被打了回去。要争取第一种可能。我们入朝前的打算是，首先在平壤、元山一线以北，德川、宁边一线以南地区构筑工事，进行防守。希望人民军继续组织抵抗，尽量阻滞敌人前进，以便我军开进。"

金日成："美国侵略军很猖狂。这个敌人是武装到牙齿的，飞机大炮比我们多，还有原子弹。这几天敌人进攻的速度很迅猛，恐怕你们很难先期到达你们防御地区了。我们部队迟滞敌人进攻势头，也很困难。"

彭德怀："敌人进展情况，我们也了解到了一些，我们准备根据现在的实际情况，重新变更一下我们的部署。"

金日成："那太好了。"

图为彭德怀在志愿军司令部山洞前的情景，这里原来是一座矿井。

彭德怀："人民军现在的兵力还有多少？"

听着金日成的回答，彭德怀知道朝方目前所掌握的部队太少了。志愿军原定作战计划难以实现了。麦克阿瑟占领了平壤，下一步肯定向鸭绿江边进犯。

会谈结束后，彭德怀想和中央军委及邓华等人联系，但他带的电台车却还未赶到。

头上，大批敌机掠空而过，隆隆的炮声由远而近。彭德怀身边只有一个参谋、一个司机、两个警卫员。敌情不明，上不通中央，下不通部队。彭德怀很着急，他气呼呼地坐到土炕上，说："我现在真正成了个光杆司令了！"

夜幕严严实实地遮盖着志愿军司令部大榆洞。

这是一条东西走向的弯曲山沟，原为朝鲜一座有名的金矿。一边山坡台地上有几处木板房，是破旧的工棚，志愿军司令部就在其中的几座工棚里。

彭德怀昨天黄昏时离开大洞来到这里。志愿军机关已经组成，邓华任副司令员兼副政治委员，洪学智任第二副司令员，韩先楚任第三副司令员，解方任参谋长，杜平任政治部主任。随即，连夜指挥打响志愿军入朝后的第一次战斗——决定在温井、北镇之间打一仗的部署是在大洞定下的。

此时又是晚上。彭德怀的那间铁皮顶的木板房既是他的宿舍又是他的办公室，南侧的木板房是司令部的作战室。

战斗已经进行了一天，完全是按照彭德怀的部署打的。西线，三个军的全部又一个师以优势兵力在运动中围歼敌人；东线，两个师在长津以南的高山密林里阻击，保障西线各军侧翼的安全。

最先传来捷报的是西线。某师迎头痛击沿云山至温井公路北犯的南朝鲜军队第 1 师先头部队。南朝鲜军第 6 师先头部队一个加强营和一个炮兵中队由温井进到两水洞地区时，正好闯进志愿军某师的口袋阵里。师长邓岳采取拦头、截尾、打腰的战法，将其几百人全部歼灭。

某师这个口袋阵是彭德怀布置的。那是刚到大洞和金日成会谈后，彭德怀生气自己成了"光杆司令"时，师长邓岳和政治委员张玉华带领部队赶到。彭德怀根据敌人分兵北进超过志愿军预定防御线的情况，对邓岳、张玉华说："现在人民军正在向北撤，敌人在跟踪追击，情况很危急。你师赶快到温井以北占领有利地形，埋伏起来，形成一个口袋，大胆把敌人放进来，然后猛打，掩护我军主力集结。"彭德怀的部署换来了志愿军入朝后的第一个胜仗。

从敌兵力分散、毫无顾忌多路北进的情况看，敌还没有判明志愿军是否入朝；况且，志愿军企图一仗歼敌两三个师是困难的，应以军和师分途歼敌一二个团，用数个战斗歼敌一二个师。彭德怀敏锐地抓住变化的形势，临机应变，决定采用新的打法。

邓华、洪学智、韩先楚、解方、杜平等人来到彭德怀的木板房。

彭德怀说："好事多磨，恐怕又要改变计划！"

解方说："现在，敌人正自东、南、西南三个方向朝温井运动，企图合击我温井部队。另外，熙川敌之主力似已撤出。"

彭德怀十分不满意地说："这个梁兴初，怎么这样慢慢腾腾？没有按时插到熙川，误了大事！"

洪学智说："眼下应该马上改变作战计划。"

彭德怀问："怎么改变？"

洪学智说："应马上放弃首歼熙川之敌的计划，以一个军的兵力坚决阻击向温井进攻之敌，对伪军 6 师 7 团采取围而不歼的战法，以诱熙川、云山之敌六至七个团来援，而后集中三个军的兵力将敌围歼于云山以北。"

彭德怀思考一会儿，又征求了邓华、韩先楚等人的意见，转向解方，说："那就这样定了，马上给各军、师发电报。"

彭德怀密切注视战场上的态势。

敌人虽然调整了部署，但仍处于分散状态。若从侧翼实行迂回，割断其南北联系，就能将敌各个歼灭于清川江以北地区。

彭德怀召集邓华等人研究，做出了战役部署。

战役按照部署进行，取得了对以美国为首的"联合国军"的第一次战役的胜利，歼灭 1.5 万余人，把敌军打回到清川江以南，粉碎了麦克阿瑟在感恩节前占领全朝鲜的计划。

但是，彭德怀并不十分满意，他恼怒由于 38 军先是没有及时攻击熙川之敌使之南逃，后是没有及时插到军隅里、价川断敌退路。他问杜平："38 军为什么这次打得不好？"

杜平熟悉 38 军，对他们这次没打好而痛心，说："38 军是在红 3 军团一部的老底子上发展起来的，过去一直打得很好。"

"我们 3 军团的仗不是这样打的。"彭德怀曾任红 3 军团军团长，他气呼呼地说，"拖拖拉拉，什么作风？"

彭德怀批评 38 军领导对敌估计过高，不敢大胆断敌退路，致使未能完成歼敌两三个师的计划。彭德怀越说火气越大，拍了桌子："我彭德怀别的本事没有，斩马谡的本事还是有的！"稍停，语气才缓下来："这次战役打得不理想，我也有责任，不能全推给你们。"

52. 向后撤

中国人民志愿军后撤 30 公里，把清川江、大同江以北的德川、戛日岭、球场之间的地区全部让给了敌人。在各部队后撤的路上有丢弃的枪弹衣物，一片溃不成军的样子。

"后撤"是彭德怀一手设计的。在制定第二战役作战方针的党委会上，他说："麦克阿瑟虽遭到第一次战役的打击，但美军主力未受损失，同时他对我军的兵力还不清楚，所以还要向鸭绿江大举进攻。我军虽在兵力上占优势，但装备太差，如和敌人死拼硬顶，肯定要吃亏。不如先避其锐气，故意示弱，边打边退，迷惑敌人，诱其深入。我军可以后撤 30 至 50 公里以分散敌人，然后在运动中寻机歼敌。这是我军的拿手战术。我们要在清川江畔钓大鱼！"

打了胜仗的志愿军在后撤，引起各方面的关注。

朝鲜方面开始时也不理解，派人询问："为什么后撤？应该向清川江以南追击！"

各国通讯社纷纷猜测。一家通讯社认为，中国军队这样做，一是等待政治解决，二是聚集物资，准备再战，三是建立缓冲区，四是借严冬帮助，以使"联合国军"遭到拿破仑式的大溃败。

"联合国军"总司令麦克阿瑟在美国驻东京大使馆同夫人一起举行宴会，说上帝会保佑美军圣诞节前回家。

美第8集团军司令沃克的头脑是清醒的。他一方面贯彻麦克阿瑟发动新攻势的意图，另一方面又发起试探性的进攻，小心谨慎，速度缓慢，平均每天只前进二三公里。

在大榆洞的那间作战室里，彭德怀注视麦克阿瑟的动向，又为沃克的边进边看焦急：这样，敌人什么时候才能进入志愿军预定的歼敌地区——东起宁远、德川，西至玉山、纳凉亭之间呢？

解方向彭德怀报告战况："自11月6日敌人向我试探性进攻以来，我军即按照预定计划以部分兵力实施节节阻击，缓慢后移，诱敌深入。9日，西线112师放弃了飞虎山一线阵地；10日，115师又放弃了博川。东线我军7日放弃了黄草岭。西线东线敌人全线推进，向北进犯，只是速度太慢，到昨天为止，只分别前进9至16公里，距我预定歼敌区还较远。"

韩先楚："看样子，敌人有了上次冒进的教训，变得小心谨慎了。"

洪学智："是不是112师在飞虎山顶得太硬，把沃克吓住了，对我们产生了怀疑？"

解方："看来还得进一步迷惑、骄纵敌人，引诱他们放胆前进。"

洪学智："要使敌人放弃疑虑，我军最好连小规模的阻击、反击也放弃，大步后撤。"

彭德怀边听边思考，最后下了决心："电令各军，不要再向进攻之敌反袭击，再大步后撤十几公里。不过，撤退的时机和方式一定要掌握好，一定不要让敌人发现我们的意图，看出我们是引诱他们钻口袋。给敌人一种错觉，以为我们打不赢他们，是撤退了，他们才好放心进至我预定地区。"

敌人果然上当，彭德怀下令黄昏后发起第二次战役。

清晨，天还未亮，志愿军司政机关的人就吃完早饭，除值班人员外，都进行了疏散。按规定，值班人员在听到空袭警报后再进防空洞。

昨天下午，四架美机在大榆洞上空转了几圈，轰炸了两次，打坏了山坡上的变电所。黄昏时又飞来几架"野马"，转几圈飞走了。这引起了细心而又有经验的洪学智的注意，他找到邓华说："明天敌机很可能要来轰炸我们，要开会研究一下怎么防空。"

邓华同意了，可彭德怀就是不参加会，邓华只得和洪学智、解方、杜平几个人研究，做出三条规定：一是天亮前吃完饭，二是天亮后不准冒烟，三是7时前除值班人员全部进入防空洞。

和机关人员一样，邓华、洪学智、解方、杜平等人吃过饭就进了山沟的一个防空洞里。

天就要亮了，彭德怀还没有来，警卫员、参谋去催了几次也没催动。邓华说："老洪爱和彭总开玩笑，还是老洪去劝劝吧？"

洪学智是管司令部工作的，又负责彭德怀的安全，就说："我去就我去！"

彭德怀一见到洪学智就说："洪大个儿，你把我的作战地图弄到哪里去了？"

洪学智说："老总啊，拿到上面防空洞里去了，已经在那里挂好了，火也烧好了，现在就要研究下一步的作战方案，别人都去了，正等着你呢。"

"谁叫你弄去的？在这儿不行吗？"

"这里危险。为了你的安全，我们几个商量定了。"

"你怕危险，你走，我不怕，我就在这里！我不去！哪个要你多管闲事？"

"这不是闲事，我应该管的。"

见彭德怀不再说什么，洪学智忙推着他向外走，又喊警卫员："把彭总的铺盖和办公用品拿到洞里去。"

彭德怀说："用不着，没有事。"

"没有事了，再拿回来！"洪学智边说边使劲推着彭德怀往前走。

到了防空洞里，彭德怀无可奈何地摇摇头，说："你们这些人哪，我拿你们真没办法！"

邓华说："黄昏后就要总攻了。"

彭德怀走到地图前看了一会儿，和邓华等人讨论起来。

上午11时，传来了敌机的隆隆声。彭德怀好像没听到似的，仍然坐在那里。

"彭总的房子被烧了。"不知谁说了一句。

彭德怀走到洞口，看到他的房子起了火，浓烟滚滚，烈焰腾空。敌机扔的是凝固汽油弹，温度很高，眨眼之间就把整座房子烧掉了。

作战处处长丁甘如向彭德怀报告："成普副处长、徐参谋两个都跑出来了，岸英和高瑞欣没有跑出来。"

原来，在敌机来袭之前，毛岸英和高瑞欣又从防空洞跑回去，同值班的成普、徐亩元谈晚上即将发起的战役。敌机来时，他们四人向外跑，徐亩元先出来，成普后出来，均被烧伤。毛岸英和高瑞欣因离门远，未及冲出就被凝固汽油弹燃起的浓烟烈火吞没。

彭德怀猛地打了一个机灵，接着喃喃自语："岸英和瑞欣同志牺牲了！"

敌机飞走后，彭德怀来到现场，看到人们围着两具烧焦的尸体痛哭。

解方走过来问："这件事要不要向毛主席报告？"

彭德怀说："岸英同志为国捐躯光荣，我想迟早都是要报的，迟报不如早报，今天就报。"

中午，志愿军总部机关的人都没有吃饭。下午，彭德怀起草了给军委的电报。

> 我们今日7时已进入防空洞，毛岸英及三名参谋在房子内。11时四架敌机经过时，他们四人已出来。敌机过后，他们四人返回房子内，忽又来敌机四架，投下近百枚燃烧弹，命中房子，当时有二名参谋跑出，毛岸英及高瑞欣未及跑出被烧死。其他无损失。
>
> 志司
>
> 25日16时

这114个字的电报，彭德怀写了一个多小时。

傍晚，彭德怀一人站在防空洞门口发呆，洪学智走到他身边说："彭总，吃点饭吧。"

彭德怀摇摇头，说："洪大个儿，我看你这个人还是个好人哪！"

洪学智："我本来就是好人，不是坏人。"

彭德怀："今日不是你，老夫休矣。"

洪学智："以后再挖防空洞，你不要再骂了。"

彭德怀望着天空："唉，为什么偏偏把岸英给炸死了呢？"

洪学智回答不了这个问题，叹一口气，转移话题："到洞里去吧，前面的总攻可能已经开始了。"

第二次战役开始。整整三天三夜，志愿军司令部的人都没有合过眼睛。

彭德怀也是这样。他脸色阴沉着，目光时时扫视着面前的大幅地图，图上有参谋们不断更换标示敌我双方的红蓝小旗。

东线：某兵团向当面之敌发起攻击。

西线：某军逼近球场；某军逼近宁边；某军进到古城洞；某军逼近定州；某军攻占北仓里后向假仓里攻进；某军攻占浦州、戛日岭后，整个清川江北面的美军数万人企图南逃。

彭德怀的眼睛盯住三所里。这里是扼平壤、向北通往仁川的公路干线，是西线美第8集团军的心腹地带，也是志愿军截断敌军南逃的一道"闸门"。彭德怀急于想知道向这里迂回穿插的38军113师的情况——只要插到了，插断了，就是胜利。

可是，就在这关键时刻，却和113师联络不上了。彭德怀说："问38军和前指。"

参谋说："他们和军部、前指也没有联系。"

彭德怀黑着脸到电台问，仍是联络不到。回到作战室，他一句话不说。

解方明白彭德怀着急的原因：113师是此次战役成败关键的关键！解方带着作战处处长丁甘如、通讯处处长崔伦守在电台旁边，命令所有电台只听113师和前指的，其余的一概不管。通讯处处长、电台台长亲自上机。

邓华、洪学智也到电台打听。

解方摇头。

洪学智回到作战室，对彭德怀说："还是联系不到。"

彭德怀说："这个113师怎么搞的，跑到哪儿去了？"

其实，113师此时正疾速行进在通往三所里的路上。27日黄昏后，他们沿着德川以南的小路向三所里插进。跋涉崎岖小路，攀登纵横沟壑，天亮后才到达距三所里15公里的松洞。此时，部队已行军两天两夜，几十架敌机又飞来，在低空盘旋侦察。师政治委员于敬山和副师长认为一停下来就不能及时赶到三所里，便让部队干脆去掉伪装，边吃干粮边像南朝鲜军队一样，大摇大摆地在公路上行进，飞机来了也不躲。敌机上当了，真的以为是南朝鲜军队，也就不轰炸了。为了不被敌电台侦破，他们关闭电台，实行无线电静默，所以军里、前指和志愿军总部都联系不上。

伴随清晨升起的霞光，电台终于收到了113师发来的联络坐标暗语，人们一下子叫起来："到三所里了！"

彭德怀憔悴的面容上有了喜色："哎呀，这下放心了，总算到了！"

彭德怀放心了，113师却惹来了麻烦。他们的报话机一打开，就被美军发现了。他们刚占领阵地，美军骑兵第1师第5团就从价川赶来，双方展开激战。113师打退敌10多次冲击，到第二天凌晨占领龙源里，堵死了敌人的南退之路。

一直守在作战室的彭德怀为113师及时赶到和切断敌退路而高兴，但也为他们能不能顶住敌人捏着一把汗。他走到报话机前，说："要出113师指挥所！"

报话员叫通之后，将话筒递给彭德怀。彭德怀问："你是哪一个？你们在哪个地点？"

话筒里传来回答："我是师政委于敬山，我们在龙源里。"

"我是彭德怀！告诉我，你们那里的情况怎么样？敌人全退下来了，拥向你们那地方去了，你们到底卡得住卡不住？"

于敬山大概感到太突然，声音有些抖，说："报告彭总，敌人正向我们进攻，战斗很激烈；我们完全有信心把敌人卡死在这里，完成这个光荣任务！"

彭德怀很满意，说："很好！告诉同志们，你们打得蛮好，我们的主力部队正向你们靠拢，你们要加把劲，继续把敌人卡住！"

于敬山说："请彭总放心，我们坚决把敌人卡住！"

这个师所在军的部队很快肢解了价川至龙源里公路两侧的敌人。

其他部队奋勇追击，一步一步缩小包围圈。

两天以后，西线敌人开始全线撤退。

清晨，彭德怀正在办公室里阅读各单位报来的战报。在读到韩先楚关于38军的情况时，点着头说："打得好！"

彭德怀把材料递给邓华、洪学智、解方、杜平等人看。

邓华："他们是主力，很有战斗力！"

洪学智："上次他们没打好，受到了老总的批评。这次憋足了劲，要打出个样子来。这是一支老部队，有不服输的作风。"

彭德怀说："杜平上次说得对，38军的确是一支好部队，要通令嘉奖他们。"

邓华说："应该，赏罚严明嘛。"

彭德怀随即拿起毛笔写嘉奖令。

梁、刘并 38 军全体同志：

　　此次战役克服了上次战役中个别同志的某些顾虑，发挥了 38 军优良的战斗作风，尤以 113 师行动迅速，先敌占领三所里、龙源里，阻敌南逃北援。敌机、坦克百余，终日轰炸，反复突围，终未得逞，至昨（30）战果辉煌，计缴坦克、汽车即近千辆，被围之敌尚多。望克服困难，鼓起勇气，继续全歼被围之敌，并注意阻敌北援。特通令嘉奖并祝你们继续胜利！

彭邓洪韩解杜

几个人看过都说"可以"，彭德怀交给参谋："那就拿去发吧。"

参谋刚要去，彭德怀又说："给我。"

参谋转回来，将嘉奖令电报稿交给彭德怀。彭德怀拿起笔，接着电文最后又写了一句："中国人民解放军万岁！38 军万岁！"

在中国人民解放军的历史上还没有称哪个部队万岁的。

"这次战役胜利，38 军起了关键作用，打得好，就可以喊万岁！"彭德怀又问邓华、洪学智，"怎么样？"

大家没有再说什么。

"不说话就是同意了。"彭德怀把电报稿交回参谋，说，"拿去发了，通报全军，上报军委。"

53. 不追击

　　1950 年最后一天的黄昏来得特别早，5 点钟刚过，就迷迷蒙蒙的。狂风夹着大雪，朝鲜"三八线"两侧顿时一片白茫茫，气温骤然下降到零下 20 多度。就在人们准备送走 1950 年最后一刻、迎接 1951 年元旦的时候，中国人民志愿军按照彭德怀的命令发起第三次战役。

　　过去，志愿军发起攻击的时间往往选在深夜，以"静悄悄"的方式发起突然攻击。这一次，却是用大炮作为先导。七个炮兵团加上各部队的炮兵，在同一时间，在约 200 公里的宽正面上，将千万发炮弹倾向敌军阵地。随即，提前

图为彭德怀视察高炮阵地时的情景。（杜杨 摄）

隐蔽潜伏在攻击出发地的步兵部队向敌人阵地发起猛攻。

刚刚过了圣诞节又在过元旦的敌人陷入混乱。

这是彭德怀精心选择的时间。他认为：志愿军没有制空权，敌人白天轰炸得很厉害，只能在晚上打仗，最好在月光照耀的晚上。选在这月圆前几天，攻击时月亮不圆，打到高潮时月亮正圆，更能发挥志愿军夜战的优势。

美军第 8 集团军司令沃克一周前翻车而亡，新上任的司令是美陆军副参谋长李奇微。李奇微估计到了中朝军队要发起攻势，但没有想到会这么快这么猛。他苦心部署在第一线的南朝鲜军队很快土崩瓦解，潮水般地向后溃退。接着，美军的防线也被突破。

两天之后，也就是 1950 年 1 月 2 日，彭德怀从地图标出的敌我位置上看到，他的军队已突入敌人纵深 15—20 公里。

参谋报告："敌人已经全线撤退。"

彭德怀："这个李奇微，他是怕我们从他的右翼实施深远迂回包围，使他的 10 多万军队拥挤在汉江北岸背水作战，陷于危险境地。只可惜我还没有那样的实力，包围了也吃不下。"

洪学智："看来敌人无意抵抗，跑得那样快，很有可能会放弃汉城。"

两天以后，敌人果然放弃了汉城，中朝军队开进城内。

一份电报送到彭德怀手里。这是韩先楚从 38 军军部发来的，电报上说："在前面作战的部队极端疲劳，困难太多。'三八线'以南沿途群众跑光，敌人把房屋烧了，粮食抢光，使部队吃饭、休息都很困难，体力大大减弱，加之后勤供应跟不上，前面部队急需粮食、弹药、鞋子等补充。如果不增加新的力量，仅靠现有的兵力，再发动大的攻势是不可能的。"

部队在追击前进，彭德怀的脸上反而疑虑重重。李奇微是西点军校的优秀生，被美国人称为"战场上的风云人物"，他指挥的军队怎么竟毫不抵抗就撤了呢？他的有生力量未被歼灭，有坚固防线却不固守，这是为什么？

看着地图，想着疑点，彭德怀的脑子里一亮：李奇微是在有计划地南撤，先诱我深入，然后实施登陆夹击我军，再来一次仁川登陆……

彭德怀的心悬起来。

这位打了几十年仗的人从来没有害怕过。但此时，天寒地冻，冰雪遍野，部队缺粮，官兵们吃不饱，睡不好，弹药供应不上，伤员抬不下来……彭德怀意识到了危险。

彭德怀下了决心，对解方说："命令各军于 1 月 8 日起停止追击，就地构筑工事，进行防御。主力后撤休整，结束此一战役。"

解方理解彭德怀的意图。战役发起前彭德怀就说过：突破就是胜利。千万不要打得太远了，太深了。否则困难很多，对我们不利。

有人打开了收音机。喇叭里传来北京的声音。女播音员以激扬的语调播发新华社的消息、《人民日报》社论和各地庆祝收复汉城的报道。彭德怀忧虑地说："他们是想鼓舞我们的指战员，但他们并不了解前线的困难。新华社不应该这样大张旗鼓地宣传报道收复汉城，因为敌我力量并没起明显的变化，这次我军虽然前进了 100 多公里，但未能大量歼灭敌主力部队。我们是一军（陆军）

对敌人三军（陆海空），一线（陆上）对敌人的三线（陆、海、空）。敌人的武器装备占绝对优势，放弃汉城不过是应急措施，肯定还会反攻的。目前我军并无力量防守，如果敌军重占汉城，我们可怎么向祖国人民交代呢？"

彭德怀皱起眉头：这个胜利可能又会助长一些人的轻敌速胜思想。

第二天，苏联驻朝鲜大使拉佐瓦耶夫来见，对第三次战役胜利表示祝贺，说："美国人毕竟怕苏联，有我们支持，彭将军天下无敌！"

彭德怀知道这个人很狂，开始时认为装备低劣的中国军队不是美军的对手，从骨子里轻视中国人，就说："那是由于毛主席、金首相指挥得好，中朝军队和人民的英勇战斗！"

拉佐瓦耶夫："你们为什么停止追击？现在敌人望风而逃，汉城也收复了，你们为什么不追击了？为什么要结束第三次战役？不应该停下来，应该乘胜追击。"

彭德怀："大使阁下，敌人尚未受到毁灭性打击，至今未大伤元气，轻敌速胜的思想是不实际的，在军事上是有害的。据我分析，李奇微已设下伏兵，等着中朝军队去呢。"

连着两个软钉子使这位大使忘记了应有的礼节："想不到堂堂中国志愿军司令员，竟被李奇微吓破了胆！哪有打了胜仗不追击敌人的道理？"

彭德怀忍着火："依你之见怎么办？"

拉佐瓦耶夫："应该赶快下命令追击！一直追到釜山，活捉李奇微，把美国人赶下海！"

彭德怀："打仗靠的是实际，不是幻想！"

拉佐瓦耶夫："我要向斯大林同志报告！"

彭德怀："我是志愿军司令员，我要对人民负责，对几十万将士的生命负责，对中朝两国的生存安危负责！"

拉佐瓦耶夫拂袖而去。

彭德怀："他根本就不懂打仗！"

洪学智："他可能报告斯大林。"

彭德怀："不要管他，我对人民负责，错了由我承担！"

后来，拉佐瓦耶夫确实给斯大林发了电报。

彭德怀也给毛泽东发了电报。毛泽东将彭德怀的电报转给了斯大林。斯大林复电毛泽东，赞扬彭德怀指挥中国人民志愿军以劣势装备打败了世界上最强大的美国军队，堪称当代天才的军事家，他的意见是对的。斯大林同时批评了拉佐瓦耶夫，不准他再乱发言，而且很快便把他调回国去了。

54. 指挥部昼夜

进入 1951 年 3 月，朝鲜战场变得暖和了。午后的阳光穿过密密的松针，投进点点光斑。已经指挥完成了四次战役的彭德怀和他的助手们开始研究发动第五次战役。

解方："我们从情报获知，麦克阿瑟和李奇微到朝鲜东线视察，敌海军加强了对我元山、新浦、清津诸港的炮击，加紧了对沿海岛屿的侦察活动。同时，美军拟将两个国民警卫师调赴日本，准备增援朝鲜战场。南朝鲜军队至少有两个师约 3 万人在日本加速训练，装备美械。种种迹象表明，敌人在加紧登陆准备。登陆地点可能在东线，即东海岸的通州、元山地区，以配合其陆上进攻，企图打到'三八线'以北，避免我军由东面山区向其出击。"

彭德怀："敌人开始北犯时，毛主席曾想过，在敌人地面兵力占优势的情况下，我军暂不进行战役性出击。如果敌人逼我应战，拟让敌进至'三八线'以北地区，在我第二拨志愿军部队到齐后再进行有力的新战役。"

邓华插话："现在敌人进到了'三八线'以北地区，第二拨志愿军也来了。"

彭德怀继续说："毛主席估计，敌人占领'三八线'以后的行动可能有三种：第一，趁我疲劳继续北进；第二，暂时停止于'三八线'大约 10 至 20 天；第三，较长时间，大约两三个月，停止于'三八线'，进行永久筑防，待阵地大部巩固后再进。这三种可能以前两种可能为多，但敌发现我有大量援兵到达时，第三种可能不仅存在，而且可能发生另一种情况。所以，我们应在第二拨部队入朝后，趁敌进至'三八线'及其以南地区立足未稳时，在 4 月 15 日至 6 月底实施战役反击，在'三八线'南北消灭美伪军建制部队几万人，然后向汉江以南地区推进，这样最为有利。"

沉默一会儿，洪学智说："我主张把敌人放到铁原、金化地区再打。如果在铁原、金化南面打，我们一出击，敌人一缩，不容易达到毛主席说的成建制消灭敌人的目的。把敌人放进一些来，我们可以拦腰一截，能很快解决问题。同时，刚入朝的部队也可以逸待劳，多一些准备时间。"

彭德怀："我们不能再退了，把敌人放进这一线来坏处很多。铁原一带是平原，是很大的开阔地，敌人坦克进来，对付起来很困难。另外，让敌人打进来，物开里那儿我们还储存了很多物资、粮食，怎么办？不行，不能把敌人放进来，还得在铁原、金化以南打！"

洪学智的意见先摆出来了，彭德怀的意见也很明白了。这两种截然不同的打法引起大家的议论。

邓华："我倒是同意洪学智的意见。他的意见有道理，应该把敌人放进来打。刚进来的部队对地形不熟悉，行动也很仓促。把敌人放进来，一是我们可以准备得更充分些，可以以逸待劳，二是也可以把地形摸熟。"

彭德怀："那么物开里的物资怎么办？"

洪学智："那里仓库中储存的物资弹药，我保证两夜之内全部向北搬完。"

解方："我看放进来打比较好。"

杜平："我也同意放进来打。"

彭德怀看到别人都不赞同他的意见，都主张放进来打，有些不高兴地说："这个仗你们到底想不想打了？"

洪学智："老总，仗还是要打的。我们是做你的参谋的，参谋的责任是提建议，是供你下决心参考的。老总是战场统帅，最后的决心还是老总下。"

邓华："你不是让我们提看法吗？我们就是这么看的，采纳不采纳由老总定，老总定了以后，我们坚决执行。"

彭德怀没有吭声。

吃饭的时候，洪学智看到只剩下他和彭德怀两个人，就说："老总啊，当参谋的有三次建议权，我已经向你提了两次建议，现在我再向你提最后一次建议，最后由你决定。"

彭德怀听过洪学智又一次讲述，沉思一会儿，说："你的建议也有道理，我就是考虑朝鲜战场狭窄，把敌人的坦克放进来不好办呀！"

"敌人的坦克开进来不好办，可是我们打出去更不好办。我们往前进，敌人就要往后退。我们靠两条腿，敌人是坐着汽车跑。我们的人又疲劳，地形又不熟，追不上敌人的汽车。另外，打远了供应线也接不上呀！"

彭德怀还是担心时间拖长了，敌人有从侧后登陆的危险，那样部队就得调整已经按正面发动进攻的部署。

出于这些考虑，彭德怀坚持自己的意见，没有采纳洪学智和其他人的建议。

4月6日，彭德怀主持志愿军党委扩大会议，按照这个意见部署了第五次战役。

1951年4月22日，星期日。黄昏时候，中国人民志愿军发动第五次战役。

这是彭德怀指挥的一次大规模战役反击。中朝联军的15个军从宽大的正面战线上，同时向"联合国军"的防御纵深发起突然猛烈的进攻。炮弹如火龙飞蹿，步兵似洪水决堤汹涌着向前涌动。

左翼：宋时轮、陶勇指挥的五个军突破敌人的防御阵地，前进30多公里，突击到"三八线"以南地区，完成了战役分割任务。

右翼：杨得志、李志民指挥的三个军和人民军第1军团渡过临津江，攻占几处要点和开城、长湍。

中部：副司令员王近山指挥的三个军经过激战歼灭美第3师一部。

东线：人民军第3、5军团分别向杨口、元通里一线进攻，先后歼灭南朝鲜军第5、7师各一部。

4月26日，战斗已经进行了七天。彭德怀分析地图上小红旗标示的各部队的位置。某兵团前出至汉城近郊的北岳山区；某兵团一部到达间林、退溪院里地区，逼近汉城，控制了汉江北岸；某兵团一部进到金台里、磨石隅里地区，逼近汉江……但是歼敌的数量只有2.3万人，没有消灭美军一个整团的战例。

敌人已经把主力撤到了汉城以南及北汉江、昭阳江以南进行抵抗，美骑兵第1师则在汉城周围组织了密集的火力控制地带。彭德怀判断敌是在诱我攻打汉城，给我以大量的杀伤。

彭德怀发出命令："在汉城以北歼敌的机会已失去，部队停止攻击！"

4月28日，结束了战役的第一阶段。但彭德怀想多消灭一些敌人的打算并没有取消。他开始了一个新的构想：向东转移兵力，围歼南朝鲜军队。于是发出了战役第二阶段的作战命令。

当这个命令变成现实时，某兵团和人民军第1军团首先在汉城方向和汉江下游佯动，不断袭击敌人，摆出迂回汉城渡江南进的态势，人民军还以一部在汉城以西渡过了汉江。

在他们的掩护下，另两个兵团隐蔽东移，突破前沿，向敌纵深猛插，歼灭向云里地区南朝鲜军队的两个师的大部，击溃两个师，共歼敌 1.7 万多人。

彭德怀仍然不满意。但是部队极度疲劳，供给难以为继，再打下去，不但不能消灭敌人，反而会带来更多的困难。他不得不下决心结束这次战役："命令部队结束战斗，向北转移。"

对于大部队来说，撤退并不比进攻容易。志愿军这时面临的也是这个困难。彭德怀为此而担心，但他担心的事还是发生了。

转移的第七天，彭德怀在空寺洞阴暗潮湿的办公室里坐立不安。深夜两点钟的时候，他穿着短裤，赤着双脚，满头大汗，走来走去。洪学智刚从 100 多公里外的志愿军后勤司令部赶回来，彭德怀对他说："60 军出问题了，那个 180 师同军部同兵团和志司都失去了联络。韦杰昨天说，这个师还在往回撤，可派部队去找，又找不到。"

洪学智说："我们的部队往回撤，敌人跟着追，不会出什么问题吧？"

"还得想办法继续联系，整整一个师，不能就这么白白地丢下不管了。兵团和军的领导都迟疑不决，联系不上就干等着，把时间都耽误过去了。"

彭德怀要通兵团电话："我命令你们立即组织部队救援，一定要把这个师给我找回来！"

与此同时，解方等人也在作战室里"寻找"180 师。

警卫员悄声告诉洪学智："洪副司令，从听说 180 师被割断，彭总一直守在电话旁边，没合过眼，已经两天两夜了。"

洪学智走过去，劝彭德怀："你去睡一会儿，我替你守着电话，有情况马上向你报告。"

彭德怀摇摇头。他又给兵团打电话，气呼呼地发了一顿火。

终于有了 180 师的消息。这个师撤过汉江，到北培山和驾德山之间时，碰到在山中公路上插过的美军。其实美军并没有发现他们，这里离志愿军控制区很近，只隔一条公路。师长郑其贵以为被敌人包围了，下令砸毁电台，烧掉密码，让战士分散突围。由于连续作战，极度疲劳，干粮吃尽，只能以野菜树根充饥，完全失去了战斗力。数千人没有突围出来——有的饿死，有的中毒而死，有的被俘。

听到报告，彭德怀的手直抖，厉声骂道："这是最大的犯罪行为，必须军法处治！"

55.边谈边打

李奇微通过新闻媒体于 6 月 30 日发布文件——

我以联合国军总司令的资格，奉命通知贵军如下：

我得知贵方可能希望举行一次会议，以讨论一个停止在朝鲜的敌对行为及一切武装行动的停战协议，并愿适当保证此停战协议的实施。我在贵方对本通知答复以后，将派出我方代表并提出会议的日期，以便与贵方代表会晤。我提议此会议可在元山港一只丹麦伤兵船上举行。

联合国军总司令、美国陆军中将李奇微（签字）

对这个信息，彭德怀早有思想准备。他虽然身在战场，却密切注视着国际风云，中共中央也不断向他通报有关情况——5 月 7 日，美国总统杜鲁门拐弯抹角放出打算停火谈判的信号；联合国秘书长赖伊声明透露美国愿意通过谈判结束敌对行动；6 月 3 日，金日成到北京与毛泽东、周恩来协商关于美国提出的朝鲜停战谈判的问题，而后高岗陪同金日成去莫斯科进一步磋商；6 月 23 日，苏联常驻联合国代表马立克发出关于和平解决朝鲜冲突的建议；6 月 25 日，北京《人民日报》发表社论，表示赞成马立克的建议。

战争就要进入军事同政治交错的新阶段。

第二天，即 7 月 1 日的中午，彭德怀又收到金日成发给毛泽东的电报。电报申明朝鲜方面对谈判的意见，提出了目前谈判的内容和地点，并要求彭德怀作为志愿军代表出席和谈会议。

彭德怀召集陈赓、邓华、解方、杜平等人开会，研究停战谈判问题。

陈赓："美帝国主义愿意和谈，这是我们的胜利。朝鲜战争对英、法等国无实际利益，而西欧本身又受着威胁，所以他们与美国相互间的矛盾是存在的；同时美国统治集团内部的斗争也日益剧烈，使杜鲁门不能不考虑选择的问题。他想结束朝鲜战争，摆脱被动局面。"

邓华："但对朝鲜的前途尚不能盲目乐观，要防备敌人利用和谈重新积聚力量向我反攻。"

"这次和谈是打出来的。"陈赓又说，"在谈判桌上，他们不会老老实实的，可能提出一些无理要求。我们部队不能有一点松懈麻痹，要提高警惕，多打胜仗，谈判才能顺利进行。"

杜平："当前，我们要加强对部队进行不能松懈战斗意志的教育。"

解方："必须要求部队在巩固现有阵地的基础上继续加紧准备，有备才能无患。"

"你们谈的意见我都同意。"彭德怀说，"美国为维持在东方和世界的政治地位，依靠技术装备上的优势，实行的是战争政策。但是，我们的五个战役一打，把它的老虎屁股打疼了，所以极力想摆脱困境，改变目前的局面，这就有了和平谈判。李奇微的声明是打出来的，因此我们决不能希望敌人放下武器。要立足于打，以打促谈。一句话，部队要积极地打，谈判的要积极地谈，叫敌人在谈判桌上得不到的东西，在战场上也得不到。"

大家谈得很热烈。这些战场上的指挥者对政治也是娴熟的。

彭德怀："我们的条件也不苛刻，以'三八线'为界，公平合理，也对得起

图为设在山洞内的彭德怀司令员指挥所内景。

杜鲁门了。"

一阵笑声。

彭德怀又说："那么派谁去担当此任呢？我不宜直接出面，还要主持作战。邓华同志代表我去吧，现在先向中央报告。"

邓华面露难色："我对外交方面的事不熟悉，是否换别人去？"

陈赓："我们这些人都不善于外交，比较起来还是老邓合适。你是志愿军第一副司令员，而且一直参加指挥第一到第五次战役，对和谈最有发言权。"

彭德怀："那就这样定了。报中央批准就开始执行。"

7月1日晚上，北京、平壤广播电台同时广播了中朝联军对李奇微的答复——

联合国军司令李奇微将军：

你在6月30日关于和平谈判的声明收到，我们受权向你声明，我们同意为举行关于停止军事行动和建立和平谈判而与你们会晤。会晤地点，我们建议在"三八线"上的开城地区。若你同意，我们的代表准备于1951年7月10日至15日和你的代表会晤。

朝鲜人民军总司令　　金日成
中国人民志愿军司令员　彭德怀

洪水泛滥。

多灾多难的朝鲜半岛在连绵的战火中又遇到了40年来未见的特大洪水。从7月20日开始，连降的暴雨汇聚起汹涌洪水，冲毁了公路桥梁。这对于本来就运输困难的志愿军来说，更是一个巨大的威胁。而敌人又出动大批飞机进行毁灭性的轰炸，企图切断中朝军队的运输线，阻滞中朝军队的前后方联系。

彭德怀注视着阴沉沉的天空，心急如焚。和美军的停战谈判已经开始，但如前所料，根本不是一帆风顺，必须随时准备应付敌人的攻击。他曾要求打的坚决打，谈的耐心谈，树立持久作战和积极防御的思想，不要因为谈判而放松警惕。可现在洪水特大，部队的供应能得到保证吗？

这时，洪学智奉命赶来。现在，洪学智不但是志愿军副司令员，还兼任志愿军后勤司令员，他正夜以继日指挥部队对付洪水，接到彭德怀的电话就冒雨赶来了。

彭德怀："洪大个儿，敌人要把战争转移到我们的后方了。这是一场破坏与反破坏、绞杀与反绞杀的残酷战争。"

在室内走了几步，彭德怀接着说："李奇微这个人有点小聪明。他知道他的地面部队虽有空中支援，武器装备也占很大优势，但地面作战对他们来说不是优势，就想新办法，发挥他们空中力量的优势，从空中打击我们的后方。"

洪学智："他打他的优势，我们打我们的优势。我们士气高，发动群众就可以击破美军的'天门阵'。他对我们无非是空中封锁，我们就建立打不破的钢铁运输线，保证前方物资补给。"

"看来你早已胸有成竹。"彭德怀高兴地说，"美军的目的，一是在军事上造成我持久作战的困难，二是为配合谈判对我施加压力。能不能解决运输问题，保证部队有饭吃、有弹打，这是我军目前重大的战略问题。"

洪学智："我已组织各单位和群众分段包干抢修道路桥梁，让部队制定了抢运粮食的计划。"

彭德怀："前方是我的，后方是你的。当然敌人的根本目的还是地面。我估计，敌人还会来攻的。你要千方百计保障供应，我们一起打赢这场战争。"

不出彭德怀所料，李奇微指挥的"联合国军"趁着特大洪水进行空中轰炸，借着轰炸从地面发动攻击。

彭德怀命令铁道和高炮部队支援后勤供应，同时指挥西线的四个军采用"零敲牛皮糖"的打法，坚持积极防御，进行节节抗击。他们以部分兵力先后向德寺里、399.1高地、西方山、斗流峰等敌阵地发起攻击，占领了西方山、斗流峰等制高点和前沿阵地，改变了志愿军在平康平原的防御态势。同时，用不断的阵地反击杀伤敌人，对突出部之敌进行小型攻坚战，稳扎稳打，力求每次歼灭美军一个连至一个营。

从8月18日到9月18日，在一个月的时间里，"联合国军"在东西线以死伤被俘7.8万人的代价向前突入2—8公里。

敌人不甘心这样的结果，于9月29日发动了秋季攻势。这次的矛头主要指向西线的志愿军阵地，目的是夺取位于"三八线"以南被中朝联军占领的开城地区。

这时，彭德怀已在志愿军中推广了坑道工事——挖掘坑道式的掩蔽部，以此为依托，顶住飞机大炮的轰炸，抗击敌人，给其大量的杀伤，将单人的防炮洞连成有通风口的坑道体系，不但能通气、伪装、防毒、防炸、防淹、防困，还能作战。

英第1师和美骑兵第1师第5团一部进攻志愿军某军防御正面的高旺山、马良山，每天以一两个团的兵力猛攻。某军的马良山阵地五次失而复得。防守216.8高地的一个连依托坑道式的掩蔽部，一天击退敌20次冲击。八天之后，敌因伤亡过大停止进攻。

某军的一个营防守天德山和418高地，每天抗击敌人两个步兵团的进攻，每天平均打退敌人10次冲击，顽强地守住了阵地。

这些情况不断传到志愿军司令部，彭德怀很高兴，连声夸奖。

敌人的秋季攻势结束了。李奇微想以军事压谈判的图谋不但没有得逞，反而损兵折将。

进入1952年，中朝联军的前沿阵地和后方同时出现带着各种细菌的老鼠、苍蝇、跳蚤、蜘蛛、蚊虫等，后发现这是美军的飞机撒下来的。这就是灭绝人性的细菌武器。彭德怀立即命令部队紧急防疫。中共中央和中央军委非常重视，周恩来派出大批医学专家和防疫大队赶到朝鲜，及时控制了瘟情。

前些日子，彭德怀前额左上方长了一个小肿瘤，这时也越来越痛了，他不由得伸手按了按。

警卫员看到这情景，说："我去找医生来看看吧？"

彭德怀："不用了。"

第二天，副参谋长王政柱领着反细菌战的北京医科大学专家和医生来了。

专家和医生检查后，半天没有说话。

彭德怀："没事吧？"

专家："彭总，我看还得重视。这里没有X光检查，我建议你回国去检查治疗。"

彭德怀又问："到底是什么东西，你如实告诉我。"

专家犹豫一下，说："有癌的可能。"

王政柱："赶快回去割除。"

彭德怀："没关系，死不了！"

王政柱劝不了彭德怀，就和洪学智、韩先楚、甘泗淇等人一起劝。

彭德怀："邓华病了回沈阳治疗，我要等李德全（政务院卫生部长）的调查团来，把美帝国主义的滔天罪行弄清楚，好把真相公布于全世界。"

洪学智等人没有办法，就给毛泽东发电报。毛泽东、周恩来立即派正在北京的陈赓前来朝鲜，接替彭德怀的工作，让他回京动手术。

"小题大做！"彭德怀不满意地说，"实在需要割除，在这里也一样。"

医生："这里的设备、技术都不行。"

彭德怀："有什么了不起，你们割开一个口子，一挤就行了。若是你们害怕，我签字负责！"

医生："手术是不能轻易动的。"

彭德怀："我反正不能回去，一定要等李德全来。"

以李德全为团长、廖承志为副团长的"美帝国主义细菌战罪行调查团"来了。在欢迎他们的会上，彭德怀说："敌人为什么在这时候使用细菌武器呢？事情很明显，他们原来想用他们的军事力量占领朝鲜北部，进而向我国进攻。但是经过了一年多的战争，他们失去了信心，这才出现了开城谈判。利用谈判时间，他们准备了秋季进攻。所以谈判不久，他们又破坏了谈判，举行了军事进攻。但是，结果还是失败了。于是，他们又变换了花样，企图用细菌战来达到他们用飞机大炮恐吓、在谈判中狡赖都没有达到的目的。这次细菌战，我们还是要打败它。根据敌人投放细菌以来 58 天的情况表明，他们的企图依然是要完全失败的。"

彭德怀依然不回北京。

陈赓来了，转告了毛泽东的意思，催促他回去，但彭德怀还是不动身。

直到毛泽东以中共中央的名义发来电报说马上回国治疗，绝对不应推到 5 月，彭德怀才不得不回国。

彭德怀就要离开志愿军总部了。这天清晨，他早早起来，把朝鲜授予的那枚红旗勋章交给司令部的同志，说："这是朝鲜政府和人民授予志愿军的，我作为代表接受了。现在我要走了，勋章就留在这里吧！"

56. 签字停战

彭德怀又一次站到桧仓，是在他离开一年之后的 1953 年 6 月。

彭德怀刚踏上这块熟悉的土地，就看到他曾住过的矿洞左边新挖了一个马蹄形的坑道，坑道的两壁凿出四个石窑。邓华把他领进其中的一个石窑，说："彭总，你就住在这里吧。"

"好啊，你们干得不错！"彭德怀赞赏地说，观察着坚硬干燥的石壁。

邓华说："这是你打下的基础。"

彭德怀转过身，说："你们把'联合国军'的'摊牌行动'给打下去了，歼灭了 2 万多敌人，守住了阵地，才有了现在的局面，不容易啊！"

邓华："我们等彭总来指挥我们再打一仗，就可以停战了。"

彭德怀："毛主席批准了再打一仗。不过，这一仗还是由你指挥，我不干扰你。"

原来，"联合国军"发动的金化攻势被打退后，一度中断的谈判又恢复了。关于军事分界线，早在 1951 年 11 月 27 日已达成协议。彭德怀于 6 月 19 日离开北京赴朝，就是准备参加停战签字的。他到达平壤，与主持谈判的李克农和主持志愿军工作的邓华分别通了电话。他从北京启程前就了解到李承晚并不想停战，竟然以所谓"就地释放"战俘的名义，胁迫 2.7 万多朝鲜人民军战俘离开战俘营，押进李承晚军队的训练中心。离京时毛泽东曾指示，要教训一下李承晚。彭德怀到平壤同金日成商量后，当即发电报给毛泽东，提出："根据目前情况，停战协定须推迟至月底比较有利，为加深敌人内部矛盾，拟再给李承晚军以沉重打击，再消灭伪军 15000 人。"毛泽东同意了这一意见。

彭德怀主持召开作战会议，听取志愿军第二副司令员杨得志的当前战场情况介绍、邓华的作战方案和兵力部署、洪学智的后勤保障安排。彭德怀说："现在我们就是要准备充分，万无一失。李承晚堵住和平的大门，我们要用实力把它打开。20 兵团以他们指挥的四个军及志司加强给他们的 21 军，在金城以南牙沈里到汉江间 22 公里的地段上实施进攻，推平金城以南战线，以歼灭当面李伪军八个团零一个营为战役目标。7 月上旬完成战役准备，7 月 10 日前后发起进攻。志愿军其他各军此时只做进攻准备，但基本上采取守势，如敌进攻则歼灭之。"

　　稍停，彭德怀又加重语气说："对李承晚既要打疼他，使他无法北进，又要适可而止，给他留下点转弯的余地。这样就要打得猛，打得利索，不能拖泥带水。等他反应过来调军反扑时，我已站稳脚跟，转入坚固的阵地。"

　　战斗打响，彭德怀走出了石窑，他没有进作战室，而是在坑道外踱步，偶尔仰起头看看天空。密布的浓云遮住了星星和月亮，像是有暴风雨将要到来。

　　大约一个小时后，参谋跑过来："彭总，邓司令员命我向你报告，已全线突破！"

　　彭德怀站住脚，连声说："打得好！打得好！"

　　战斗正在进行的时候，停战谈判的双方达成了协议。在7月16日的会议上，美方代表哈里逊做出了这样的保证："我们已从大韩民国政府那里得到了必要的保证，它将不以任何方式阻挠停火的现实。""对大韩民国的军队违反停战协定的任何侵略性行为，联合国军司令部将不予支持。在共产党方面针对大韩

图为1953年7月28日上午9时30分，中国人民志愿军司令员彭德怀在朝鲜停战协定及其临时补充协议上正式签字时的情景。（孟昭瑞　摄）

民国的侵略采取必要的防御性行动时，联合国军司令部将继续遵守停战条款。根据停战条款，联合国军司令部将保证南朝鲜负责监督遣返战俘的中立国代表和共产党代表，以及红十字会代表的安全。不再允许扣留战俘。联合国军司令部将尽力找回已被南朝鲜卫兵释放的 27000 名战俘。"

开城。来凤庄。

汽车驶离一座青砖瓦房小院，向着松岳堂驶去。车上坐着彭德怀，他冒着连绵阴雨从桧仓赶到这里，在停战协定及有关文件上签字。

签字的地点在板门店。昨天，美方和中朝方面谈判的首席代表哈里逊和南日已经签了字。

按照原先的计划，双方的司令官在板门店的签字大厅里签字。但是，汉城传来消息，李承晚将派人去板门店搞刺杀。中朝方面提出，签字那天不得有李承晚的人以任何名义参加，也不许蒋介石的记者在签字那天进入中立区。但是美国方面不同意。最后决定双方首席代表在板门店签字，双方司令官送签。彭德怀的签字便改在了松岳堂。

彭德怀从杜平及秘书王焰等人的讲述中，知道了昨天上午签字的情景。9 时 30 分，中朝、美韩的八名军官佩戴安全章守卫在大厅的四周，双方签字的人员分别由东西两门进入厅内就座。10 时整，朝中方面首席代表南日大将和"联合国军"代表哈里逊中将从南门进入大厅，在会议桌前就座后分别在停战协定上签字，然后互换再签字……

松岳堂到了。这里专为签字仪式修建了一个大厅。因为背靠松岳山，乔冠华和杜平便给它起了"松岳堂"这个名字。大厅正中的长方桌上铺了洁白的台布，上面放着笔墨文具，瓶中插着鲜花，墙上悬挂中朝两国国旗。

彭德怀在李克农、乔冠华、杜平、张明远、肖全夫、李呈瑞等人的陪同下走进签字厅，在长桌前坐下来。

工作人员将停战协定的八份文件端端正正地放在彭德怀面前。彭德怀戴上紫红边的眼镜，拿起毛笔签上"彭德怀"三个字……

新闻记者拥过来，整个大厅里一片欢腾。

"彭总，你讲讲话吧。"李克农小声说。

彭德怀点点头，缓缓站起身，面对新闻记者和中朝双方人员，说："在朝鲜，一切敌对行为已经完全停止，全世界人民所渴望的朝鲜停战已经实现了！这场战争证明，一个觉醒了的爱好自由的民族，当他们为了祖国的光荣和独立而奋起战斗的时候，是不可战胜的！我在签字时心中想，我方战场组织刚告就绪，未充分利用它给敌人以更大打击，似有一些可惜。但是，实现和平，这对人民来说是高兴的。中国人民志愿军和朝鲜人民军将不能忘记应有的警惕，并将以最大的决心为保证停战协定的彻底实现而坚决奋斗！"

彭德怀和李克农等人一起走出松岳堂，看到大街小巷挤满了人，歌声、鼓声、鞭炮声响成一片——朝鲜人民正在为停战协定签字举行盛大的庆祝会和游行，到处是一片欢乐的海洋。

扩音器里传出金日成和彭德怀下达的停火命令——

朝鲜人民军全体同志：

中国人民志愿军全体同志：

朝鲜人民军和中国人民志愿军经过了三年抵抗侵略、保卫和平的英勇战争，坚持了两年争取和平解决朝鲜问题的停战谈判，现在已经获得了朝鲜停战的光荣胜利，与联合国军签订了朝鲜停战协定。

停战协定的签订是以和平方式解决朝鲜问题的第一步，因而是有利于远东及世界和平的。它获得了朝中两国人民的热烈拥护，使全世界爱好和平人民受到了莫大的鼓舞……在停战协定开始生效之际，为了保证朝鲜停战的实现和不遭破坏并有利于政治会议的召开，以便进一步和平解决朝鲜问题起见，我们发布命令如下：

（一）朝鲜人民军和中国人民志愿军的陆军、空军、海军、海防部队全体人员，应坚决遵守停战协定，自1953年7月27日22时起，即停战协定签字后的12小时起，全线完全停火；在1953年7月27日22时起的72小时内，即停战协定生效后的72小时内，全线一律自双方已经公布的军事分界线后撤二公里，并一律不得再进入非军事区一步。

（二）朝鲜人民军和中国人民志愿军的陆军、空军、海军、海防部队全体人员应保持高度戒备，坚守阵地，防止来自对方的任何侵袭和破坏行动……

一个多月后的1953年9月12日，中华人民共和国中央人民政府委员会第

24次会议在中南海怀仁堂举行。

毛泽东主持会议。三年前，他在颐年堂主持中共中央政治局会议，讨论出兵援朝的问题，当时的看法不一致，使他颇费脑筋。彭德怀支持了以他为代表的出兵主张，并且临危受命。三年后的今天，他请彭德怀向大会作《关于中国人民志愿军抗美援朝工作的报告》。

> 主席、各位委员、各位同志：
>
> 英雄的朝鲜人民为捍卫独立自主而展开的反侵略战争，一共进行了三年零32天。1950年10月25日，中国人民志愿军出国与朝鲜人民军并肩作战，亦已达两年零九个月。现在，朝鲜停战协定已经签字，朝鲜战争已经停止。中朝人民保卫和平反抗侵略的斗争已经取得了伟大胜利。我代表中国人民志愿军谨向各位提出报告……

毛泽东认真地听着，不时地抽烟。他最后讲话，说："抗美援朝的胜利是伟大的，是有很重要意义的。第一，和朝鲜人民一起打回到'三八线'，守住了'三八线'。这是很重要的。如果不打回'三八线'，战线仍在鸭绿江和图们江，沈阳、鞍山、抚顺这些地方的人民不能安心生产。第二，取得了军事经验。我们中国人民志愿军的陆军、空军、海军、步兵、炮兵、工兵、坦克兵、铁道兵、防空兵、通讯兵，还有卫生部队、后勤部队等，取得了对美国侵略军队实际作战的经验……第三，提高了全国人民的政治觉悟。由于以上三条，就产生了第四条，推迟了帝国主义新的侵华战争，推迟了第三次世界大战。"

第 9 章

担任副总理兼国防部长

57. 主持军委日常工作

在中南海怀仁堂的南边有一片造型相似的院落，其中的一座小四合院名叫永福堂。彭德怀从朝鲜回来，在北京医院切除前额上的肿瘤后就住进这里。五间北房的总面积不到 100 平方米，西头的两间隔墙打通，作为办公室和会客室，东边两间是卧室，中间一间对着门，用屏风挡着作为餐室。

在一次政治局会议上，周恩来提议把彭德怀留在北京，以军委副主席身份兼总参谋长，主持军委的日常工作，得到了一致同意。

对彭德怀来说，这是一项熟悉的工作。早在抗日战争末期和解放战争初期，他就曾以军委副主席身份兼任总参谋长。国民党军队进攻延安后，他临危受命，出任西北野战军司令员兼政治委员，军委日常工作和总参谋长职务由周恩来接替。新中国成立后，徐向前任总参谋长，因病由聂荣臻代理，军委的日常工作仍由周恩来主持，后交给林彪，但他上班三个月就病倒了，周恩来只得又接着管起来。

彭德怀到军委上班的第一天最先读到的就是这样一份批示：

刘、朱、周、陈、彭、聂、粟同志：

　　聂、粟所拟军事五年计划及附件已阅过，基本同意，可即照此部署，请彭主持。此件抄本周处已有，现将我的一份送刘、朱、陈、林四同志阅，阅后退毛。

毛泽东

7月18日

图为 1954 年彭德怀和毛泽东在中南海怀仁堂后草坪时的情景。

　　毛泽东的这个批示是写在军事建设五年计划上的。这个计划由周恩来主持，朱德、聂荣臻、粟裕等人研究制定。正在休养的彭德怀也参与了，已熟悉其内容，可现在毛泽东要他来主持部署，这担子的分量、责任的重大，他是掂得出来的。

　　彭德怀尽管不愿意主持军委的日常工作，不愿意兼总参谋长，但毛泽东说了话，组织做出了决定，他就要拼尽全力去做。

　　彭德怀的目光沿着地图上中国的海岸线移动，从黑龙江口到海南岛，一个地方一个地方地查看着、思索着——

朝鲜战场仍在对峙。台湾当局派出飞机、军舰对东南沿海袭扰。

国防工程需要早做准备，靠临时构筑野战堑壕是不行的；军工生产需要早做筹划，军官和技术人员要早些培养，没有实际措施，临时应付是来不及的。沿海人口密集，产业发达，交通便利，如果战争开始很快就会沦陷于敌人手中，对于积蓄力量准备反攻争取最后胜利是非常不利的。

旧中国，军阀内战，谁也不去考虑国防的安全和建设。因此，日本帝国主义才能毫无阻挡地进来，迅速占领了大半个中国。

苏联只是一厢情愿，总想到敌方的国土上作战，而不在本土构筑防线，军事训练也只强调进攻，忽视防御，所以希特勒的德军长驱直入，很快就打到了莫斯科城下。

法国的马其诺防线全长只有 250 英里，但德军仍然视其为强固的障碍而绕开，从别处攻进法国，占领巴黎。

芬兰的曼纳林防线多数工事很落后，抗毁的强度也很差，但在苏芬战争的头两个多月，仍然顶住了优势苏军的猛烈突击，使其遭到重大挫折和损失。

朝鲜战场，中朝军队依托半永久性工事，虽然装备处于劣势，也能使优势装备的美军寸步难进……

彭德怀觉得修建海防工程太重要了。他打算先分别找朱德、聂荣臻、粟裕、张震等人商量，提出可行的意见，再向毛泽东、周恩来报告，得到他们的批准后实施，他还想到海防前线进行实地调查研究。

58. 出行（一）

彭德怀上任一个月就拟订出修建海防工程的意见，得到了毛泽东主持的中央书记处会议的批准。接着，他分期向部队下达了兵力部署、设防勘察、作战指挥等规定。就在颁发关于辽东半岛设防命令的当天，他离开北京，到达安东。

辽东半岛是设防的重点，又毗邻朝鲜，所以彭德怀把他的第一次出行选在了这里。

汽车离开安东，沿着海边向西行驶。车窗外，11 月的冷风从缝隙钻进车内。

"彭总，前边就是大东沟了。"参谋报告。

彭德怀："下车看看！"

汽车拐过一个弯，开到了海滩上。

彭德怀下了汽车，在海滩行走。

冰冷而又潮湿的海风挟着咸味迎面扑来。彭德怀目不转睛地看着——波涛汹涌的海面上，海鸥飞翔，渔船扬帆。

彭德怀的脸色严肃，站在他身旁的工程兵司令员陈士榘等人都没有说话。

"这就是58年前甲午海战的战场。"彭德怀指着眼前辽阔的海面说，"近来我又看了那次海战的史书，北洋舰队的官兵作战很英勇，致远号在炮弹打穿舰体重伤情况下，舰长邓世昌开足马力向日舰吉野号撞击，可惜中途被四艘日舰围攻中弹沉没，200多官兵壮烈殉国。经远号舰长林永升指挥全舰官兵同围攻的四艘日舰拼杀，一直拼到全舰沉没。"

稍停，彭德怀又说："这次海战，中国12艘战舰损失5艘，日本舰队也未能获得全胜，但它对后来的战争发展却影响极大。中国失利的原因首先是警惕性不高，遭到日军突然袭击时指挥失误。其次是日舰在航速和火炮射速上占优势。从根本上说，是清廷的腐败，原用于建设海军的经费被慈禧太后挪去修了颐和园。"

彭德怀回到车上。一路上，他谈到的仍是这个话题。大家明白，他说的是要有战争准备。

在花园口，他说："甲午海战时，这里有边无防，日军为迂回旅大侧背，从这里登陆，12天都没遇到清军的一兵一卒。这当然不能怪下级军官，是高层指挥的失算。"

在皮口，他说："这里原有清军骑兵一部，甲午战争时曾从捕获的日军间谍口中得悉日军将攻金州。金州的守将报告并请示李鸿章增兵，李鸿章不但不派兵增援，还加以训斥，因此日军没费劲就占领了金州。"

在金州，彭德怀说："当时，即使旅大不能抽兵来增援，但沈阳、海城、营口是有足够的清兵可以调来的。但李鸿章没有这样做，所以当日军攻来时，这里抵抗无效，旅大也迅速沦陷，大批军火物资成了日军的战利品，经营10多年的旅顺要塞也没能发挥作用。"

在行进的汽车中，彭德怀感叹："海防，应是国家安全的坚固城墙。"

到达大连，彭德怀听了市长韩光、市委书记欧阳钦介绍有关情况，与驻旅顺苏军司令别洛鲍罗夫上将晤谈，参观了苏军的炮兵阵地、军舰及潜艇。

就要离开大连，彭德怀对秘书王焰说："我们回去时买普通客票。"

王焰找到随行的军委办公厅警卫处处长丁美玉，商量买车票的事。

丁美玉说："警卫制度有规定，让彭总和众多乘客坐在一起不安全。再说，从北京过来的那辆公务车已经调来大连，不坐也是空着回去。我看就不要买车票了吧。"

王焰到彭德怀身边当秘书只有两个多月时间，既不完全熟悉彭德怀的脾性，又不太了解警卫方面的制度和规定，觉得丁美玉讲的也有道理，没有再去向彭德怀报告，就这么定下来了。

彭德怀一到火车站，首先看到为他送行的韩光和欧阳钦，心里就有些不悦。欧阳钦曾在红3军团当过组织部部长和师政治部主任，彭德怀对他说："你们来送行是好意，可我心中不安。这样兴师动众，既浪费时间，又耽误工作。咱们又不是外交往来，不需要这样的。"

欧阳钦连忙说："我们以后注意。"

可看到那辆公务车，彭德怀的火气就按捺不住了，厉声问道："王焰，怎么又是公务车，我不是告诉你坐普通客车走吗？"

王焰嗫嚅着，当着那么多人的面，又不能把事情推到丁美玉身上，只好不吭声。

听不到回答，彭德怀火气更大了。他本来想借此机会接触群众，了解他们的生活和思想情绪，这下却无法办到了。转眼间，他又看到了丁美玉。从北京出发时，他就说丁美玉不需要随行，想到一路来到处都有保卫人员阻拦群众，此时便把火都泼向王焰："我们为什么不能同群众一起乘车？我的命令不执行，我就撤你的职！"

王焰的脸红了，不知该如何处理眼前的局面。

欧阳钦对彭德怀说："开车时间快到了，换车厢和座位已经来不及，彭总还是上车吧，以后注意就是了。"

彭德怀转过身同送行的人握手，不高兴地上了公务车。

车到鞍山，彭德怀下车参观鞍山钢铁公司。王焰和丁美玉不敢疏忽，急忙去火车站安排彭德怀乘坐普通客车的事。

彭德怀回到火车站，看到这次坐上了普通车厢，心里很高兴。可上了车，却未见到老幼妇孺，行李架上也没有行李物品，就有些怀疑。车上倒是有一些

"乘客",一交谈,便马上明白自己又受骗了。

确实,这是铁路上特意安排的车厢,那些男女"乘客"不是化了装的公安人员,就是铁路上的男女职工。

彭德怀对此当然不满意,但这次没有发作,他无可奈何地对王焰和丁美玉说:"唉,你们这些同志哟!"

列车在夜幕中奔驰,彭德怀靠车窗坐着。

59. 出行(二)

两个多月以后,彭德怀又来到中国的东海前线。

他 1953 年 1 月 25 日离开北京,先到南京,又到上海。同行的有工程兵司令员陈士榘、海军副司令员罗舜初,还有南京军区副参谋长周骏鸣。在上海警备区司令员兼防空司令员郭化若的陪同下,彭德怀登临国际饭店俯瞰上海市区,检查江湾机场、高炮、雷达、探照灯阵地;然后从吴淞口登上南昌号护卫舰,驶向舟山。

舰出长江口,海天苍茫,浪涛汹涌,细雨霏霏,阴云密布。在舰长曾泉生的引领下,彭德怀来到驾驶舱。曾泉生指着罗盘介绍说:"这是罗盘,它的前身就是我们中国人发明的指南针。"

彭德怀说:"莫吹!我们是发明得最早,可是长期没有改进,让外国发展了,所以近代以来我们中国才总是挨打,真对不起祖先呀!"

曾泉生又介绍说:"这艘舰 1934 年下水,满载排水量 13700 吨,是抗战胜利后抽签分来的。国民党海军改为'长治'号,并作为第一舰队旗舰。1949 年 9 月 19 日在长江口外起义开进上海,在敌机追寻轰炸下曾自沉于南京附近,1950 年出水,命名为'南昌'号,最大航速 18 节。"

彭德怀满意地点点头:"你是什么时候学海军的?"

"1930 年入东北海军学校学习 4 年,1937 年考入天津北洋工学院,1938 年去延安入陕北公学参加革命并加入共产党,1949 年 6 月调海军工作。"

"你的父一辈是做什么的?"

"我父亲曾广钦到日本海校学习过,后参加辛亥革命,任过孙中山的机枪营营长,也曾到北洋军阀政府海军系统任过职。"

彭德怀高兴地说："你是个海军世家呀！解放军内有你这种资历的海军干部大概不多，祝你为新中国的海军建设多做贡献！"

出了驾驶舱，彭德怀来到甲板上，他凭栏远眺。

冷风凛冽，海浪飞卷，船体颠簸得很厉害。

曾泉生说："从这里到泗礁岛90海里，因为航道复杂，须小心行驶，避免搁浅，要到下午四五点钟才能到达。"

彭德怀请他介绍舟山、嵊泗和崎岖列岛的情况。

罗舜初引彭德怀到舰长室。彭德怀就有些咳嗽，声音也有点嘶哑。陈士榘说："是不是感冒了，快休息吧。"

彭德怀摇摇手，说："还是请曾舰长介绍。"

曾泉生拿过海图，对岛屿、水深、石质、居民、淡水、港口、机场等作了介绍，郭化若不时地作些补充，讲一些风景名胜、历史古迹，更增添了不少风趣。彭德怀也不断插话，多是关于过去军事斗争方面的。

周骏鸣走进来，说："彭总，已到泗礁岛附近了。这个岛上没有码头，船不能靠岸，天也晚了，是不是让军舰环行一周，你用望远镜看看，就不上岛了。"

彭德怀："这个岛必须上去看看。"

罗舜初知道彭德怀决定的事是难以改变的，就对曾泉生说："去准备小艇吧，一定要保证安全！"

这一夜，彭德怀就住在岛上的连队里，他的感冒症状更加重了。

周骏鸣陪了彭德怀一路。他记得，20多天时间里，彭德怀一共发了五次脾气。

第一次是在泗礁岛的炮兵阵地上，他指着火炮后10多米外的岩石峭壁，责问："如果敌人的舰炮轰击，弹片碎石乱飞，火炮又无遮蔽，还能抵挡吗？"

第二次是从杭州出发时，他发现有人往车上装绍兴酒，问随行参谋许之善："这酒是哪里来的？"

"有买的，也有送的。"

"谁送的？送谁的？哪个出的钱？"

气氛顿时紧张起来。

彭德怀又问："伙食费算过没有？"

许之善说:"这里的算过了,南昌舰坚决不收首长的,不给算。"

"已经讲过多次,为什么就是不执行?"

站在彭德怀身边的浙江省委书记谭启龙说:"下面办事太简单,好心办了糟事。"

陈士榘说:"今天要勘察的地点很多,快上车走吧。"

彭德怀还是气呼呼的站着不动。

谭启龙对送行的人说:"那些酒,看他们需要多少,带走的按市价收钱,带不走的退回去!"

彭德怀这才上车。

第三次是在黄浦江的闵行渡口,公安人员阻拦驱赶群众,彭德怀生气地说:"就是这些人把事情搞坏的,把老百姓得罪了,他们才算完成任务!"

陈士榘说:"他们也是职责在身,奉命行事,有压力,怕出事,只是方式有点笨拙。"

第四次最厉害。彭德怀乘车环崇明岛视察,他问驻军团长长江航道水深、潮汐、过往船只和外国军舰上的火炮性能等问题,团长回答不出来。

在海岸炮阵地上,彭德怀看到海岸炮的炮位间隔40米,并一线摆开,弹药库位于中央,没有防护措施,火炮也只有30厘米厚的胸墙。他压住火对连长说:"为人民服务,你这个连长首先就是为全连服好务。你们的弹药离炮位这么近,敌人一发炮弹命中,全连的人和炮都完了,你还服什么务?"

连长说:"我们马上就改!"

彭德怀转过身,对团长说:"你这个团长怎么当的?应当撤职送军法处!"

罗舜初解释说:"火炮阵地设计是上边决定的,是外来的,也不只这一处如此。我们曾提出不同意见,人家说,这种炮是高射平射两用,这样布局便于指挥和集中火力,我们也就听从了。"

彭德怀:"我们打了多少年仗,火器集中火力集中,营连干部都懂得啊!朝鲜战场有经验,火炮首先要解决在敌空军和炮火轰击下的生存问题。隐蔽阵地和发射阵地不是一回事。这种炮的对空性能,当年是按照对付活塞式飞机设计的,现在对付喷气式飞机效能如何?我还不清楚。"

中午吃饭时,彭德怀未看到团长,就派人把他找来,让他坐到自己身旁,说:"我今天又说了错话,向你道个歉吧!但只错了一句,不该说撤职送军法处,其余的都对。当然，你认为不对的，可以批评我，不能赌气不吃饭啊！"

团长："首长，是我错了，你批评得对！"

"都对是不可能的，大部分对就可以了。"彭德怀说着夹起菜送到团长碗里，说，"想想吧，人民把祖国的一扇大门交给你来看，你就得千方百计把它看好啊！"

第五次是春节那天，彭德怀从上海赴南京途中经过一个仓库，发现这个能存储 7000 至 1.6 万个火车皮物资的仓库竟是木板门窗，而且只有一个出入口，就又发了脾气："这怎么能适合战备要求？不知领导坐在大机关里忙什么，为何不到现场看一看？"

周骏鸣总结彭德怀发脾气有两种情况：一是部下的责任心不强；二是不让他接近战士和群众。

60. 确定军队建设总方针

彭德怀在朝鲜停战协定上签字回到北京，就看到了中共中央发出的《关于增加生产、增加收入、厉行节约、紧缩开支、平衡国家预算的紧急通知》。

彭德怀知道产生这个通知的背景：本年度的财政出现了 25 亿元的赤字，全国财经会议正在研究弥补的措施，紧急通知就是为了解决这个问题的一个措施。

通知说："军事系统（包括公安部队）应在整顿组织、精简机构和冗员、加强技术训练、提高部队质量的基础上，大力缩减军费开支。"

既要压缩经费，又要建好军队，这让彭德怀费了心思。原先制定军事建设五年计划时，抗美援朝战争正在进行，技术军种、兵种发展规模都很大，而国家财政上也没有出现赤字；现在形势有了变化，朝鲜战争已经停战，处于相对的和平时期，五年计划必须修改，常备军要有一个总额，对于进口武器装备也要压缩。

彭德怀的思路逐渐清晰：减少常备军，腾出人力、物力、财力，增强国家应付战争的潜在力量；压缩以至不再进口武器装备，技术军种、兵种保持已有规模，集中资金加快建设本国的军火工业，自己研制、生产武器装备。

8 月的北京正值酷暑季节，永福堂里十分闷热。彭德怀在他的办公室里思考着。他感到，这样的工作丝毫不比指挥一次战役来得轻松，甚至还要沉重得多。

很快，彭德怀召集军委办公例会，听取各方面意见，向毛泽东写了一个书面报告，提出全军精减到 350 万人，技术兵种五年内不再扩大。

进入 9 月，天气开始变凉爽，丝丝微风吹动院中的海棠和杏树，发出哗哗的响声。

彭德怀刚吃过晚饭，站在房门口喊道："小景，你来一下。"

景希珍跑过来，问，"彭总，什么事？"

"杀一盘。"

彭德怀的业余爱好不多，只喜欢下棋，有时和朱德下，有时和黄克诚下，但不能总找他们，所以就和景希珍下。

开始，景希珍不太会下，彭德怀找他，他就说："我下不来，不敢上场。"

彭德怀说："我让你两个子，一车一炮。"

即便如此，景希珍还是输，输了后就说："以后我不下了，杀不过你。"

彭德怀："你不能这么讲。比方两军交战，你打了几次败仗，难道就对敌军讲：以后我不打了，因为我打不过你。"

现在，景希珍的棋艺提高了，也就不怕和彭德怀下棋了。听彭德怀说要下棋，赶忙摆好棋盘棋子。

开战不久，景希珍说："我吃你的马！"

彭德怀说："我吃你的炮！"

又过一会儿，双方互相吃车，彭德怀要悔棋，景希珍说："不能悔！你刚才吃了我的炮，我吃了你的马，不是都没悔？这次互相吃车也一样！"

彭德怀："下棋可以悔棋，你开始也没定下规矩呀！开始如果讲定了当然不能悔，可是没讲定，就得允许悔。"

争论的声音很高，浦安修拿着书走过来，说："你们吵什么，输了再来一盘不就行啦？"

彭德怀看看浦安修，笑了，说："好好，不吵了，我也不悔棋了，你看你的书去吧。谁再悔棋，你就过来批评谁好了。"

浦安修走后，彭德怀说："咱们从现在开始，立个规矩，动子就要走，吃子不悔棋。"

这样继续下棋，就不再争吵了。

彭德怀拿起一个棋子，走了一步，说："小景，看来干什么事情都应该事先有个明确的规定，不然的话，谁想怎么干就怎么干，那事情就不好办了。"

"是呀？"景希珍说，"不过，有了规矩，当首长的也得遵守。"

"你说得对。"彭德怀高兴地说，"规矩也得管首长，管不住首长的规矩也管不住群众。"

景希珍抬起头，看着彭德怀，说："彭总，我说的可只是下棋啊！"

彭德怀放下手中的棋子，说："小景，毛主席批准了我送给他的报告。这报告中讲到部队要精减。我这里有三个人负责保卫工作，太多了。部队要精简人员，我是军委负责人之一，应该从我开始。你们三个人商量一下，抽两个同志去学习，留下一个人就可以了。"

景希珍感到很突然。精简人员的事他是知道的，但没想到会精简到他们的头上，说："你一下减去两个人，只留下一个人做保卫工作，怕忙不过来。"

彭德怀："这件事我想过了，留下一个人完全可以，当然要忙一些了。你要知道，一个人在这里工作一年的费用，要12个老百姓劳动一年。减去两个人，就等于减轻24个老百姓的负担。全军如果大力精简人员，那该给国家节约多少钱呀！"

景希珍听彭德怀把账算得这样细，明白了很多道理，可还是感到为难，说："你叫我们自己商量，留谁不留谁，不好办呀！"

彭德怀："那有什么不好办的，留谁都可以。你要懂得，部队精简人员，我应该带头。如果我自己做不到，只要求别人去做，人家当面不说，背后也会骂我的。只要我这里精简了人员，也就好对别人讲话了。"

这盘棋，景希珍没有和彭德怀下完。他们约好，景希珍"商量"后再回来接着下。

1953年12月7日，中南海居仁堂的大厅里坐满了来自军委各总部、各大军区、各军种、兵种和直属院校的主要领导干部。

全国军事系统党的高级干部会议在这里召开。它是中华人民共和国成立后第一次大规模的军事会议。

彭德怀是这次会议的组织者。

关于召开这次会的建议得到毛泽东的批准后，彭德怀就主持军委例会研究会议的开法，还像战争年代组织重大战役发出"预令"一样，先向各大单位传达意图，集中各方面的意见。他又根据毛泽东的要求，亲自组织人员起草工作报告，安排会议议程。

朱德致开幕词。他要求会议以党在过渡时期的总路线和总任务为指针，总结过去几年来的工作，确定今后的方针任务，研究解决当前军事建设中必须解决的若干重大问题，有步骤地把我军提到更高的水平，即社会主义的现代化水平。

彭德怀代表军委作《四年来的军事工作总结和今后军事建设上的几个基本问题》的报告。

毛泽东十分重视这个报告。他看到报告稿后，亲自主持会议讨论。

彭德怀的报告是这样开始的："根据党中央和毛主席的指示，我们召开全国军事系统党的高级干部会议。这样规模的会议在我军四年来还是第一次。由于朝鲜停战已经实现，国家有计划的建设业已开始，有必要也有可能让我们来总结一下四年来的军事工作，并根据党中央和毛主席关于总路线和建军方针的指示，根据新的形势和任务，布置今后的军事工作，以及具体解决今后建军中的一些主要问题。"

接着，彭德怀总结了四年来所做的工作、取得的成绩，以及还存在的问题。他提出了在新的历史条件下军队建设的 10 个问题：一、确定全军总员额 350 万，精简整编；二、军队的组织、编制和工作职责；三、若干制度的改革，实行兵役制、薪金制、军衔制和颁发勋章、奖章制度；四、认真办好学校，提高干部素质；五、军事训练问题；六、司令部建设；七、加强政治工作；八、后勤建设；九、公安部队任务、国防工程和兵工生产；十、关于党委领导和首长负责问题。

全国军事系统党的高级干部会议开了 51 天，会议明确了军队建设的总方针和总任务，明确了建设现代化军队的道路，明确了现代化军队建设中长期的经常的中心工作是军事训练（特别是训练干部），开展了批评和自我批评。

会议结束时，彭德怀说："以后，就是具体的落实问题了。"

1954 年 9 月，国家主席毛泽东根据第一届全国人民代表大会第一次会议的决议，任命彭德怀为中华人民共和国国务院副总理兼国防部部长。

61. 攻打一江山岛

刚刚跨进 1955 年，人民解放军准备攻打一江山岛。

这是一场筹划已久的带有特殊性的战斗。

1 月 18 日，彭德怀、粟裕、陈赓和各总部、军兵种的负责人在中南海居仁堂的总参谋部作战室开会。作战室的墙上挂着大幅军事地图，上面已经特别标出一江山岛。这个面积只有 1.75 平方公里的地方，是由一条海沟隔开的南北两座邻近的岩石小岛，它是国民党军占据的大陈岛的北侧屏障，距解放军驻守的东矶列岛 9000 米。

上一年 7 月，华东军区建议轰炸大陈岛，攻占一江山岛，彭德怀同意，毛泽东也批准了。可由于国际形势的变化，毛泽东又决定把时间向后推迟。到了 12 月，因为台湾和美国签订《共同防御条约》，毛泽东又让彭德怀考虑时机是否适宜。彭德怀电告华东军区不必太急，行动推迟到今年 1 月。他认为：从字面上看，《共同防御条约》对浙闽沿海岛屿留有伸缩余地；为弄清美国的底牌，在一个小岛上刺激一下，不致引起大的风险。但是必须取胜，否则可能助长敌军气焰，甚至可能引起美国公开宣称"协防"。从战区双方态势看，一江山岛守敌 1000 多人；解放军有制空制海权，参战兵力 1.1 万多人，有取胜的把握。彭德怀报经毛泽东批准，决定发起对一江山岛的攻击。

就在昨天下午，陈赓和张爱萍通电话，询问把握如何。张爱萍说："'绝对'二字不好说，但只要美军不插手，把握肯定有。如停止攻击，老兵复员后，重新训练反而不利，建议仍按原计划实施。"正在参加政治局会议的彭德怀在会上陈述利弊，认为可以攻击。毛泽东授权他断处。所以，他今天主持召开了这次军事指挥会议。

作战部代部长王尚荣说："我首先汇报攻打一江山作战实施计划。从目前情况看，美军尚无异常调动，其海军空军兵力仍在菲律宾和日本。台湾海峡只有两艘驱逐舰例行巡弋，美空军第 13 航空队在台湾只有几架侦察机。我们除掌握了战区制空制海权外，投入的攻击兵力火器均占绝对优势，只要美军不插手，估计打下来问题不大。现在，美蒋双方似均未发现我军作战意图。"

这时，值班参谋走进来："前线发来了报告。"

图为 1955 年 11 月，彭德怀和叶剑英、聂荣臻元帅等视察海军时的情景。

彭德怀："念。"

"我军航空兵在歼击机掩护下，轰炸机三个大队、强击机两个大队，于 8 时轰炸了一江山岛；另轰炸机、强击机各一个大队轰炸了大陈岛的指挥通信设施和炮兵阵地，现飞机已全部返航。"

彭德怀看看手表："快两个小时了。"

王尚荣："下午，航空兵还要配合地面炮兵实施火力准备。"

陈赓："过去打仗，我们总挨敌人飞机的轰炸，这次也让敌人尝尝飞机下蛋的滋味。"

大家的目光都集中在彭德怀的身上。

彭德怀知道大家最担心的是美国的反应和态度，这也是他考虑最多的问题。他说："我们都打过仗，知道部队出动从下决心到出发，要经过一定的程序和时间。美军要来干涉，它首先要判明情况，弄清我们是不是攻岛，是只攻一江山，还是要攻大陈岛，判明我们在战区的兵力。我们 1 月 10 日那天出动轰炸机、强击机共 120 架次，分四次轰炸大陈岛，炸沉敌坦克登陆舰一艘，炸伤其他舰艇四艘，没有去登陆。所以今天上午的轰炸，敌人不至于判定我们要登陆。待到敌人判明我军要登陆、决定派兵支援时，如事先有演习过的方案，出动可能快一些，但预案总和现实有着差别，还必须按战区具体情况修订。"

又说："美军出兵的决心要在华盛顿定下，又要在台湾解决协同问题，规定行动中的政策界限，命令逐级下达到舰长和飞行员，这就需要相当长的时间。它既然要来，就不会是小规模，必然是阵容庞大气势汹汹。但兵力越大，组织计划越复杂，也越费时间。军舰走得慢，又要受气候影响，估计一两天内美军难以到达战区。这样，我军就有了比较从容解决战斗的时间。告诉部队，占领一处滩头阵地后，后续部队要源源上去。我军能打夜战，加上明天一天，估计可以攻下来，顶多伤亡大一些。当然，打仗这种事不能只想到顺利一种可能，或许还会遇到意外情况，例如：大陈岛的敌军舰艇和台湾的飞机会不会倾巢出动？登陆部队抢滩时会不会遇到大量水雷？成功与否，今天下午是关键，作战和情报部门要随时掌握情况，随时报告。"

大家对彭德怀的分析表示赞成。

攻打一江山岛的战斗是在这一天的中午 12 时正式开始的。12544 发炮弹和306 枚航弹倾泻在 1.75 平方公里的小岛上，登陆部队在火力掩护下抢占滩头阵地，经过三小时激战，全歼守敌 1086 人，生俘 567 人，占领了一江山岛。

消息传来，彭德怀说："立即报告毛主席。同时告诉前线部队，密切注意敌人动向。"

第二天，国民党军队出动飞机 36 架次，飞临广东汕头市上空轰炸，炸中"南海 163 号"海轮，炸毁英国商船一艘，炸沉驳船三艘；同日，32 架次敌机飞到厦门上空投弹，接着轰炸福州，引起市区大火。

彭德怀看到这些战报，心情急迫："我们的空军在前面就好了！"

62. 授军衔

打下一江山岛，浙江沿海岛屿全部解放了。对福建沿海敌占岛屿，是先打马祖还是先打小金门？彭德怀决定去实地看看，再向中央提出建议。他 9 月 1日离京，9 月 25 日回京，向军委提出了先打大担、二担的建议。

20 多天的闽山粤海之行使彭德怀感到非常疲劳。

他从武夷山区到福建前沿诸岛，从汕头海港到海南各地，日夜奔波。保健医生看他脸色疲惫，说："彭总，好好休息几天吧，你太累了。"

"没有时间呀,"彭德怀说,"后天就要举行授衔仪式了。"

彭德怀对这次授衔仪式很重视,这项工作是他主持军委工作后,在中共中央和毛泽东领导下,对军队进行的几项改革中花力气最多的一项。

义务兵役制度已开始实行。兵役法也正式通过,由毛泽东签署颁布施行。

薪金制从当年 1 月 1 日开始实行。

军官服役条例提交全国人大常委会审议通过,评定军衔工作全面展开,高级将领的军衔已评定了。

再把勋章、奖章制度确定和实行起来,我军的正规化建设就算走上了轨道;再加上武器发展、干部培养、军事训练,人民解放军的革命化、现代化、正规化建设就会出现一个新的局面。

高级将领授衔名单——

元帅:朱德、彭德怀、林彪、刘伯承、贺龙、陈毅、罗荣桓、徐向前、聂荣臻、叶剑英;

大将:粟裕、徐海东、黄克诚、陈赓、谭政、肖劲光、张云逸、罗瑞卿、王树声、许光达。

这些人都是由中共中央书记处提名,经中央政治局审议确定的。

关于上将的人选,彭德怀分别拜访了每位老总,和各大军区主要领导磋商,有的还同本人直接交谈,才主持会议拟定,最后报政治局批准。

在评定中,有的人认为自己评得低了,不很满意,也有人认为评得过高,主动要求降低。许光达被评为大将,几次写报告要求降低,彭德怀找他作解释他才接受。徐立清是总干部部副部长,按条例规定应评为上将,但他说自己是主办评衔工作的,要求把自己降为中将。彭德怀几次找他谈话,他仍然一再坚持,最后还是评为中将。

彭德怀也有遗憾:周恩来、邓小平没有能评为元帅,毛泽东则执意不肯接受大元帅的军衔。在人大常委会上,有人提出给毛泽东授予大元帅军衔,并举例说苏联也给斯大林授予了大元帅军衔。毛泽东说:"十个元帅,足够了。"准备好的大元帅肩章没有用上。

秘书给彭德怀送来《人民日报》为授军衔准备发表的社论,请他审定。

《人民日报》社论写道:"国家授予军官以军衔,是国家给予各级军官的荣誉,同时是国家给予各级军官重大的政治责任。《中国人民解放军军官服役条例》和国家对军人正规奖励制度的实施，将鼓舞全体军人和军官更高度地发扬爱国主义和革命英雄主义精神，以高度的积极性和创造性在人民解放军的现代化正规化建设中发挥更大的作用，为保卫祖国、防御帝国主义侵略的斗争中发挥更大的作用。"

彭德怀拿起笔签上自己的名字，说："讲得不错，我们实行的一切制度都是为了这个目的呀！"

1955年9月的北京，秋高气爽。

午后柔和的阳光照着中南海里的怀仁堂和它前面的12座人首兽身铜像。中华人民共和国元帅授衔授勋仪式就要在这里举行。

会场布置得庄严肃穆，主席台正面悬挂着毛泽东的画像，两边是五星红旗。

下午5时，授衔仪式正式开始。毛泽东、刘少奇、周恩来、宋庆龄、林伯渠、李济深、沈钧儒、郭沫若、黄炎培、彭真、李维汉、陈叔通、陈云、邓小平、邓子恢、乌兰夫、李富春、李先念等人走上主席台。因为朱德是中华人民共和国副主席，彭德怀、贺龙、陈毅等四人是国务院副总理，他们也在主席台上就座。

全国人民代表大会常务委员会典礼局局长余心清宣布："中华人民共和国主席授衔授勋典礼开始！"

军乐队奏起《中华人民共和国国歌》。

全国人民代表大会常委会副委员长兼秘书长彭真宣读中华人民共和国主席令："毛泽东主席命令，授予朱德、彭德怀、林彪、刘伯承、贺龙、陈毅、罗荣桓、徐向前、聂荣臻、叶剑英以元帅军衔！"

在雷鸣般的掌声中，毛泽东站起身，走到站成一排的朱德、彭德怀等人面前。乐队演奏《胜利进行曲》。

毛泽东把元帅命令状和一级八一勋章、一级独立自由勋章、一级解放勋章第一个授予朱德，第二个授予彭德怀。

彭德怀接过命令状和勋章，同毛泽东握手。

典礼结束后，在怀仁堂的草坪上举行联欢会。周恩来举起酒杯，说："同志们，为中国人民的伟大胜利，为中国共产党领导的武装斗争的胜利，为毛主席，为中国人民解放军的全体官兵，为元帅们、将军们和所有荣获勋章的有功人员

图为 1955 年 9 与 27 日，彭德怀被授予中华人民共和国元帅军衔时的情景。

的健康，干杯！"

周恩来和朱德、彭德怀等元帅一一碰杯："我祝贺大家！"

63. 关注尖端武器

彭德怀原先的文化程度并不高，他是一位从枪林弹雨里打出来的元帅，但他懂得文化和科学的重要。特别是他主持军委日常工作和当了国防部长以后，十分重视军事科学和尖端武器的筹划研制工作。

1957 年 6 月 15 日这天，天还未亮，彭德怀就起来了。他穿一身单军衣，在院里打一会儿太极拳，又缓缓散步。

秘书看到彭德怀比往日起得早，以为有什么事，向他走去。

彭德怀："早点开饭，上午参观！"

212

秘书不理解：多年来，彭德怀应邀参观和出席的会议很多，可都没有今天的兴致高，就问："参观什么？"

"原子反应堆。"

秘书已在彭德怀身边工作多年，知道彭德怀非常关注发展火箭和核武器。彭德怀把学习文化和科技知识作为必修课，还制定了自学计划，不论工作多忙，都抽时间读这方面的图书，常常是学到深夜。

早饭后就出发了。出城后，汽车在平坦的公路飞速行驶。一片片绿色的田野上，庄稼长势良好。彭德怀坐在车内，向外边张望着，说："我们终于也有了原子反应堆，这是个好的开端。有了它，以后就会有我们自己的火箭、导弹和核潜艇，再也不用去看人家的了！"

彭德怀这样说是有原因的。1955年5月，他以中国政府代表团团长的身份参加德意志民主共和国解放10周年庆祝活动。随后又作为观察员出席华沙条约国会议开幕式，代表中华人民共和国政府声明，对这次会议所作的一切决定，都将给予全力的支持与合作。回国途经莫斯科，赫鲁晓夫接见时主动问彭德怀想参观什么，彭德怀说参观海军。赫鲁晓夫说，参观什么都可以，对中国同志是没有任何秘密的，可以去看看核潜艇。彭德怀到达列宁格勒波罗的海舰队，舰队司令满口答应第二天参观核潜艇，可翌晨又说"核潜艇已出海"。经交涉，说可以到塞瓦斯托波尔去看，但到了那里，又说黑海舰队没有核潜艇。彭德怀非常气愤，回国后向毛泽东汇报时，提出尽快发展我国的核能事业……

"彭总，这原子反应堆是干什么用的？"司机问。

彭德怀："原子反应堆是使原子核裂变的链式反应能够有控制地持续进行的装置，是利用原子能的一种最重要的大型设备。"

司机："彭总，你成了科学家了。"

"我是跟科学家学的。"

应该说是这样的，钱三强、钱学森等人都是彭德怀的老师。

盛夏的酷热中，彭德怀曾请钱三强到永福堂的家里为他讲课。

那天，钱三强讲了原子、中子，讲了原子弹、氢弹的构造原理和生产方面的知识。彭德怀听得很认真。

讲完课交谈的时候，彭德怀问："钱教授，生产原子弹用什么样的原料好呢？"

钱三强："反应堆比气体扩散方法省力。"

"那我们为什么不建反应堆？"

"我 1953 年向计委提议，先建一个试验性原子反应堆和一个加速器，以培养人才，为研制原子弹准备条件，可没有回音，请彭总帮助催促一下。"

彭德怀："我支持你的意见，向党中央反映。我们国家和军队，急需要新的尖端武器啊，就像你的名字一样。"

钱三强不解其意："像我的名字？"

彭德怀："是啊！三强，国家要繁荣富强，人民要发奋图强，军队要马壮兵强！"

钱学森回国后，彭德怀曾向他请教："钱博士，你认为在中国现有条件下，研制射程 300 至 500 公里的火箭需要多少时间呢？当前我国最急需的是防空火箭和海岸对海上目标的火箭。"

钱学森："如果只是能够发射的火箭，那用不了多长时间，费时间的是发射出去后的控制系统。"

彭德怀："要同时解决这个问题才行。"

汽车在一个院子里停下来。彭德怀被领进一间会议室，技术人员对照图表详细介绍原子反应堆的结构、性能和功率。

彭德怀："我国建立原子反应堆是用来科学研究，和平利用原子能，造福中国人民，但同时也要让它为国防建设服务。我们反对原子武器，但我们必须有原子武器，这样才有发言权。希望大家发奋图强，为发展现代化的科学技术贡献力量！"

工作人员把彭德怀领到一个水泥浇铸的筒形建筑物前，说："这就是原子反应堆的心脏部分。"

彭德怀："好家伙，像座碉堡！"

工作人员："现在还没有封口，可以看到内部，封口后就什么也看不到了，得通过仪器观察，请彭总看看。"

彭德怀边看边问，从工作状况问到废料的处理，问到放射性物质对周围老百姓和工作人员身体有没有影响。他得到了满意的回答。

工作人员请彭德怀做指示，彭德怀说："技术上的事，我是外行。我只说两件事：一是对废料、废液一定要严格处置，绝不要造成环境污染；二是一定要加强防护，保证工作人员身体健康。这两件事，千万不能大意，一定要办好，要经常检查。"

彭德怀为中国核事业的发展倾尽了他的所能。

1964 年 10 月，彭德怀在囚禁中听到了中国第一颗原子弹爆炸的消息。

1970 年 4 月，彭德怀在监禁中听到了中国第一颗人造卫星上天的消息。

1971 年中国核潜艇下水，1974 年交付使用，因未公布消息，彭德怀始终未能知晓。

64. 反"教条主义"

1958 年，彭德怀陷入政治旋涡。这个旋涡是由学不学苏军的经验、怎样学苏军的经验形成的。

新中国成立之后，外交上"一边倒"，建设上向苏联学习。在军队，请来大批顾问，购进大量武器、装备、军工厂设备和条令、规章制度和技术资料，派遣许多留学生、考察团到苏联学习取经。彭德怀主持军委工作后，最初是认真贯彻全心全意向苏联专家学习这一条的。他说过，不虚心学习应当受到批评，说苏军军事科学的优越性、军事制度的完整和正确性，是铁一般的事实，强调苏军有成功的丰富的经验，不向苏军学习又向谁学习呢？并警告说：要大喝一声，如不赶上来跟大家一起前进，就请滚开！甚至，他在"一长制"的问题上也有过动摇。他这样做，是想以苏军为榜样，早日把中国军队提高到苏军的水平。但是，诸多的现象和事实让他感到这样做不行，尤其是他接触到的苏军对军队和战争、战略方针的认识，苏联实行的大国主义、向中国推销陈旧军火等行为，引起了他思考。正因为如此，彭德怀抓紧了建立中国自己军事科学的工作，全面阐述了军事科学研究的方针任务、内容方法和原则要求；加速编写中国军队自己的条令，成立条令委员会，很快编写修订出内务、纪律、队列条令，摒弃苏军顾问提出的不适合中国情况的警备条令；在实践中坚持军队中的民主制度，强调发扬官兵一致的优良传统，取消了禁闭室；保持军民团结的传统……

1956 年 5 月，毛泽东作了《论十大关系》的演讲，提出"有分析有批判"地学习外国经验，"不能盲目地学，不能一切照抄，机械搬用"。6 月，中共中央发出《关于学习〈改造我们的学习〉等五个文件的通知》，进一步提出"克服实际工作中的主观主义即教条主义和经验主义，特别是克服学习马克思列宁主义和外国经验中的教条主义倾向，克服学术研究、报刊、宣传、教学工作中的教条主义、宗派主义和党八股"。这个通知的精神也推动了军队干部反思学习苏军经验中的教条主义倾向。8月，南京军事学院战役系的一位学员写信给彭德怀说："几年以前，我们在'把苏联的一切先进经验都学到手'的口号中，从教材、教法和许多教育制度方面全盘学习苏联，这是对的。但是我们感觉在向苏联学习中也产生了教条主义倾向。这主要表现在：教材方面、教学方法方面，对待我们的经验态度方面以及其他方面。"11月，彭德怀又看到军事学院教授会主任写给中共中央总书记邓小平的信和材料，信中指出学习和运用苏军经验时，"往往是割裂开来，随意取舍。采用了这一套，丢掉了那一套；吸收了这一规定，抛弃了那一规定，结果弄得四分五裂，驴唇不对马嘴，八方不对头"。还说："这不是一个小问题，而是一个不容忽视的重大问题，是一个关系着建军思想和军事路线的问题，是直接关系着我国社会主义建设的安危问题。"

这些引起了彭德怀的注意。三个月后，他向毛泽东报告并得到批准，带领总政治部主任谭政、副总参谋长陈赓等人到军事学院了解情况，同时到南京军区检查国防工事和勘察地形。

南京军事学院是中国人民解放军最高军事学府，从创建开始，刘伯承就担任院长兼政治委员。刘伯承在北京出席中共八大回到南京后，主持召开院党委扩大会，总结检查全院工作，召开战役系学员座谈会，听取对学院工作的意见。紧张的工作使他的脑子、眼睛出现了严重病症，彭德怀一行到达时，他已去上海就医。

彭德怀和谭政、陈赓一起，首先找高级速成系和战役系的学员座谈。战役系有52名将军，多数是红军老干部，参加过国内战争和朝鲜战争，具有实战经验。他们中有些人在学习战役法后，认为苏军经验有些是先进的，有些虽然先进但对我军并不适用，还有些本身就是不先进的，因此必须批判地学习。他们举出的一些例子，给彭德怀留下深刻的印象。比如教材，以苏军高度机械化装备条件为依据，地形都设想在一般起伏地带，忽视了我国山地、河流、水田等实际。想定作业多半是采用一长制，忽视了我军的领导制度等。

政治部、训练部等机关和学院领导都向彭德怀做了汇报，他们的看法和学员的看法有很大差异。

饭间和晚上，彭德怀与谭政、陈赓等人分析研究调查的材料，决定由彭德怀在学院讲话，谈对学院工作的意见。

彭德怀的"讲话"首先肯定了学院取得的成绩，并列举各种成果，也从教学内容、教材上指出教学中的缺点，说："根据汇报的情况来看，不是有无教条主义的问题，而是教条主义相当严重，最主要的表现是教学内容和我国我军实际情况不相适应。"他说："我军在长期革命战争中所表现的一个最根本的特点，就是以劣势的装备技术战胜优势装备技术的强大敌人。这个特点过去一贯是我军制定作战原则的主要根据。因而我军的基本经验也是以劣势装备战胜优势装备敌人的经验。"他提出学院的教学方针应当是"以我军现实装备技术情况为主，照顾将来可能发展的情况作为依据"，"以毛泽东军事著作为指针，以自己为主写出切合我军实际情况的条令和教材"；"应当以学习苏联的军事技术和合同战术为重点，对于苏军的战役、战术，应当从我军的现实情况出发，在以我军经验为主的基础上，加以学习和参考"。

这个"讲话"得到了毛泽东的批准和同意。但是，军事学院的一些干部思想上不能接受，在北京训练总监部也引起了激烈的争论。彭德怀认为这是思想认识问题，总会统一的。他怎么也没想到，争论会带来那么严重的后果，而且把他也卷了进去。

彭德怀的被卷进是在军委扩大会议上。

1958 年 5 月 27 日，军委扩大会议开幕。那天，向来不参加会议的、刚在中共八届五中全会上当选为中共中央副主席的林彪突然出席会议并讲了话，而且说出了"我们都要在彭老总领导下做好工作"的话。会前，已经向中央做了报告，并得到毛泽东的批准。会议开了 10 天，总书记邓小平召集彭德怀、林彪、罗荣桓、叶剑英、黄克诚开会，根据毛泽东的指示，研究会议的开法。

这是因为，会议开始的第三天，海军副司令员、海军学院院长方强就军委扩大会议的开法问题给会议主席团写了一封信，提出意见。方强认为这次军委扩大会议应当解决我军当前建设中的主要矛盾：即一方面我们要建设一支现代化的优良的革命军队；另一方面在各项工作中还或多或少存在教条主义和经验主义，阻碍我军的发展。建议这次军委扩大会议的指导思想应当是认真贯彻党的八大二次会议精神，在鼓足干劲、力争上游、多快好省地建设社会主义总路线的指导下，以反教条主义和经验主义为纲，检查军队各方面的工作。彭德怀看过这封信，因为这次会议确定的整风和整编两个内容是和周恩来一起商定的，而且已经开始了，就对会议议程没做大的变动。而毛泽东对方强的信不但作了指示，还作了批注，认为建军路线上存在问题，这使彭德怀又一次感到突然。

邓小平传达毛泽东的批示后，认为前段会议温度不够，暴露问题不够，与会人员思想中意见是很多的，是多方面的，从建军原则、方针、领导方法到许多工作的具体措施都有意见，应当鼓励大家摆开谈。今后会议的开法要采取机关整风的办法，只开小组会和大会。出大字报、小字报，配合大会小会的发言，争取在一周内造成鸣放的紧张气氛。

作为会议主持者的彭德怀弄懂了毛泽东是要反对教条主义，便努力使自己的思想跟上毛泽东的思想。他把反教条主义看成军事路线的斗争，说："建军中两条路线的斗争是长期存在的"，"现在要与这些非马克思主义的东西或反马克思主义的东西作坚决斗争"。他立即调整会议部署，增加会议人数，同意把训练总监部四级干部会的争论提到军委扩大会议上。

训练总监部是1955年按照苏联军事顾问的建议组建的，负责统一领导全军军事训练，统一全军军事思想与军事动作，介绍苏军的军事科学，研究解放军各个历史时期的战争经验，管理全军各高级学院。在学习《改造我们的学习》等五个文件中，训练总监部产生了两种不同的认识和意见。一种意见认为，提高训练质量在于更深入、更全面、更虚心地学习苏军经验，以尽量缩短我军在正规化现代化水平上与苏军的差距，当前的问题是要继续解决学习苏军经验的思想障碍，克服经验主义；另一种意见认为，六年来的实践证明，苏军的一套并不都适合中国的情况，应对苏军教材的内容鉴别取舍，苏军的训练方法、训练制度，凡不符合我军优良传统的应予改变，要克服训练中的教条主义倾向。

这两种意见的争论本来已经很激烈了，彭德怀在南京军事学院的讲话又为激烈的争论加了温，在四级干部会上发生了严重分歧。彭德怀阅读会议文件，批评了争论的双方，可并没有使问题得到解决。到了这时，当他把训练总监部的争论拿到军委扩大会议上时，已经是当成路线问题来对待了。他在大会上发言的调子是很高的，一开头就提出两条军事路线的斗争，从新中国成立前军队中教条主义的危害讲到全国胜利后军事教条主义重新复活，反对毛泽东的建军思想和战略方针。虽然他也承担了责任，但他对反教条主义更有兴趣。

　　彭德怀的讲话得到了毛泽东的赞许，认为值得一阅，而且第二天毛本人亲临会议讲话，说军队有两种传统，一是优良传统，一是错误传统；一是马克思主义传统，一是非马克思主义传统。新中国成立后又出现了教条主义，不加分析地照搬外国，是妄自菲薄，不相信自己。还说全国工农兵学商，工农商都搞出了自己的一套，只有兵、学还没有解决问题。随后，毛泽东又连续两次召集小组长座谈，谈了军事学院和训练总监部的问题，点名批评了刘伯承和萧克，说他们犯了教条主义的错误。

　　如此一来，彭德怀主持的军委扩大会就按着这样的路子走了下去。会议把军事学院和训练总监部的一些认识上升为资产阶级军事路线，加以揭发批判，并让患病的刘伯承和萧克等人检讨。

　　57 天的军委扩大会议结束了。57 天中，彭德怀的思想在徘徊，在前进，终于跟上了毛泽东的认识。他在总结发言时说："在军事训练部门和某些院校中，极少数同志具有资产阶级军事思想，他们一直坚持反马克思主义的军事路线，抗拒中央和军委关于反教条主义的指示，严重地阻碍了反教条主义运动的开展。"他指名说个别干部是"从严重的资产阶级个人野心出发，进行反党反领导的宗派活动，企图改变我们军队的面貌"。

　　如果说，会议的前期彭德怀还能从思想认识上去考虑问题，那么这时的讲话却是慎重思考后的观点和态度。尤其是会后，对萧克等一批干部的错误处理，打击伤害了一大批从事教育训练的干部，给军队建设造成了不利的影响。这是彭德怀的悲哀。

　　仅仅一年多一点，彭德怀先在庐山的政治局扩大会、八届八中全会上，后在北京的军委扩大会上受到了严厉的批判，并被指责为"教条主义的总根子""首倡教条主义"等，批判的用词都非常相似。

第 10 章

——

悲情的晚年

65. 挂甲

彭德怀被免去国防部长职务后，他要求搬出中南海，住到北京西北郊挂甲屯吴家花园。他到这里的第三天，就是 1959 年的 10 月 1 日。

10 年前的这一天，他在古城兰州迎来了中华人民共和国的诞生；4 年前的今天，他肩佩毛泽东授予的元帅军衔，参加庆祝会议；去年的今天，他在天安门广场阅兵；而今天，他却被政治抛到了这个完全陌生的地方。

吴家花园位于颐和园东约二里处的挂甲屯，相传是明末辽东总兵吴三桂修的一处园林，传说宋朝杨家将中的杨六郎在此晾晒过铠甲，故有挂甲屯之称。如今，真正挂了甲的元帅彭德怀住的是中心的一座京式四合院，正室门外的廊柱上有一副木刻的楹联："云山绘合天然画，月下闲观物外春"，门上匾额是"怀馨堂"三个字。

早饭后，彭德怀就坐到桌边清理书籍和文件。书籍是他要看的，文件是他要读的，其中就有庐山会议关于"反党集团"的决议。他拿起一本书看看，放在一个地方，又拿起一本看看，放在另外一个地方。

两本书是《社会民主党在民主革命中的两种策略》和《共产主义运动中的

"左派"幼稚病》。

毛泽东在 1933 年曾送给彭德怀这两本书，每一本上都写了字，第一本上写的是："此书要在大革命时候看，就不会犯错误。"第二本上写的是："你看了以前送的那一本，叫作只知其一不知其二，看了这一本，才知道'左'与'右'同样有危害性。"那两本书，他一直带在身边，经过反"围剿"战斗，经过二万五千里长征路，到吴起镇时被人清理文件烧掉了。新中国成立后，他专门找到这两本书，不时拿出来读一读。现在，他有时间了，要再好好读读这两本书。

彭德怀又翻出一本线装的《明史·海瑞传》。在 4 月的上海会议上，毛泽东作关于工作方法的讲话，号召大家要敢于发表不同意见，要学习海瑞批评嘉靖皇帝的勇气。毛泽东说：明朝皇帝搞廷杖，甚至当众把人打死，还是有臣下敢进言。当时尽管海瑞对皇帝攻击得很厉害，他对皇帝还是忠心耿耿的……回到北京，彭德怀找来这本书，在批阅文件之余仔细阅读过。

新中国成立十周年大庆，有礼炮声隐隐传来，彭德怀站起身，打开电视机：天安门广场人山人海，欢呼雷动："毛主席万岁！""中华人民共和国万岁！""总路线万岁！""大跃进万岁！""人民公社万岁！"阅兵式开始，检阅指挥车上的林彪向受阅部队敬礼，他是新任的国防部长……

彭德怀本来也可以站在天安门城楼上。离开中南海之前，就接到了"十一"登天安门城楼的通知。秘书向他报告时，他什么话也没说，只是使劲摆摆手。

图为彭德怀在吴家花园的住室外景。

侄女彭梅魁来了。她一大清早赶到中南海去看望伯伯，门卫告诉她，彭德怀已经搬走了。

彭德怀见到侄女很高兴，问："梅魁，你怎么知道我搬到这里，你怎样找来的？"

"边走边问啊。"彭梅魁讲了寻找的经过，抱怨说，"你怎么不告诉我搬到什么地方？让我好找呀！"

彭德怀："我不是告诉过你吗，我的名誉不好，叫你不要来看我，以免妨碍你的工作。"

彭德怀领侄女在院里走，看他的新住处。彭德怀讲着这里的历史和传说，说："我要把这里清理一下……"

几天后的一大早，两辆高级轿车驶进吴家花园，彭真和杨尚昆从车上走下来。彭德怀住进吴家花园的第 13 天，接到毛泽东约他到中南海一谈的电话。

那天来到颐年堂，彭德怀看到毛泽东和刘少奇、朱德、邓小平、陈毅、彭真、李富春、谭震林等人已在等他，便和大家打了招呼，在一张沙发上坐下来。

毛泽东首先说："我们一起来商量一下你今后一段时间的工作、学习问题。中央同意你 9 月 9 日的来信，读几年书极好。每年有一段时间到工厂和农村去参观和调查研究也是很好的。你年纪大了，就不要去人民公社劳动了。"

"同意主席的话。"彭德怀说。对他 9 月 9 日的信，毛泽东当天就批示了，也讲了这样的意思。

毛泽东："你准备怎么学习？"

彭德怀："学习哲学、政治经济学。吴家花园离党校近，希望在党校参加学习，准备学四年。"

毛泽东："我同意。请彭真、尚昆同志负责安排。"

彭真马上说："我们一起研究。"

毛泽东又说："不要学那么长时间，两年就够了。"

今天，彭德怀见到彭真、杨尚昆，就知道他们是为"学习"的事来的。

彭真和杨尚昆在院子里看了一会儿，走进屋里，先问了一些彭德怀在这里的生活情况，还有什么困难等。彭德怀说："这里一切都很好，没有什么困难。"

彭真："主席要我们负责安排，等杨献珍等同志来了，一起研究安排吧？"

彭德怀点点头，说："好。"

彭真看着彭德怀消瘦的面孔，谈起了庐山会议的情况，说："庐山会议对你斗争过分了一些。"

几个月来，彭德怀还是第一次听到中央负责人说这样的话。他没有说什么，只是听。

不一会儿，中共中央高级党校校长杨献珍、副校长艾思奇、范若愚来了。他们都认识彭德怀。特别是杨献珍，抗战时期他在北方局当过秘书长，和彭德怀更熟悉，他赞成彭德怀的看法，同情彭德怀的遭遇，但此时见面不好说什么。

彭真向杨献珍等人讲了毛泽东的指示和彭德怀的要求，说："现在就来安排一下彭德怀同志怎样读书吧。德怀同志，你的意见呢？"

"毛主席在庐山上批评我读书少，对马列主义基础的许多学说根本不懂，世界观、方法论上是经验主义，不是马列主义，我还是先从哲学读起吧。如主席的《矛盾论》《实践论》，列宁的《唯物主义与经验批判主义》，还有《社会民主党在民主革命中的两种策略》《共产主义运动中的'左派'幼稚病》，你们看还有什么书需要读。"

杨献珍："学校可以派教员来和彭德怀同志一起学习。"

彭德怀："我可以到学校去听课。"

彭真："彭德怀同志仍住在吴家花园，不和一般学员在一起。党校的常委成员可以和彭德怀同志编成一个学习组，每周学两次就够了。还可以安排两个教员个别辅导一下。你看呢，德怀同志？"

彭德怀明白，彭真的这些意见是他们事先就商定了的，可能还得到了毛泽东的批准。所以这样做，大概是为了不让他和其他学员接触；派教员来辅导，也是出于监视他的目的。

从此，彭德怀开始了另一种生活，党校的特殊学员，谪居读书。他早上打拳、干活，上午读书、写笔记，下午看文件、阅报，晚上读书、写笔记，也看看电视。

66. 种试验田

转眼之间，彭德怀已在吴家花园住了两年多。

这天下午，坐在写字台前的彭德怀在读报纸。该休息了，他放下报纸，到室外散步。景希珍也随后跟过去。

先到水塘。这水塘就是原先的污水池。彭德怀来到这里后，带着身边工作人员和警卫班战士清理污水，修整周边，将其变成了鱼塘，在里边种上了藕。塘边开出的荒地上，种的是黄瓜和各种蔬菜，长势很好。

彭德怀最挂念的还是那一分地的麦子，他快步走到麦田边。

麦子已经由青变黄，沉甸甸的麦穗在风中摇摆。麦田中间，三个吓唬麻雀的小草人随风飘荡，发出哗啦哗啦的响声。

开始，彭德怀在吴家花园开荒种地，是要实现他说过的保证，做个自食其力的劳动者，同时也想学点技术，将来回乡务农，然而后来，一件事情启发了他。

那天，他到农民季秀兰家串门。闲谈中，季秀兰指着门前的一块地说："这是生产队1958年的试验田，把好好的十几亩稻子都弄到这里，冒充亩产万斤。"

"净胡闹！"彭德怀产生了种试验田的念头，回到园中就在水塘边划出一块地，非常准确地丈量了面积。

景希珍："干吗刚好一分呢？"

彭德怀："既然是试验，就得讲个科学，一分地好算账。"

丈量好之后，彭德怀就在地边挖了一条一米多深的沟，然后按深度把地翻了一遍，将每个土坷垃敲得粉碎。

景希珍："都像你这样种庄稼，一个人怕只能种二三分地。"

彭德怀："这一分地神嘍，少说能产千把斤、几千斤，够我和你吃几年。"

景希珍笑了，说："你在说梦话。"

"不相信？好，你也是个右倾机会主义者。"彭德怀指着景希珍大笑。

又说："人家说深翻我深翻，说多下肥我多下肥，说密说水，我都照做。我困在这块地里了，看一亩地能打多少斤！"

如今，这麦子长得确实不错。

几只麻雀飞过来，可能是看到人，喳喳叫着飞走了。

彭德怀伸手托起一个麦穗，仔细地看着，说："景希珍，我们的功夫没有白费吧？"

"再这样下去，你连命都要搭上了。"

说话间，有个老汉走过来，彭德怀忙打招呼请他过来，说："请你来看看我的麦子。"

老汉认识彭德怀，说："老彭，你当元帅，还种得这么好的麦子，我们庄稼人也比不上哟！"

"我就是农民的儿子啊！"彭德怀说，"小时就种过地，是稻子。种麦子是才学的。你看这一分地能收多少斤？"

老农搓了一个麦穗，将粒摊在手心里数了数，说："你这一分地能收90斤。"

结果秋收的时候这一分地的麦子收了94斤。

星期天，彭梅魁又带着孩子来到吴家花园，看到彭德怀的脸晒得黑黑的，就说："你这么大岁数了，以后别干这些活了。你是低血压，动作姿势突变时，尤其是起立时，无论蹲着还是坐着，都要小心，慢慢地站起来，否则就会头晕眼黑摔跤。意志控制不了这些，太危险了。"

"劳动对我来说是很需要的，国家还是困难时期，我不能为党工作，还可以为人民减轻负担。我和警卫班的战士、工作人员开荒种菜，养鱼栽藕，嫁接的苹果树也活了，去年倭瓜、萝卜、红薯都收了不少。像我这样的年纪，在农村干活的有的是，我没有什么娇贵的。我自幼贫寒，是一个普通劳动者，往后我多注意些，不再跌跤就是了。"

彭梅魁想转移话题，让伯伯高兴些，就说："来的路上，我看到收小麦了，你那块麦子收了吗？"

彭德怀："收了收了！你猜猜，我收了多少斤？"

彭梅魁看过那块麦田，长得很好，穗大粒多，说："80斤顶头了，亩产800来斤吧。"

"梅魁呀，你的眼力不准，要不就是你还有保守思想，怎么不敢说亩产1万斤、10万斤呢？'人有多大胆地有多大产'啊！我这一分地管理得好，长得好，收94斤，你少说了14斤，一亩地就少了140斤。要给你戴个帽子，你就是一个右倾机会主义者啦。"

彭梅魁没有吱声。

彭德怀问道："你们那里粮食够不够吃的？"

"够吃的。"彭梅魁说。

"我知道你是不肯把真实情况告诉我的，我也理解你的心情。我看到了，我院墙外边树上的叶子都没有了，那是老百姓摘去吃了。"

彭梅魁低下头。孩子们都在叫饿，工厂里浮肿病人越来越多。她不愿把这些说给伯伯。

彭德怀："我虽不能工作，但我可以看文件、简报、报纸以及动态，广大农村的劳动人民情况严重啊，他们比北京糟得多，生活苦得多，到了使人非常痛心的程度！"

"伯伯，你就别想那么多了。"彭梅魁说。

"茄子不开虚花，小孩不讲假话。"彭德怀说着，抬起右手指指自己的前额，"我这个老头子就像小孩一样，从来不讲假话。假话是不用学的，谁都会讲，但共产党人对人民决不能讲假话，基层干部不能讲，高层领导者更不能讲，讲了是自欺又害人。我是唯物主义者，要实事求是，要讲求真理，要坚持原则。梅魁呀，我们要时刻想着人民的疾苦，心里装着人民，对人民群众要真诚。红军时期是这样，抗日战争是这样，解放战争还是这样。没有人民群众哪有革命的胜利？话好说，文章好写，要做起来就不容易了！"

"可是……"彭梅魁说，"为什么会这样，怪谁呢？"

彭德怀说："怪我们没有经验，心急了些。我也有一份经验呀！刚出现'大跃进'的时候，我也举过手的。当然，毛主席要负主要责任。"

彭梅魁抬眼向门口看看。

彭德怀看到了侄女的表情，但没有在乎，继续说："毛主席对中国历史，对马列主义最熟、最精通，过去离了他还真不行。我们吃亏就在于，后来也认为他什么都行，他说了就算数。这样的事也怨不得哪一个，历史形成的。"

彭梅魁试探着问："你的意见，毛主席不是没有接受吗？"

彭德怀："我等着有一天，他找上门来，进门就喊：'老彭呀，我想通了，接受你的意见。'过去我们常常争论，几天不说话也有过，还是他找上门来的时候多。"

"如果他找上门来，你对他说什么呢？"

彭德怀想了想，说："我可不会对他客气，要给他提一通意见，还要说：'你呀，过去也吓过我几大跳，这回呀，你可是伤了我的心！'不过，说归说，我还是尊敬他，还会跟着他干革命！"

说过这些，彭德怀自己先笑了起来。

彭梅魁没有笑，她笑不出来。她认为她的伯伯太单纯了。

见侄女不说话，彭德怀问："梅魁，你在想什么？"

彭梅魁不敢说出自己的真实想法，说："我在听伯伯说话呢。"

秋天，彭德怀来到他的故乡彭家围子，住在白灰土墙、青瓦屋顶的故居里。

三年前，彭德怀返乡调查时就住在这里。那时，他的身份是国防部长，他看到处处大炼钢铁、大办食堂，表面上红红火火。现在，他虽然还是政治局委员，还挂着国务院副总理的头衔，可已经不管事了。三年时间过去了，是怎样的三年啊，彭德怀别有一番滋味在心头。

故乡的人是淳朴的。他们像三年前一样热情欢迎彭德怀，甚至因为他在庐山上说出了他们的心里话，他们对他除了热情之外更增添了几分别的什么。彭家围子比上一次他来时更拥挤。堂屋里、地坪上站满了人，有的叫元帅，有的叫部长，有的叫伯伯，有的叫阿公，不停地问："你平反了吗？""你回来住好久？""你还走不走呀？"

彭德怀无法回答那接连不断的问话，只能一个劲地打招呼，一个劲地点头。

胡月恒老倌子是彭德怀的童年伙伴，上次彭德怀来时，他毫无顾忌地说了"大跃进"中的许多问题，后来听说彭德怀在庐山上反映了问题而获罪被罢官，心里就非常不安。听说童年的伙伴又回来了，他急忙跑来，拉住彭德怀的青布棉袄，眼泪汪汪地说："都怪我，前年不该和你说那些话，把你给连累了，对不住你咯！"

彭德怀双手拉住胡月恒，说："你们讲真话冒（没）得错！只要群众生活好，我犯错误不要紧。"

"真伢子，还认得我吗？"龙三大娘挤过来说。

彭德怀："哎哟，龙三嫂子，是你哟！怎么不认得？想当年你嫁到乌石寨的时候长得像朵花，是我们这里的一块牌。"

龙三大娘："咯如今都七老八十，老掉牙喽！"

彭德怀笑起来："人生总有最美的年华啊！"

第二天一早，天还未亮，彭德怀刚醒来，就听到了屋外的嘈杂声。他急忙下床，打开房门，见门前已站满了人，有的鞋和裤角沾满了泥水，衣服淋得透湿，一看就知道赶了很远的路。彭德怀忙请大家进屋，可屋子里哪容得下这么多人？彭德怀只得走出门，到屋外的禾场上和大家说话。

头一批还没走，后一批又来了。彭德怀一直站着，或者回答人们的问话，或者询问人们的生活和生产情况。

一位白发老人边走边喊："德怀，德怀，你回来了？你在哪里？"

彭德怀迎上去，说："我回来了，我在这里。"

老人伸出双手，抚摸着彭德怀。

一青年说："彭元帅，给我们讲讲话吧。"

彭德怀："我是个犯错误的人，你们不怕我放毒吗？"

大家都笑了。

一妇女说："'浮夸风'太厉害了，害苦了老百姓。"

彭德怀："那时'五风'刮得太大，谁能顶得住呢？"

一老农问："眼下困难时刻，能不能实行分田到户或包产到户？"

彭德怀一愣，说："分田要不得，单干坚决不能搞的。"

一位学校校长问："彭元帅，这几年为什么会造成这个样子，是不是完全因为自然灾害造成的呢？"

彭德怀："不仅是自然灾害问题，当然这是原因之一。也由于上面官僚主义，没有深入调查研究，战线拉得很长，国民经济没有按比例发展。"

一老倌子问："大炼钢铁中我的屋也拆了，办公共食堂饿得要死。我多久就要找你老人家，我就要问一下，中央的政策农村里搞得咯家伙，到底中央要咯这样做的，还是脚下搞的咯家伙？"

彭德怀："是走了些弯路呵，现在颁布了《六十条》，就按《六十条》办了。"

几天后，又一位农民向他告状，说大炼钢铁中拆的房子至今尚未修起来。彭德怀马上找到大队党支部书记，问："麻雀困觉还要有个竹筒眼，人连个窝都没有，行吗？"

支部书记："不行。"

彭德怀："你有房子住吗？"

支部书记："有。"

彭德怀提高了声音，说："那你就不管别人了？"支部书记低下了头。

彭德怀："要想办法给群众盖个窝。否则，你还能叫共产党吗？"

50多天的时间过去了，彭德怀决定回北京。因为他从与中共湘潭地委书记华国锋的谈话中得知，中共中央将于 1962 年 1 月召开全国县委书记以上干部参加的扩大的中央工作会议，总结 1958 年"大跃进"以来的经验教训。他认为这个会很重要，所以决定回去参加。

夜深了，招待所里一片宁静，彭德怀还是不能入睡。此行他在乌石公社九个生产大队做了调查，亲眼看到群众的生活情况，听见人们总是说"会饿死人"；群众家锅里是难闻的糠糊糊，竹树被全部砍了，乌石峰光秃秃的……

彭德怀又拿出已经写好的五份调查报告，点上一支烟边抽边看，不时发出几声咳嗽。

侄儿彭鹏走进来，说："过去你对我说，抽烟有害无益，容易得气管炎，甚至得肺癌。你这次回来，我发现你抽了不少烟。"

彭德怀又吸了一口，说："这几年，我懒得听那些不切实际的胡说八道，就用抽烟来吐吐闷气。"

伯伯的心境是可以理解的，彭鹏只有陪着叹气。

彭德怀拿起调查报告，递给彭鹏说："这是我写的调查报告，你提提意见，看有什么不合适的。"

彭鹏在接调查报告时，看到彭德怀的手在抖，心里不由酸酸的。他极力忍住泪水，仔细地读起来。伯伯的报告里有金星大队今年全面增产的情况，有乌石大队贯彻《十二条》以后的好转，有陈浦大队的减产，有金星、新坪、乌石三个生产大队手艺人的调查，有黄荆坪集市的贸易，讲了成绩，说了问题，还提出了建议……

伯伯这次回来，一言一行都有人注意，逐日向上报告，在这样的情况下写报告有什么好处呢？彭鹏不好明讲，就说："伯伯，这都是一般情况，不要报告了吧？"

彭德怀说："情况是一般，可我吃了人民的饭，就要为人民做事，替人民说话。我要把情况反映上去，让党中央、毛主席参考也好啊！"

又说："我离开北京前，毛主席让杨尚昆转告我，我回去他要和我谈谈。如果他找我谈，我当面还要说的。"

彭鹏："伯伯，我觉得还是不写为好。"

彭德怀看看侄儿，完全理解这个后辈的想法，说："你读过范仲淹写的《岳阳楼记》吗？我蛮喜欢这篇文章。上边说：'不以物喜，不以己悲。居庙堂之高，则忧其民；处江湖之远，则忧其君。是进亦忧，退亦忧；然则何时而乐也？其必曰：先天下之忧而忧，后天下之乐而乐欤……'古代仁人志士能做到的，共产党人不更应该做到吗？"

彭鹏坦白地说："我是担心。"

"那封信带来的打击是够大的。明人不做暗事，有话我还是要说！"彭德怀说着拿起笔，在调查报告上加了一句话："如果有错，归我负责。"

67. 又写信

吴家花园里静悄悄，工作人员都知道彭德怀在写信，谁也不发出响声。

一天又一天，日出月又升。彭德怀除到地里看看，到院中走走，其余的时间全是在写字台前度过的，他手里的铅笔换了一支又一支，写满字的纸堆起厚厚的一大摞。

——那是云遮雾绕的庐山，他在会上是怎样讲的，他在会下是怎样说的，他对当时的经济形势是怎样看的，他为什么要写那封信，他对毛泽东讲话和批判所持的态度。

——那是在反对高岗、饶漱石的斗争中，高岗和他有过什么往来，对他说过什么话，他对高岗的看法，与高岗的争执，以及他自己对的和错的地方。

——那是和外国人的接触，总共九次，从1936年秋在预旺堡接见外国记者，到1958年参加毛泽东与赫鲁晓夫的会谈，到出访东欧八国，从时间、地点到谈话的内容都清清楚楚。

——那是苦难的少年，那是求索的青年，那是平江起义、宁冈会师；那是第一次王明路线时期，他在江口会议上没有赞成毛泽东的意见；那是反"围剿"战斗，他当面批评李德军事指挥上的错误；那是长征途中怎样向毛泽东提建议；那是洛川会议和华北军分会上怎样认识游击战与运动战；那是第二次王明路线，他为何没有明确表态。

——那是他当国防部长的年月，怎样遵循党中央和毛泽东的指示，为建设强大的、现代化的革命军队而工作；那是关于1958年的反教条主义……

总算写完了，想说的话都说出来了。彭德怀把写好的纸张弄齐整，慢慢地走出了怀馨堂。

这是仅存的彭德怀在吴家花园居住期间的一张照片（右为弟媳龙国英），摄于1961年。

　　一股热风扑面而来，绿色的树叶在阳光下闪耀，花儿喷撒着芳香。这一封信从初春写到初夏，花去了四个多月的时间。彭德怀这时才发现，几个月来，他的全部精力都用在了这封信上，几乎忘记了外部世界的存在。此时，他感到很累。

　　彭德怀缓缓走到一簇花旁。花开得很红很艳，蜂蝶上下飞绕，吸引了他的目光。花儿谢了，明年还会重开，人的生命逝去了，是不会再回来的。烽火中走过来的一代元戎这时竟对花感慨，眼睛有点儿潮湿。

　　熟悉的脚步声传来，彭德怀抬头看到浦安修，蓦然意识到今天是星期天，笑着说："安修，你回来了？"

　　浦安修沉着脸点点头。

　　彭德怀："出了什么事？"

"那天讨论，我说少奇同志在七千人大会上讲的问题，和彭德怀的意见也差不多。这可惹了大祸，他们批判多次，也不让我过关。"浦安修说着，泪水流了出来。

"岂有此理！"彭德怀愤怒地说，转而语调又变得低沉，"安修，真对不起，是我连累了你，让你受了这么多委屈。"

不久，彭德怀将他的信送给了中共中央。

夏天过去了，秋天到了，树叶逐渐变黄，花儿开始凋谢，风有了浓浓的凉意。彭德怀没有盼到对他的信的正式回音，却收到了这样的通知，他不能去参加八届十中全会。就是在这次会议上，他的8.2万字的长信被作为"翻案书"受到批判。随后，就是毛泽东的讲话和谈话："千万不要忘记阶级斗争。""我对彭德怀这个人比较清楚，不能给彭德怀平反。"吴家花园门前的岗哨比过去严了，荷枪实弹，戒备森严。

秋风中的彭德怀有时默默地在院中踱步沉思，有时到地里侍弄庄稼，苍老的面孔很少有笑容，打着补丁的衣服在秋风中拂动。

又到周末，照例是党小组开会的时间，却没有通知他。他意识到，这是停止了他的党内生活，便一个人在院子里散步，嘴唇闭得紧紧的，双手背在背后，西斜的阳光照在他苍老而痛苦的脸上。

68. 去三线

时间又过去了三年。

彭真和中组部副部长乔明甫在人民大会堂和彭德怀谈话。彭真说："今天我代表党中央和你谈话，中央决定派你去三线任副总指挥。"

彭德怀感到很突然。他不知道，早在4月，中共中央根据美国出兵越南的形势，发出了加强战备的指示；即将召开的中央工作会议就要审议批准第三个五年计划"以国防建设第一，加强三线建设，逐步改变布局"的方针；毛泽东认为，根据国际国内形势，彭德怀、黄克诚、习仲勋等人不宜留在首都，提议分配他们到外地，挂职下放。

能够出来工作，这当然是彭德怀所希望的。他思考了一会儿，还是说："我是共产党员，应服从分配。但我犯了错误，说话没人听，说错了人家怀疑，说对了人家也怀疑。"

彭真："中央已决定加强三线建设，大三线总指挥是李井泉，干部多是部队去的。你到那里帮助李井泉，还是可以做很多事。"

彭德怀："我不懂工业，也不想搞和军队有关的事，因为我早和军队脱离关系了，我还是想到农村去做调查研究工作。"

彭真没能说服彭德怀，又说了一些庐山会议的事就结束了谈话。

回到吴家花园，彭德怀给毛泽东写了一封信，请求允许他到农村去。

毛泽东的秘书打来电话："主席约你8时半谈话。"

彭德怀："主席习惯晚上工作，上午休息，我晚上去吧。"

"主席叫你上午来就来吧。"对方说。

彭德怀是8时15分到达颐年堂的，下车后就看见毛泽东已站在门口等他。

看到彭德怀，毛泽东迎过来。

彭德怀紧紧握住毛泽东的手。

毛泽东上下打量着彭德怀黑瘦的面孔，斑白的两鬓，似有伤感地说："几年不见，你显老了。"

彭德怀笑了笑。

毛泽东："早在等着你，还没有睡觉。昨天下午接着你的信，也高兴得睡不着。你这个人有个犟脾气，几年也不写信，要写就写8万言。我们还是谈谈，吵架可以，骂娘也可以，你有话可以说，你还是政治局委员么，还是我们的同志么！"

两个人在院里边走边交谈。

毛泽东："今天还有少奇、小平、彭真等同志，等一会儿就来。恩来因去接西哈努克，故不能来。我们一起谈吧。"

彭德怀："我已经向彭真等同志说过我不想去三线，想去农村的原因了。"

毛泽东："现在要建设大小三线，准备战争。按比例西南投资最多，战略后方也特别重要。你去西南区是适当的，将来还可以带点兵去打仗，以便恢复名誉。"

彭德怀："搞工业是外行，完全无知，政治上也不好做工作。"

毛泽东："历史上，真正的同志绝不是什么争论都没有，不是从始至终，不是从生到死都是一致的。有分歧有争论不要紧，要服从真理，要顾全大局，大局面前要把个人的意见放一放。"

彭德怀："政治上我已经臭了。"

毛泽东："不要发牢骚，不要把事情弄得一成不变，真臭了也可以香起来。对你的事，看来是批评过了，错了，等几年再说吧。但你自己不要等，要振作，把力气用到办事情上去。我没有忘了你，这些年我一直在想你的事。你也不要记账，日久见人心，我们再一起往前走吧！"

彭德怀："我在庐山上就向主席做过三条保证。"

毛泽东："什么三条保证？"

彭德怀："在任何情况下不做反革命；任何情况下不会自杀；今后工作不好做了，劳动生产自食其力。"

毛泽东："后面两条我还记得。我们革命到今天不容易，大家要团结，要齐心协力发展革命的胜利，建设好我们的国家。我们共事几十年了，不要庐山一别，分手到底。我们都是六七十岁的人，应当为后代多想事，多出力。庐山会议已经过去了，是历史了，也许真理在你一边，让历史去做结论吧。"

说话间，刘少奇、邓小平、彭真等人都来了，闲谈便转入了正题。

毛泽东："彭德怀同志去三线也许会搞出一点名堂来。建立党的统一领导，成立三线建设总指挥部，李井泉为主，彭为副，还有程子华。"

彭德怀："我去搞工业是外行。时间紧迫，恐有所负。我想去边疆搞农业。"

刘少奇："老彭，主席没有忘了你呀！主席说的也正是我们要说的话。主席和我们大家都希望你振作起来！"

邓小平接着说："我们都盼着你重振雄风，为人民再建新功！"

毛泽东："彭德怀同志去西南区，这是党的政策。如有人不同意，要他同我来谈。我过去反对彭德怀同志是积极的，现在要支持他也是真心诚意的。"

又说："对老彭的看法应当是一分为二。我自己也是这样。在立三路线时，3军团的干部反对过赣江。彭说，要过赣江。一言为定，即过了赣江。在粉碎蒋介石的一、二、三次'围剿'时，我们合作得很好。反革命的'富田事变'，写出了三封挑拨离间的假信，送给朱德、彭德怀和黄公略，彭立即派人将此信送来。3军团前委会还开了会，发表宣言反对'富田事变'。反对张国焘分裂的斗争中，也是坚定的。解放战争在西北战场的成绩也是肯定的。那么一点军队打败国民党胡宗南那样强大的军队，这件事使我经常想起来。在我的选集上还保留你的名字。为什么一个人犯了错误要否定一切呢？还是去西南区吧。"

这些话，彭德怀好久没有听到了。从庐山会议起，他听到的都是"错误"，都是"罪行"。六年了，他终于听到了不是全盘否定的话，而且这话是从毛泽东的嘴里说出来的。他真的被感动了，他说："我服从党的分配，到西南区去工作。"

毛泽东对坐在身旁的刘少奇说："请少奇、小平同志召集西南区有关同志开一次会，把问题讲清楚。如果有人不同意，要他来找我谈。"

五个小时过去了，毛泽东留彭德怀吃午饭。

69. 感受历史

彭德怀于 1965 年 11 月的最后一天到达成都，住进永兴巷 7 号。他听取三线建委负责人的汇报后，就去重庆，参加三线建委在那里召开的政治工作会议，会后到内江、自贡、威远等地看了天然气和煤炭厂矿等。第二年开春，他又去了攀枝花钢铁建设基地。

汽车在蜿蜒崎岖的山路上奔驰，车窗外闪过山峰、河流，闪过一片片席棚和泥土房，这是修建成昆铁路的工地。

在一个工地旁，彭德怀让司机停车。

在这里施工的是铁道兵第 14 师的官兵，他们的任务是开掘隧道。

战士们不认识向他们走来的人是彭德怀。

一位干部向彭德怀报告："我们战胜塌方和泥石流，提前打通了乌斯河隧道。"

交谈中，彭德怀得知部队在隧道两头同时开洞，不但接口处准，还加快了速度。

师领导急忙跑到这里，一眼就认出了彭德怀，立正敬礼："彭老总，欢迎您！"

这个消息立即传遍工地，干部战士停下手中的活向这边张望，近处的则围上来，有的鼓掌，有的欢呼，有的招手。

彭德怀的鼻子酸酸的。他本来想悄悄看一看的，这时不得不说话："同志们，我来之前，毛主席对我说，'三线'建设要抓紧，要搞出名堂来。来到这里，听说你们干得很顽强，很漂亮，我很高兴！我感谢你们，向你们致敬！"

工地上响起掌声。

师领导说："同志们，我们的彭老总历来是走到哪里就把胜利带到哪里！今天，他来大'三线'指挥，大'三线'的会战一定会再传捷报，取得全面胜利！"

在师领导的引领下，彭德怀走进泥泞的隧道，走进低矮的工棚，询问战士们的生活、学习情况。

师领导劝彭德怀休息。

彭德怀指指悬崖上打炮眼的战士们，说："我到那里去看看。"

师领导劝阻说："那里太高太危险，别去了吧。"

彭德怀："军人嘛，搞建设就是打仗，危险的地方也得去。"

人们劝阻不住，只得陪着彭德怀向悬崖上攀去。

细雨迷蒙的 3 月，彭德怀到达四川省石棉县。这个时候，政治领域新的斗争已经是"山雨欲来风满楼"。广播电台和报纸上传播的净是批判《海瑞罢官》的文章。那些语言都是对向彭德怀的，只差没有说出他的名字。

彭德怀从口袋里掏出药包，拣两片扔进嘴里咽下去。这是他感到不舒服自己到药店里买的。景希珍和陪同的杨沛发现后，拉他去医院检查，诊断是呼吸道感染，高烧 39.5 度，需要住院。彭德怀坚决不肯，说："没有那么严重，这不是有药吗？很快就会好的，今天咱们去看安顺场。"

汹涌奔腾的大渡河还像当年红军经过时一样，水流湍急，旋涡套着旋涡。而站在河岸上的过来人却苍老疲惫了许多。

彭德怀面对河水，感慨地说："就是这里，就是这条河，当年差一点要了我们的命。可到后来，它又帮了我们的大忙。国民党军队追上来，我们已经到了河的那边，和红四方面军会师去了。船工帮助红军，就是不帮国民党军。从此我们算彻底粉碎了蒋介石亲自指挥的几十万大军的围追堵截。"

彭德怀向河滩走去，景希珍等人走在前面。彭德怀大声说："不要下水！河里是雪水，冷得很呀！那一年，我们军团几个鲁莽汉想游过去找船，头一个跳下去的就没有上来。"

河水确实很凉，像冰水一样。彭德怀蹲在水边，掬起一捧水，看了一会儿，又掬起一捧，放在鼻子下闻着，放到嘴边呦着，眼里落下泪滴，与河水溶在一起。此刻，他的心里都想了些什么，谁也不知道。

闻了很久，呦了很久，彭德怀又用它洗了脸，然后坐在河边的一块大石头上，问陪同的当地人："为红军摆渡的船工还在吗？"

"还有一个人健在。"

彭德怀站起来，说："我要去拜见他！"

终于见到了老船工帅仕高，彭德怀紧紧握住他的手，说："我记得当时和你一道摆渡的是三个人，另外还有一老一少。"

"你怎么知道得这样清楚？"老船工问。

"我是当年的红军战士。今天代表那些乘你们渡船过河的所有红军战士来看望你，感谢你！"彭德怀说着站起来，向老船工深深鞠了一躬。

老船工打量着彭德怀，问："你的尊姓大名？"

彭德怀稍稍迟疑了一下，说："我叫彭德怀。"

"啊哟，你就是彭德怀呀！好些年没听到你的大名了，你还好吧？"

"好啊！毛主席领导我们，当年这样的地方都走过来了；现在胜利了，还有什么不好的？你怎么样，吃穿不愁吧？"

老船工说："托福，托福！比起当年，自然好多了。"

彭德怀看着老船工身上穿的破旧的衣服，没有应话。

帅仕高很兴奋，回忆当年的情景："那年你们从这里过，我现在想起来也觉得险啊！对岸山上白狗子的枪子儿跟泼水似的，几条烂板船就在人家的枪子儿底下晃荡，不是你们，谁敢过呀！你们前脚走，后面国民党的十好几万中央军就来了，到处抓摆渡人，我们跑了他球的！"

彭德怀："让乡亲们吃苦了！"

老船工："谈不上的。"

彭德怀看帅仕高的眼睛不大正常，一问是有眼病，便掏出 10 元钱给老船工，说："我代表当年的红军战士，表示一点心意吧！"

说着，又深深地鞠了一躬……

彭德怀乘汽车在当年红军长征时走过的万山丛中走走停停。他在寻访往日的足迹和辉煌。对于他来说，这是一种莫大的心灵慰藉。

到达会理县城的当天晚上，彭德怀深夜难眠，绕着县城走了一圈，察看红 3 军团攻打会理县城的旧址。他在毛泽东当年住的房子前停了很久，又察看了会理会议会址。就是在这次会议上，毛泽东批评他鼓动林彪写信要求毛泽东交出指挥权。他沉默了很长时间，一句话也没说。这一刻，他的心里想过些什么呢？

在一座大山脚下，彭德怀又对司机说："请你停下车，我要到山上去看看。"

下车之后，彭德怀就向山上爬去。山路曲折，怪石林立，彭德怀喘着粗气，双脚不停歇，不一会儿汗水就湿透了衣衫。

景希珍劝他歇会儿。

彭德怀没有吭声，也没有停脚，仍然继续向上攀。

山上有什么这样吸引他？人们不解地看着他的身影、汗湿的脊背和疲惫的脚步。

快到峰顶时，彭德怀的双腿发抖，脚步趔趔趄趄，景希珍忙上去搀扶。彭德怀推开景希珍伸过来的手，说："不用不用，到啦！"

说着，彭德怀紧走几步，抱住一块大石头，喘息着说："是这里，是这里！我们在这里打过一仗，死了好多人啊！"

景希珍扶彭德怀坐下，递过水壶，说："喝点水，歇一歇。"

彭德怀望着四周。那情景过去几十年了：激烈的枪声炮声，昂扬的喊声杀声，一个战士倒在这块大石头旁，鲜血染红了泥土和岩石，彭德怀抢过机枪，向蜂拥而上的敌人猛烈射击……

过了一会儿，彭德怀站起身，望着远远的看不到的北方，说："那边是遵义，我们曾在那儿开过一次重要的会。当时，中央军、湘军、黔军、滇军从四面八方围过来。论兵力，我们不及人家十分之一；论武器装备，我们是叫花子。有人主张回头向湖南去，可那条路已经证明走不通。北上川北，和四方面军会师，倒是个出路，可是敌人在长江岸边摆了几十万重兵等着哩。怎么办呢？我们没有路走了！这时候才开了遵义会议，我们把毛主席请了回来。毛主席拿出了办法，来来回回过了四次赤水河，两次占领遵义，终于摆脱了危局。"

放眼看去，云雾缭绕，天空阴沉。彭德怀凝视着，按捺不住情绪，说："我是真心拥护毛主席的，硬说我是'三反分子'，我有什么罪？来问问这里的山水吧，它们最了解我彭德怀。我彭德怀有错，可也有功。功一面，错一面，总可以吧？但不能说我革命一面，反革命一面。那样说，我不服！"

一阵雷声闪过，瓢泼似的雨落下来。彭德怀的脸上湿漉漉的，是雨水还是泪水，已经分辨不清了。

景希珍说："下雨了，彭总，咱们下山吧？"

彭德怀甩开景希珍，说："你这个同志，不懂得历史啊！"

70. 被劫

彭德怀离开成都的第四次出行原准备经重庆、遵义去贵阳视察三线的厂矿，可刚到大足，就接到三线建委的电话通知：马上返回成都，参加紧急会议。

这次会议传达了毛泽东亲自主持制定、5月16日中央政治局扩大会议通过的《中国共产党中央委员会通知》（即《五·一六通知》），决定重组中央文化革命小组，康生任顾问，陈伯达任组长，江青等人任副组长，隶属于政治局常委之下，还以"反党"罪名撤销了中央书记处书记彭真、罗瑞卿、陆定一和候补书记杨尚昆的职务。

这个"通知"是史称"文化大革命"正式开始的标志。

几个月前，彭德怀就隐隐地感到又要发生政治风暴，这时更觉得风暴临近了。

但彭德怀没想到，就在传达这个"通知"的座谈会上，他首先成了批判的目标，有人揭发他来到西南后"到处放毒""收买人心""伪装艰苦朴素"。

所谓"到处放毒"是指彭德怀在各地讲的话。彭德怀答辩："我讲过的话都有人记录，你们去查好了，错了的由我负责！"

所谓"收买人心"是指彭德怀送给老船工帅仕高10元钱。彭德怀气愤地说："这是混账话！收买人心，我们给了人家什么？给什么能把人家收买了？当年人家把我们多少人送过河去？人家是拼着一条命给红军干的，我们给什么也酬谢不了人家啊！"

至于"伪装艰苦朴素"，是指在西昌螺吉山彝族畜牧场补饭钱的事。那天在畜牧场吃饭，彭德怀得知10个人只付了2元饭费，就给畜牧场干部算了一笔账，认为10元才公道，因此补了8元钱。对此，彭德怀说："如果这样做叫'伪装'的话，我希望党的干部、特别是高级干部都来'伪装'。"

彭德怀的这种态度当然不能令一些人满意，就又提出庐山会议的问题。彭德怀说："中央已审查过好多次了。是毛主席让我到这里来工作的，来之前他同我谈了话。关于这个问题，你们去问中央好了。"

就从这个时候开始，大街上出现了戴红卫兵袖标的学生。

不断有学生到永兴巷 7 号来。彭德怀热情接待。学生让他讲历史，他就讲过去如何打仗，生活如何艰苦；学生让他讲雪山草地路线，他就画了图，并嘱咐他们要找熟悉地形、路线的向导，要多带御寒的物品。

有学生问："我们是革命群众，你相信不相信？"

彭德怀："我是相信群众的。"

学生："那好，你就向我们揭发邓小平、贺龙的罪行。"

彭德怀："按照党的原则，同志间有了意见，当面交换，不能背后议论，更不能背地里罗织罪名。我对他们很了解，但我自己有选择提意见的场合和方式的权利。"

学生："你刚才还说相信群众，怎么又不相信我们了？"

彭德怀："对那些不问青红皂白、毫无凭证就把我称为反动派的人，我不相信。"

一个学生："我们不把你当成反动派。"

彭德怀："那好。你不把我当成反动派，我可以告诉你：你们要了解的这些人，他们对革命有很大的贡献；他们可能有缺点有错误，但不是敌人。你们不要帮坏人的忙。完了！"

学生："你必须交代你的罪行，揭发别人的罪行！"

彭德怀："我要说的都说了，你们还要问什么？我们得有个协议，我讲半小时，你讲半小时。讲完了，我走我的，你走你的，大路朝天，一人一边！"

一个学生拿过几张纸，说："你在这记录上签字。"

彭德怀："除了在朝鲜停战协定上签过字，我这个人是不在别人写的字据上画押的！"

学生们走后，暮色已经降临。月光下，彭德怀和綦魁英、景希珍、赵凤池围坐在石桌前，彭德怀："你们去向成都军区要求调动一下吧。"

凌晨 3 时，永兴巷 7 号。彭德怀正在熟睡。他已经发出了写给毛泽东的信，说出了他要说的话，同时也做好了最坏的思想准备，心里反而平静了。

突然，几个人闯进院内。

住在东屋的綦魁英被叫醒，让他马上带他们去见彭德怀。

"你们是哪个单位的？有证明吗？"綦魁英问。

来人说："我们是北京航空学院'红旗'战斗队，奉中央文革的指示，马上要见彭德怀。"

綦魁英感到不妙，想稳住他们，就说："你们可以在这里歇歇，等天亮了再说。"

红卫兵不听，连推带搡地把綦魁英拖到院子里。綦魁英就大声叫喊："老景，有人进来了！"

随即，屋里一声大喊："住手，我是彭德怀！"

堂屋门口走出彭德怀。

红卫兵们一齐围过来。

彭德怀："你们黑天半夜到这里来，找我有什么事？"

"奉中央文革之命，让你跟我们到北京去！"

"行。"彭德怀说，"什么时候走？"

"现在就走。"

綦魁英上前拦住，说，"彭总，你不能跟他们走！"

红卫兵推开綦魁英："这是中央文革的命令，你敢违抗？"

"谁的命令也不能这样走！"綦魁英说，"我要请示建委！"

可是，电话怎么也打不通。綦魁英决定去找人，说："在我回来之前，你们决不能把彭总带走！"

红卫兵们答应了，可是，綦魁英刚离开，他们就把彭德怀挟持到了成都地质学院。

这时，北京地质学院的"东方红"红卫兵也来抓彭德怀。他们也是奉中央文革之命，但比北京航空学院红卫兵迟了一步。

彭德怀被拘押在成都地质学院的一间教室里。他身穿破旧的棉袄，脚着有洞的棉鞋，两手拢着袖筒，坐在水泥地板上，冻得浑身不停地发抖。

景希珍找到这里，看到指挥过千军万马的元帅成了这副模样，鼻子酸酸的，怪自己没有尽到责任保卫好彭德怀，哽咽着说："彭总，我来晚了。"

彭德怀很吃惊，抬起头，说："你来干什么？快回去！我随他们的便，怎么办我都不怕！"

景希珍脱下身上的大衣披到彭德怀的身上，彭德怀一晃膀子甩开了，说："我不要穿！冻死，饿死，打死，杀死，都是一样的！"

"不要这么讲。"景希珍重新将大衣给彭德怀披上，扶他坐到凳子上，说，"你不是常说共产党员的生命不是他自己的吗，你现在也是这样。"

彭德怀安静下来。

"总理已经知道了，他作了三条指示。"景希珍压低声音讲了周恩来指示的内容。

"真的？"彭德怀吃惊地问。

"真的。"景希珍肯定地说，"我这就回去给你取些衣服和用具，随你一起去北京。"

"不要不要！"彭德怀说，"我不能再拖累你们了！你让老綦把保险柜里的文件和材料收好，别丢了。"

"他正在家里收拾。"景希珍说，"我们一起跟你去北京。"

三天后，彭德怀登上了开往北京的火车。彭德怀在西南一年又 25 天。

71. 批斗会上

彭德怀是 1966 年 12 月 27 日被押到北京的，先拘在西郊五棵松的一处营房里，后转到卫戍区原教导队驻地罗道庄；门口和室内都有哨兵。

1967 年闷热的夏季，彭德怀伏在桌上写自传，脊背上沁出一层汗水。

一天，有人进来对他说："你去开一个会。"

彭德怀："开什么会，带纸笔吗？"

来人说："不需要带什么东西。"

彭德怀被带到北京航空学院，参加批判他的会。60 多个红卫兵骨干见彭德怀被押进来，就呼口号："打倒三反分子彭德怀！""批臭军内一小撮的总代表彭德怀！""打倒里通外国分子彭德怀！"

批判会开始，一个干部念了批判稿，仍然是那些强加的罪行。

彭德怀："这都是没有的事，我要一件件讲清楚。"

一个红卫兵头头冲上来，厉声喝道："彭德怀，交代你的问题！"

彭德怀："我不明白我有什么问题。我几十年来忠于毛主席，勤勤恳恳为中国人民战斗、工作。"

红卫兵："你说，你在抗日战争时干了什么事？"

彭德怀："指挥八路军打死了几万日本兵。"

红卫兵："你为什么要发动百团大战？"

彭德怀："打日本鬼子！"

红卫兵："你打百团大战受到毛主席的批评，战前为什么不向毛主席报告？"

彭德怀："不对！打电报报告了。战后，毛主席不但没批评，还发电报祝贺，说百团大战真是令人兴奋，像这样的战斗是否还可以在山东及其他地方组织一两次。"

红卫兵："你在欺骗我们！"

彭德怀："我没有欺骗你们，你们可以打电话问问毛主席，他会记得的。"

红卫兵："你胡说！明明是百团大战招致了日寇的疯狂屠杀。"

彭德怀："我请问，'九一八'日本侵占我国东北是谁招致的？'七七'卢沟桥事变又是谁惹恼了侵略者？我再请问，日本鬼子对我国同胞惨无人道的烧杀，难道只是在百团大战以后才开始的吗？"

红卫兵："不管你怎样狡辩，也改变不了你假抗日、假功臣的事实！"

彭德怀："是真抗日，是真功臣。不过功臣不是我，是毛主席领导下的抗日军民。我们的八路军和人民群众在百团大战的一、二阶段进行了大小1000多次战斗，毙伤日伪军2万多人，破坏铁路400多公里，缴获许多许多武器，更主要是打击了日军的凶恶气焰，阻遏了国民党政府的妥协投降，振奋了全国军民的抗战斗争精神……"

红卫兵："你不要恬不知耻地臭吹了！你不低头认罪，只有死路一条！"

彭德怀："我有罪？消灭了几万日本兵，这是什么罪？你们说，你们说呀？"

一个女红卫兵跳到彭德怀面前，指着他的鼻子："彭德怀，你太嚣张了！你交代你在庐山会议上反党反毛主席的罪行！"

彭德怀："我没有罪行，只有错误。对庐山会议我还保留我的看法。"

女红卫兵："这不是罪行是什么？你为什么写意见书？"

彭德怀："那不是意见书，是我写给毛主席的私人信件，难道不能写吗？我是政治局委员，有权向毛主席反映情况，这符合党的组织原则。"

女红卫兵："你在万言书里攻击毛主席是'小资产阶级狂热性'，妄图篡党篡军。"

彭德怀："不对！对毛主席，我是无话不谈。我从来没有野心，我是拥护毛主席的，也保卫过毛主席；对毛主席的感情，我比你们深！"

红卫兵："那毛主席为什么要打倒你？"

彭德怀："我也不知道为什么打倒我。"

众红卫兵："打倒彭德怀！"

彭德怀提高嗓门："彭德怀早就被打倒了！"

那个女红卫兵指着彭德怀吼："你有没有反对毛主席？"

彭德怀："我没有反对毛主席，我只是对毛主席无话不谈！"

"没有反对毛主席？"女红卫兵说着，猛地一拳打过去。

彭德怀没有防备，在这突然一拳打击下趔趄着倒退几步，一下子跌坐在水泥地板上。

呼啦围过一群红卫兵，有的用拳打，有的用脚踢。

有个红卫兵伸手拽起彭德怀。彭德怀还没有站稳，那个红卫兵就一拳打在他的胸部，他又倒下来，头撞在课桌上，跌倒后又撞在水泥地板上。

拽起来，又打倒；打倒，又拽起来。

一个穿着大皮靴的人抬起脚踢到彭德怀的右胸部。

彭德怀昏了过去……

彭德怀是被架回囚室的。第二天不能起床，经医院检查确诊：右第五肋骨中段骨折；右第十肋骨末端可疑不全骨折；右膈角内小量积液积血；右肺下叶部分不张。

几天后的晚上。

太阳已经衔着西边的山峰，还是十分闷热。北京师范大学的教学大楼前站满了学生和教职员工，台上的横幅写着："批判斗争反党篡军的大野心家彭德怀和彭贼的臭妖婆反革命修正主义分子浦安修"。"彭德怀"和"浦安修"六个字是倒着写的，并且画着红叉。

彭德怀是被几个大汉倒提着双臂推上台的。他看到台子另一边有个人，也是被倒提着双臂，头被两只手按着，短发耷拉下来。他认出了那是他的妻子浦安修，他们已经两年未见。

几乎同时，浦安修也看到了彭德怀。他铁青着脸，比在吴家花园时更瘦了。两年前她说过，等彭德怀在成都的工作走上轨道，她可以转到成都去工作，没想到会在这样的场合相逢。

大概是彭德怀想抬起头，红卫兵喝道："低下头去！"

浦安修看到，彭德怀的头被按得很低。她用力挣扎，想摆脱压在头上的手，昂起头看清彭德怀。

"你老实一点！"随着一声呵斥，浦安修被按倒在地，一顿拳打脚踢。

彭德怀喊道："你们放开她！我和她早就分手了，要打就打我吧！"

"打倒反党篡军的野心家彭德怀！""打倒里通外国分子彭德怀！""打倒彭贼的臭妖婆浦安修！""打倒反革命修正主义分子浦安修！"

此起彼伏的口号声淹没了彭德怀的喊声。

72. 审讯时候

接着无休无止批斗的是无休无止的审讯。

以往的审讯都是晚上7点半开始，到第二天凌晨结束。今天，却在下午2点半就开始了。

专案人员最初想从彭德怀的入党问题上做文章，证明彭德怀是"假党员"，就可以全盘否定彭德怀。可是，一份历史文件证明了彭德怀的清白，于是他们又回到"里通外国"这个老问题上。

专案人员："你参加华沙条约国会议回国途经莫斯科，为什么要去见赫鲁晓夫？"

彭德怀："那是1955年5月，我从华沙回国经过莫斯科，时任苏共中央总书记的赫鲁晓夫让翻译费德林向我国驻苏大使刘晓转达他的意见，要和我谈话。我觉得应尊重苏方意见，就去了，刘晓也参加了。苏方还有安东诺夫大将，由费德林翻译。"

专案人员："都谈了什么问题？"

彭德怀："主要谈军事问题，回国后将所有谈话的内容报告了毛主席，当时有记录，你们可以去查。"

专案人员："在阿尔巴尼亚那一次呢？"

彭德怀："在阿尔巴尼亚地拉那游击队宫那一次，是参加霍查的宴会，碰了杯，我说还要到苏联访问，他表示欢迎。"

专案人员："宴会前你们不是在休息室密谈过吗？"

彭德怀："当时各国贵宾都在场，只是礼节性见面，根本没谈什么。"

专案人员："赫鲁晓夫是不是与你勾结，反对毛主席？"

彭德怀认为，审查是要弄清事实，实事求是，做出合乎真理的结论；现在看来，这些人不是这样的。他说："这个问题，在1959年庐山会议后的军委扩大会上已经审查过，也有当事人做证，你们可以去查。"

专案人员见彭德怀没按他们的引导谈，火了，说："你是与赫鲁晓夫共同搞阴谋。"

一谈到这个问题彭德怀就愤怒，他指责专案人员："你们说搞阴谋就搞阴谋，是客观的吗？"

已经深夜12点了。整整六个小时，几个人对着彭德怀一个人，不让他休息，连水也不给喝。据以往经验，很快就该结束了。可未料，又换上来几个人。他们睡足了觉，吃饱了饭，精力充足地接着审讯。

他们按照上面的指示，要集中力量使用疲劳战术打歼灭战。

新的一轮审讯开始。

"彭德怀，你必须老实交代你的问题！"

彭德怀没有吭声。

"你去三线之前，刘少奇都给你说了什么？是不是说将来你还要带兵打仗？"

"是毛主席叫我去三线的。他和我谈话，说先做工作，恢复名誉，将来可以带点兵去打仗，还请我吃了饭。刘少奇和其他同志参加了，他没有和我说什么。"

"到庐山去的路上，贺龙怎样鼓动你写意见书的？"

"没有的事，那封信是我写给毛主席的私人信件，没有任何人鼓动。"

专案人员还要问什么，彭德怀说："你不要再问了，我不能满足你们的主观需要！"

专案人员："你这是抗拒审查，对审查怀恨在心！"

11 个小时之后，彭德怀才歪歪斜斜地走回住室。他倒在床上，浑身像散了架，再也动弹不得。

进入 1972 年，彭德怀又被转移到一个新的地方。这是原政法干校，位于北京复兴门外、木樨地运河畔。

在这里，彭德怀住的房间宽敞明亮了，伙食也比以往好得多，哨兵对他的态度有了明显的变化，和气了不少，可以和他们谈谈话了。这使彭德怀很奇怪。

不几天，专案人员对彭德怀说："奉上级指示，向你宣布一件事，林彪反对毛主席，他的反党集团已被粉碎，林彪和叶群、林立果在叛逃路上摔死了。"

其实，这已经是三个多月以前的事了。1970 年 8 月 23 日至 9 月 6 日，在庐山召开的中共九届二中全会上，林彪不顾毛泽东四次提出不设国家主席，坚持设国家主席，并在开幕式上突然发表讲话，大讲毛泽东的国家元首地位，大讲毛泽东是天才，受到了毛泽东的批评。11 年前，林彪在庐山上反对彭德怀；11 年后，却在这同一座庐山上栽了跟头。一年以后，1971 年 9 月 13 日，林彪带领妻儿从山海关机场起飞，在蒙古温都尔汗坠机人亡。

彭德怀听到这个消息时惊呆了，沉思了一会儿，说："我不相信！"

专案人员一直在观察彭德怀的神色，说："这是事实，不管你信不信。"

彭德怀镇静下来，说："我要求看看中央关于林彪问题的文件。"

"你还不相信吗？"

彭德怀："我要知道究竟。"

"不能让你看。"

彭德怀："为什么不让我看？眼下我还是中国共产党的党员，虽然我在接受审查，可还没有给我下结论，还没有开除我的党籍，我有权利看中央文件。"

"我们没有接到这样的指示。"

彭德怀："那你们就去报告，说我彭德怀要看中央文件，要见毛主席、总理。"

可是，当专案人员再来时，不但没有让彭德怀看中央文件，反而继续提审他。

彭德怀原以为林彪受到了惩罚，他的问题可以解决了，因为在那次庐山会议上，是林彪首先给他加了"野心家、阴谋家、伪君子"的罪名。然而，事情不是那么简单。自从庐山会议以后，他就是政治斗争的牺牲品，每一次政治风暴，他都被推进旋涡。"文化大革命"由批《海瑞罢官》开始，他就是被罢官的"海瑞"；批刘少奇、邓小平的"资产阶级司令部"，他又是这个"司令部"的重要成员，"揪军内一小撮"，他是"军内一小撮"的总代表；现在，又把他与林彪的事连到一起……元帅总被复杂的政治裹挟。

彭德怀终于明白了，他敲打着桌子椅子，喊着："你们来审查啥？再审也是顽固，越审越顽固！"

73. 最后的日子

彭德怀住进了医院。

1973 年 4 月 10 日，彭德怀一次便血 800 至 1000 毫升。经检查，发现一个外痔出血。又到医院检查，诊断结果为："便血原因可以相当肯定为此癌瘤破溃所致，癌瘤位于直肠左后壁，离肛门缘约六至七厘米。癌直径约五厘米，中心部有一溃疡，癌瘤较大，已属晚期。"彭德怀被紧急送进 301 医院，住在 14 病室第 5 病床。这是一个单人房间，窗户用报纸糊得严严的，门里门外都站着哨兵。为了保密，对外称 145 号。

早晨，护士来整理房间，打开一扇窗子。明亮的晨光透进来，清新的晨风吹进来，彭德怀觉得一阵舒畅，深深呼吸几口，把眼睛转向窗外，在室内走来走去。

护士走了，窗子又被关上，室内又是一片昏暗。缝隙中的一缕光线有着巨大的诱惑，射进彭德怀的心里，他按捺不住地喊道："医生！医生！"

医生走进来，问："你有什么事？"

彭德怀用手一指："帮我把窗户上的纸撕掉。"

"你给警卫战士说吧。"医生回答。

哨兵："需要专案组批准。"

彭德怀喊道："住院了，你们还不放心！我不住这个月婆房（指产房）了，我回去住监狱！"

哨兵："你有什么事，等专案组来了给他们讲。"

彭德怀拍着挂在床头上的病历卡片，说："我不是这个145，我是庐山会议上那个彭德怀！"

无论彭德怀怎样说，医生和哨兵都不再说话。他们说服不了彭德怀；不经专案组同意，他们也不敢扯掉糊在窗上的报纸。

彭梅魁来了。自从1967年北京航空学院的批斗会后，她已经六年没有看到伯伯了。走进病房，一眼看到坐在沙发上的瘦弱的彭德怀，彭梅魁一下子扑到跟前，抚摸着那双皮包骨头的手，泪水止不住地落下来。

彭德怀又惊又喜："梅魁，你来了！怎么来的？"

彭梅魁看着专案人员说："是他们让我来的。"

彭德怀紧紧握住侄女的手，说："这么多年了，你长胖了。"

彭梅魁问："你哪里不舒服？"

彭德怀："4月6号到7号便血，8号便得更多，有半痰盂，他们就把我送到医院来了。"

彭梅魁："是鲜血吗？"

彭德怀："是痔疮犯了，没什么要紧的。好啦，我们好久没见面了，说点别的吧。"

彭梅魁："你挨打过吗？"

彭德怀避开侄女的目光，故意用轻松的口气说："我这一辈子是受苦的命。我是不怕苦的，打是挨过的。"

彭梅魁不停地抚摸彭德怀的手，说："伯伯，你受苦了！"

彭德怀："梅魁，这些年来，你一直给我送东西，花费了多少钱，我实在记不清。"

彭梅魁："不要说这些，我应该送的。"

彭德怀对专案组的人说："你们记住，从我的生活费中给彭梅魁800元钱，作为她这么多年来给我买日用品和书籍的费用。"

专案组的人答应了。

彭梅魁："伯伯，我给你送东西，你为什么不写个回条？"

"写回条？一支铅笔都不给，用什么写？"彭德怀说着，用手指指窗户，"你看这屋子，封得这么严实，连窗外的景色也不让我看。我不愿意住，非要我住！"

　　彭德怀的晚期直肠癌需要做手术，但当医院确定了具体日期，专案人员告诉他时，他一口拒绝："我不同意做！"

　　专案人员："你为什么不同意做手术？"

　　彭德怀："我岁数大了，用不着再做手术。"

　　专案人员："那不行，手术必须做！否则……"

　　专案人员见说不服彭德怀，就搬出周恩来："你的手术是周总理亲自批准的。"

　　彭德怀愕然："是总理批准的？那就让我给总理打个电话，我有话要跟他讲。"

　　专案人员："你简直是无理取闹！"

　　彭德怀："我无理取闹？年轻人，你懂吗？不给我把问题搞清楚，我死不瞑目！"

　　第二天，彭梅魁来了，进门就哭。

　　昨天，专案人员找到她说："你伯伯的病确诊了，要动手术，他不肯，你去劝劝他。"

　　彭德怀明白侄女的来意，并断定是专案人员让她来的，他看了她一眼，转过头对专案人员说："我还是那句话，手术前我要见毛主席！明天手术，我今天去见毛主席，把我对问题的看法讲清楚。"

　　彭德怀说着下床穿鞋，向门口走去，边走边说："去见毛主席，我现在就走。"

　　彭梅魁上前拉彭德怀坐到沙发上，说："伯伯，你先坐下再说。"

　　专案人员退出房间，室内只剩下彭德怀和彭梅魁。

　　彭梅魁："伯伯，你冷静一点。"

　　彭德怀："梅魁，你看我得了这样一种病，唯一的治疗办法就是做手术，我还是出院，不做手术。"

　　彭梅魁端过茶杯，递给彭德怀，说："那就做吧。"

　　"我这病只能手术吗？"

　　"对，手术是最好的办法了。"

　　彭德怀沉默，脸上布满痛苦的表情。

　　彭梅魁轻声问："伯伯，你是害怕手术吗？"

"我参加革命到现在，从来没有怕死过，我现在死也是长寿。可他们要审查就先审查，查清楚了再做手术。"

"伯伯，审查快不了，现在也见不到毛主席，我看还是先配合医生把手术做了。你的病不能再拖了，早做手术有好处，还是做了吧，争取多活些年头，以后会有机会说的。"

彭德怀微闭眼睛，身子靠在沙发上，过了好大一会儿，才睁开眼，说："既然你这么讲，那我就做吧。"

彭梅魁："那我去告诉他们。"

"急什么。"彭德怀说，"你最近回老家了吗？你母亲身体好吗？"

彭梅魁立刻明白彭德怀话中的意思，他不仅关心家里的人，也关心他的那包材料。

原来，彭德怀曾把以前写的"自述"手稿交给彭梅魁保管，不久又取了回来，他是怕被发现了连累侄女。1967 年，彭梅魁回湖南老家，就将材料带了回去，装进瓷坛，埋到地下；1969 年又带回了北京。彭梅魁不好明讲，就压低声音说："妈妈很好，家里的东西保管得很好，你放心吧。"

彭德怀的半身瘫痪了，第二次化疗以后就是这样。如今，他连床也不能下了，只得整天躺在床上。但他还是坚持看报纸，他要通过这唯一的渠道和外界保持联系。

他拿起《人民日报》，大标题出现在眼前：《批孔与路线斗争》。一提"路线斗争"，就会点他的名。果然，文章里说了孔老二以后，就点了陈独秀、王明、刘少奇、林彪、彭德怀，还点了曾国藩、蒋介石、汪精卫的名字。

文章写道："我国社会主义革命和建设迅速前进，引起了资产阶级及其在党内的代理人刘少奇、林彪、彭德怀之流十分恐慌和仇恨。""1959 年，在党的八届八中全会上，彭德怀赤膊上阵，恶毒地攻击党的总路线，反对大跃进和人民公社，反对革命的群众运动，妄图篡党夺权，颠覆无产阶级专政。""彭德怀从来就不是一个马克思主义者，早在抗日战争时期，他就鼓吹什么'自由、平等、博爱'，鼓吹'己所不欲、勿施于人'之类的孔孟之道。""彭德怀的右倾机会主义的实质就在这里。"

"猪压的！"彭德怀骂了一句，扔开报纸，又拿起桌子上的饭碗砸到地上，说："日寇侵占华北，我在华北敌后打日本鬼子，你们在哪里？敌人大举进攻延安，我在陕北打胡宗南匪军，你们在哪里？难道华北抗击日伪军，延安的收复并取得世人皆知的胜利，都是执行孔老二、王明的路线？百团大战是'左'倾冒险，躲在山沟里不打日本鬼子才是正确的吗？批孔老二，批《海瑞罢官》，为什么把我扯进去？还批什么周公，中国最大的儒，你们到底要把国家引向何处，还嫌国家不乱吗？"

一口气骂完，彭德怀还觉得不解气，他抓起被单，用嘴咬着，扯成一段一段的布条。

护士急匆匆跑来阻拦，彭德怀就骂："国民党特务！"

护士委屈地说："你不要这样，不要怪我们，我们都是普通群众。"

"我感谢你们！"彭德怀说，"我骂的是国民党特务，撕的是国民党特务的被子。一个人快死了，案子还没有搞清，你说我怎么不着急？"

专案人员来了，彭德怀骂得更凶，直到他再也没有力气，才昏昏迷迷地躺在床上，叹着长气。

从此，彭德怀有时清醒，有时昏迷。他的生命到了最后阶段。

白天，侄女、侄儿来看望，他断断续续地作最后的交代。

"对于这条命，我曾经有几十次都准备不要了。我能活到今天，算是长寿了，已经可以了。我能做的都做了，只是做得不够好。我仔细地想过了，我这一生是值得的，对革命对人民，我做了一点工作，尽到了我的责任。虽然我个人的下场不怎么好，可是我不埋怨，更不后悔。"

"我这一生有许多缺点，爱骂人，骂错了不少人，得罪了不少人。但对革命对同志没有搞过两手，我从来没有搞过哪种阴谋。这方面，我可以挺起胸脯，大喊百声：我问心无愧！"

"还记得我给你们讲的恩格斯的故事吗？我死以后，你们把我的骨灰送回老家埋起来，在上面种上一棵果树，让我最后报答家乡的土地，报答家乡的父老乡亲！"

叶剑英派人来探望，彭德怀说："我尊重毛主席，但不盲从。我相信他，才给他写信。""我自己犯有很多错误，但我不搞阴谋诡计，在这一点上，我是清白的。""我们的国防建设、战略防御设施不完备，国防工业和科研跟不上。这是我最担心的，只要我们有计划、有准备，敌人的物质力量是可以战胜的。""已经审查我八年了，现在还没有做出结论。"

夜深人静，他疼痛难忍，就独自喊叫："无缘无故关了我这么多年，有谁来看过我一次，又有谁找我谈过一次话？我枪林弹雨中征战了一辈子，到如今落得这样一个下场，苍天啊，你真不长眼睛！"

"老子没功劳有苦劳，为什么这样对待我，硬是认为我是牛鬼蛇神，是反党反社会主义的坏人？"

1974年11月29日下午，北京的天气特别冷，呼啸的北风吹动着光秃秃的树枝，扬起的沙尘扑打着行人。301医院14病室5床已经完全失去了知觉的彭德怀口鼻同时出血。

一颗心脏停止了跳动，旁边没有亲人。

一位元帅诀别了人世，旁边没有军人。

光阴荏苒，时间又在沉重的负荷中前行了四年。

1978年12月，中共十一届三中全会根据陈云的提议，审查和纠正了对彭德怀所做的错误结论。

1978年12月24日，中共中央在人民大会堂为彭德怀和陶铸共同举行追悼会。

1981年6月27日，中共十一届六中全会通过的《关于建国以来党的若干历史问题的决议》中说："庐山会议后期，毛泽东同志错误地发动了对彭德怀同志的批判，进而在全党错误地开展了'反右倾'斗争。八届八中全会关于所谓'彭德怀、黄克诚、张闻天、周小舟反党集团'的决议是完全错误的。"

历时22年之久的彭德怀的冤案得到了昭雪。恢复了的历史的真面目给世人留下了长远的无尽的思考。

1997年3月至1998年3月第一稿

1998年6月第二稿

附：参考书目

《彭德怀传》 彭德怀传编写组 当代中国出版社

《"彭德怀元帅壮烈人生"丛书》 王焰主编 广东教育出版社

《彭德怀军事文选》 中央文献出版社

《彭德怀自述》 彭德怀著 人民出版社

《彭德怀年谱》 王焰主编 人民出版社

《巍巍丰碑》 马文瑞等编 解放军出版社

《百团大战始末》 王政柱著 广东人民出版社

《彭总在西北解放战场》 王政柱著 陕西人民出版社

《庐山会议实录》 李锐著 春秋出版社 湖南教育出版社

《在彭总身边》 景希珍著 四川人民出版社

《彭总在中南海》 孟云增著 湖南少儿出版社

《我的伯父彭德怀》 彭梅魁著 辽宁人民出版社

《第一野战军战史》 编审委员会编 军事科学出版社

《毛泽东军事文集（1—6）》 军事科学出版社 中央文献出版社

《毛泽东年谱》 中央文献研究室编 中央文献出版社

《周恩来年谱》 中央文献研究室编 中央文献出版社

《朱德年谱》 中央文献研究室编 人民出版社

《星火燎原（1—10）》 朱德等著 解放军出版社

《警卫毛泽东纪事》 阎长林著 吉林人民出版社

《黄公略将军传》 马继善著 解放军出版社

《中国人民解放军战史》 军事科学院军史部 军事科学出版社

《中国抗日战争史》 军事科学院军史部 解放军出版社

《历史的回顾》 徐向前著 解放军出版社

《聂荣臻回忆录》 聂荣臻著 解放军出版社

《何长工回忆录》 何长工著 解放军出版社

《黄克诚自述》 黄克诚著 人民出版社

《抗美援朝战争回忆》 洪学智著 解放军文艺出版社

《在志愿军总部》 杜平著 解放军出版社

《杨得志回忆录》 杨得志著 解放军出版社

《李志民回忆录》 李志民著 解放军出版社

《廖汉生回忆录》 廖汉生著 解放军出版社

《张宗逊回忆录》 张宗逊著 解放军出版社

《余秋里回忆录》 余秋里著 解放军出版社

《红土地黄土地》 李彦清著 解放军出版社

《鏖兵西北》 张俊彪著 解放军出版社

本书使用图片选自长城出版社（解放军画报社）
出版的《中华人民共和国元帅／彭德怀》画册

《中华人民共和国元帅／彭德怀》摄影：
（已查出的作者，排名不分先后）
王　平　宁　干　傅　涯　白世藻　任　远
刘双岭　红　叶　杨　村　李书良　李基禄
吴印咸　陈宗凤　邹健东　林　杨　孟昭瑞
柳成行　胡宝玉　野　雨